風景現象の建築論的研究

香西　克彦

中央公論美術出版

目次

第一章　風景なるもの……3
Ⅰ　総　序……5
第二章　藤原京の風景……21
Ⅱ　大和三山の風景……23
Ⅲ　吉野の風景……54
第三章　「見る」ことと「詠む」こと……125
Ⅳ　経験と言葉・詩歌……127
Ⅴ　風景観と歌枕……135

第四章　芭蕉の風景……149
VI　『幻住庵記』にみる風景の構造……151
VII　『洒落堂記』にみる風景の構造……179
VIII　芭蕉と近江……212
第五章　自然・人間／風景なるもの……235
IX　人は風景に住まう……237
X　結……258
後記……265

風景現象の建築論的研究

本書は、独立行政法人日本学術振興会平成二十四年度科学研究費補助金（研究成果公開促進費）の交付金の助成による。

第一章　風景なるもの

I　総序

我々は平生、普通に、「風景」という言葉を口にする。我々はこの言葉とこの言葉が指し示すなにごとかに関して特別に思いを致すことのない儘に、この言葉とそれが指し示すところを共通に理解し、共有していよう。が、この「風景」なる言葉が現実に、リアルに何を名指すものであるかという問いを発する時、我々は答えに窮せざるを得ないであろう。例えば、「風景」という語と「景観」という語はどのように使い分けられているのであろうか。「風光」「景色」とはどうであろうか。我々はこの主題について知っていて・知らないのである。本論に於いてはこうした「風景現象」が、或いはその本質を言うべきものとして「風景なるもの」が主題化されて考察される。

「風景」「景観」を主題とする論考は、本邦に於いては、一九八四年志賀重昂『日本風景論』を嚆矢として、様々な分野、立場から多くの考察が続けられ現在に到っている。(1) これらの諸研究は、大略して、主観的旅行記、印象記にとどまるものから、客観的、俯瞰的図式的なタイポロジーに到るまでの大きな幅を有するものであるが、これらの論述の多様性そのものが、この「風景」という主題が或る特定の分化された学問領域を越えるものであることを示すとともに、未だその全体的体系化がなされず「学」としても熟していないことを顕にしていると言えるのではなかろうか。本論考からは、これら既存研究の多くが専ら主体の側で、或いは客体の側に偏って考察されていることに満足することは出来ない。「風景なるもの」はそれらの一面に於いては十全に捉えられるものではないであろう。両者の中間に立つ考察も近年始められているが、限られたものを除いてそれらは未だ平板な考察にとどまっていよう。本論に於いては、それら両面の中間を探索するよう求められるであろう。そして本論に於いては直ちに、その中間を根底へ向けて一層深い狭間へと模索するよう促されるであろう。(2)

以上の簡単な反省からも既に、「風景なるもの」にかかわる本論考の執るべき方向が自ら示されるように思われる。先ず最初に本論考は、風景論の構築の試み、正しくは風景論の構成へ「向けて」の試みという位置づけを持たねばならないこと。次にこの位置づけによって本論は風景論という分野に基準となる尺度、学的根拠を与えんとする方向を模索すべきことを義務づけられているであろうということ。そうしてその方向で展開される論考は、その拠って立つ立場を特定の学問分野に固定することを戒められているであろうこと。本論考はその出自を建築学・建築論という特定の分野に有するが、その事実は事実として、そのような固定した立場を一度括弧に入れて、いわば無前提に「風景なるもの」と向き合うことが要請されているのである。ここに諸学が参照される。としても出自の停留点を離れることは出来ない。無前提的であろうとすればかえって停留点が自覚されるものとなろう。本論は、こうした交差する意味で「建築論」からの考察である。次章以下では諸学の「視点」からと同等に建築論の「視点」から論考される。

このように学的根拠へ向けて学際的にも開かれて探求が試みられるべき主題、「風景」という言葉は様々な詞を以て形容されることを許容し、又それを求める言葉の一であろう。形容とは即ち限定の謂に他ならないが、その限定は「いつの」「どこの」「誰の」「何の」「どのような」などの問いへの解答の全てに拠ってなされてはじめて十全なものになると思われる。この事柄だけでも「風景なるもの」が広範囲に関わる、生々しい事態であることが予感されよう。これらの疑問の中で、仮に「どのような」という問いへの応答を採り上げてみれば、例えば「神々しい」「美しい」「身近な」「馴れ親しんだ」等という形容詞を冠することがその答えとなることがあり得よう。これら両端を明示する形容詞が冠され得るという事実は意味的に「風景なるもの」が日常の生活層から非日常の宗教的次元まで、おそらく人間の「生」の全幅を掩い尽くすものであること、つまり地上で生きて行く、死へ向けて、死から生きていく人間存在の「生」の全ての局面に於いて「風景なるもの」が確認され得るということを物語るものに他ならず、従って「風景なるもの」は端的に「人生と世界」の問題と言うべきものであることが理解されねばならないのである。より建築学・建築論の分野に引きよせて、「人生と場所」の問題と言い換えられてもよい。それらはともに広義に「人間と自然」の領分に含まれる。我々は常にそして既に風景の直中に居つつ、風景を生きる以外の在り方ではあり得ない。逆に、そこにゐる風景なくしては我々も又居ないとさえ言えるのである。生きることは直ちにはじめから自覚的に生きることである。そして自覚的に表現しつつ生きることに他ならないとも言い添えられてよい。

ここに到って漸くにして「風景なるもの」という主題の最初の限定、つまり第一段階の作業仮説の提出が可能となる。「自然と人間の『間』の関わりの出来事の、人間に了解可能なる事態」、これが「風景なるもの」の先ずもっての限定である。ここでの了解とは、上の自覚的云々と呼応して、自覚的理解というほどの意味である。この限定は「風景なるもの」の背後に何らかの実体的な概念なり対象なりを措定することを拒否するものとして読まれるのが望ましい。「間」という括弧付きの表示が、特に生きた出来事を意味すべきものであるとするならば、このことを示唆するであろう。「風景なるもの」という主題は、元々自然と人間の「間」の現象としての関わりの構造を明らかにすることを要求するものなのである。「風景なるもの」は自然と人間との生々しい相互的、且つ循環的な関わり合いの出来事に他ならないからであり、今も触れたようにその循環は平板な儘ではなく直ちに垂直化して見られるべき出来事に他ならないからである。別の言い方で言えば事象の初発の「立ち現れ」の現象が注視されるのである。

「風景なるもの」の「立ち現れ」の事態に、その場面に直接臨むこと、自覚的人間存在の生きて死んでいく局面に投錨し、決してそこから離れないことが肝要なのである。「立ち現れ」への着目は、ステレオタイプ化し、「いわゆる」風景として公共に共有される直前の、生まれ出ずる儘の純粋な相に於いて現象を摑み取ることが目指されているからであり、その場合静止した相としてよりも、動きつつある相の方が実相であると思われるからである。その限りに於いて事態の解きほぐし、即ち「間」に生じている関係性乃至関係構造の全体を全体の儘に掬い上げ、構造化する可能性が開かれ得るであろうと考えられる。構造化とは「風景なるもの」を我々に理解可能なるかたちに解釈することの謂に他ならない。

「風景論」の構築は同時にその「方法論」の基礎づけを同伴するものでなければならない。先ほどいわゆる「風景」について、知っていて・知らないと言われたが、当然ながら「風景なるもの」についても同様であり、方法論の問題としてこうした事態に今少し立ち入ってみよう。事態は一層立体化されてみられなければならないであろう。「風景」について知っているが、その場合この風景あの風景と漠然とではあっても個々の風景を思い浮かべながら知っているのであろう。「風景なるもの」は未だ知らないが、それを知ろうとするとき、そうした個々の風景を幾つか集めて、その儘直ちにそれらの共通点を抽き出してみることによって知ることが出来るわけではないであろう。個々の事例がそれらから本当に「風景なるもの」をとり出すに相応しい事例であるかどうかは必ずしも定かではないからである。知られていない筈の「風景なるもの」が既にして知られている限りで、その予知の知見に基づいてこそそうした個別の事例がそのとり出しのためにそこに参集し得ることになるであろう。知られている筈の個々はかえって知られていないのである。「風景なるもの」についてはこの逆のようである。事態は端的に循環的である。(3) 方法論的に先ず以てこの循環構造が見定められなければならない。現今の有力な思想、解釈学が注視するこうした方法論上の要点を本論も追わなければならないであろう。(4) その場合決定的なことは、循環から脱け出ることではなくて、循環の内へ正しい仕方で入って行くことであるという論者の見解に従い、(5) はじめはある先入見を携えていてもよい、自覚的にこの循環する状況へと飛び込むべきであろう。先行知識は通念として知っている以上のものではないからである。としても「風景」についても、「風景なるもの」についても、先行知識は順次乗り越えられるべきものである。「風景」にかかわる「風景なるもの」の限定は直ちに根本的ではないにせよある種の原理の方向に向かうべきものでなければならない。「風景なるもの」にかかわる「風景」の選択はこうした方向への志向をそれ自体促すものとして、それに相応しくなされたものでなければならない。本論に於いてのこれらの方向は端的に垂直下への方向である。いましがた書き留められた「自然と人間の『間』の関わりの出来事、云々」の仮説としての規定も、「風景なるもの」についてのこのような考察のうちの最初の段階として位置づけられよう。以下でも追ってこうした仮説的な規定が重ねられなければならない(6)。

かくして「風景なるもの」という主題の次の段階の絞り込みを試みてみればそれはどのようであろうか。普通に「風景とは」と聞けば、「自然の景色。ながめ。また、その場の情景(7)。」という答えが予想される。景色とは「山・川・海などのながめ。風景。」であり、情景とは「人間の心の働きを通して味わわれる、けしき。」であろうから、「風景」は既に人間と無関係でないことは理解されていようが、要するにその限りでの自然の「見え」、眺められ「見ら」れた自然と言えるであろう。そこには人間と自然とを含んで「場」が拡がっていようことも見定められなければならない。(そしてまた山・川・海などのながめとされる景色のうちには家や家並みが点在していてもよいし、それらがいわゆる都市的な景観へ向けてその外延を拡げて見られるのもむしろ自然なことであろう。)

こうした用例に示唆を得ながら、しかもこの文脈で独自にやや踏み込んで言うならば、「風景なるもの」は、一面では、誰かにとっての－いつか－どこかの風景として、個人的一回起的に、その時その場面の世界の「見え」として「経験」されるもの、となろうか。勿論他面で、個人的一回起的ではない、誰でもの－いつでも－どこでもの、人間一般としてのあり方にかかわる「風景なるもの」が表裏してあろうことが直ちに付け加えられなければならない。先ほどの第一段階の予備的規定は平板に人間一般にかかわる規定であったのである。

両面のかかわりの構造についてはしばらく措いておこう。さしあたり前者に注目してみれば、この規定の中に含まれる経験は、普通に経験と言われている意味――即ち経験は感覚的所与として考えられるということ、経験の主体は個人であるということ、そして経験は受動的であるという理解――に忠実に従うかたちのものであるとされてよい。

この文脈で、事態をあらためて命題化して、「私は今ここにこの風景を見ることとして経験しつつ居る」と言い、この事実をまさしく確かなこととしてよいであろう。そしてこの確かな現実こそが、「風景なるもの」という問題が起こってくるまさにそのところなのであり、それが又答えが与えられてくるところでもなければならないのである。こうした意味に於いて、この日常的にも平明で素朴な現実、そこでのこのような見ること、経験をこそ、この段階で本論考の出発点に据えることが見定められるのである。本論にとって先行理解としての第二段階の規定である。

だが、「私は今ここにこの風景を見る、云々」と言われた事態は、真にそこから出立すべき事態であろうか。先行理解としてのこの命題はさらに一層掘り下げて見られなければならないのではないか。そうした掘り下げにあっては、この命題に含まれる例えば「私は」なる主体の限定は背景に退くことになろうかとも予感される。「まことに見る」「まことを経験する」ということはどういうことであるのかという問いを主軸として、「風景なるもの」への一層の接近を試みるかたちで本論は展開されるであろう。どのようにであろうか。

この文脈で、挿入の論点として、以下本論でなされる考察の具体的な「材料」を提示しておくべきであろう。本論は「私は今ここにこの風景を見ることとして経験しつつ居る」事態を直に表現し、直接に伝達するものとして、詩歌という言葉の形式に着目する。この場合、上の命題の中で「私は」と規定されたところはいずれ一旦は表面から退くであろうかと断られたが、その事態をも含んで、一文は正しくは「(私は)今ここに、云々」と書かれるべきであろう。応じてまた「この風景を見ることとして、云々」でのこの「風景を」とされる言辞もまた括弧入れされて、「(私は) 今ここにこの風景 (を) 見ることとして経験しつつ居る」と修正されるであろう。こうした厚みを含んだところで働くであろう詩歌の言葉が注目されるのである。詩人なる人間が風景なるものの中に居て、風景なるものを経験している、その事態の内側から内発して出来事が直に語られる、この端的なしかし同時に分節された表現が詩歌という言葉であると言われてよい。経験と言葉という重大な問題については、ここでは経験が基本的に言語に制約されているというフンボルト以来の考え方への同意を明らかにしておくとともに、通常の言葉の表現の不十分性または空虚さという性格をもまた動かせない事実として確認するものであり、こうした事態を抜け出るためにと言うべきであろうか、詩人の言葉が題材として選ばれるのである。このように詩歌を根源的なるものと捉えることは既に承認された思想でもあろう(8)。

こうした見方に倣って、詩歌を題材として、次章以降に於いて風景論の構築へ向けての論述が試みられるのである。具体的には、第二章に於いて『萬葉集』五二番歌「藤原宮御井歌」に、そして第四章に於いては松尾芭蕉という一俳人の草した、そのうちに俳句を含んだ『幻住庵記』『洒落堂記』という二つの俳文に聴き従うことが論考の中心課題となるのである。(但し、前者にあってはいわゆる古代四文献がこの歌のあたりに多く参照されるであろうことを断っておこう。) こうした題材の決定に伴って本論が主題とする「風景なるもの」は、というよりもさしあたりは「風景なるもの」に対応する個々の風景は、古代に於ける藤原京という都城の、そしてその南方背後の吉野の、或いは近世近江の湖南の風景であることが自ずと決定されるのである。その限りで本論がさしあたって直接問題とするのは、直ちに風景一般ではなく、少なくとも「日本の」という限定を受けた風景であり、しかも歴史的風景とも呼ばれようそれなのである。

これら二、三の歴史的風景は、都城としての都市的な風景であり、或いは自然的風景でもあり、それらの風景のうちにはいわゆる建築的要素としての家（庵、堂）も含まれ得るのである。先の第二次の規定のあたりで触れられた山、川、海、都市、家、などの風景的要素が思い返されてよい。ともあれ歴史的風景としての古代大和の、近世琵琶湖の風景によって「風景そのもの」に迫ろうと試みるものである。これら二、三の個別の材料は「風景なるもの」に迫るためには事例として少なすぎようか。必ずしも事例数が多くなければならぬことはない、限られた事例からも本質へ向かう論考を引き出すことが出来よう。表向き大和－吉野と近江の、古代と近世の、都市－自然－住居に関わる事例が参照されている。これらはその限りで歴史的、地理的に、そしていわゆる建築的モティフとしても、最小限ながらも主題の枠組みの拡がりを充たしていよう。

とともにそれよりも、これら二、三の個々の「風景」の事例に於いて、それぞれに上述のまことの「経験」の方位へと場が開かれ得るであろうと予想され、その深さへの探索に拠って、その限りで「風景なるもの」の普遍的本質に接近する道筋が開かれ得ようと思われる点が注目されるべきであろう。[9] 要点の一がこのように一言を以て書き留められる。何故このような題材が選ばれたかについて、以上のようなことわりが書き留められてよい。

先に保留としておいた個と一般の問題、それは私と私たち人間一般に関しての、そしてここ－この時といつか－どこか一般とに関わっての問題であったが、前者の主体に関しての個と普遍との論点もまた、いまみた地理－歴史に関しての深さ云々の論考のうちに、それらに同伴するものとして引き入れられてよいであろう。[10]

再三再四主題にかえって、冒頭近く、本論考の根本的考え方として「風景なるもの」の所在は主にも客にもない旨の表明がなされた。今見返してみれば、それは或いは予断としての表明であったと言われるべきかもしれない。としてもそれに呼応して、ここに言う経験は当然のことながらこの根本に則るものでなければならない。即ち生きた経験は端的に主客二元論の枠を破る方向に求められるのでなければならない。そうした経験は経験するものについて、そして経験している身体について対象化して考えるところにはない。そうした対象化の発生以前、即ち主客未分のところへと立ち戻ることが肝要であると思われる。この主客未分のところが本論のいう現前の事実、即ちまことリアルな現実その儘のところなのである。

ここでも要点の一が一言で以て書き添えられなければならない。そこへと立ち戻ることは、最終にはこの経験に「ついて」考えるというところから翻って、経験そのものの「内」で直接思惟することによってのみ可能となるのではないか。このことは本論が拠って立つ「立場」の自覚であると言えよう。

先に「私は今ここにこの風景を見ることとして経験しつつ居る」という言い方で、さしあたりそれは現実その儘の事態であると言われたところについて、あらためて反省を加えてみなければならない。簡単のために極言して「私は現に風景を見ている」という経験を考えてみれば、普通にはこれを以て、それ以前へと遡ることの出来ない最も直接の経験であると言われるであろうが、これは既に主客の枠から振り返られ、再構成された経験になっていよう。何故なら、口外して言明するか否かに拘わらず、現に「私は風景を見ている」という経験は既にして通常の構文法に則して表現された経験へと変質したものであるからである。それは自己即ち「私」によって理解された後のもの、「経験された（過去化された）経験」であって、既に「原初の事態としての経験しつつある経験」ではないのである。それら両者に截然と区切りを入れること、そして主客の未だ発生する以前へと遡るべく自覚的に反省することが可能なのである。主客未分なるところは必然的に所与性としての「説明」がなされる以前である。そこでは主体としての個人の問題は未だ顕になってはいないであろう。この文脈では仮に私の経験として説明がなされて来たのであるが、あらためて他者の経験を一瞥してみても同様に、「経験された経験」の表現から「経験しつつある経験」へと反省することが原理的に可能となるであろう。例えば「私は現に風景を見ている」を遠い過去に生きた他者の残した言葉と考えてみればどうであろうか。この命題も「原初の事態としての経験しつつある経験」に帰してみることもあり得よう。そこではいわゆる自－他の境はいわばアノニマスに融解するであろうか。

その場合要は、両者共にその命題のうちで「私は」「風景を」の契機が背景に退いて、と言うよりもそれらの発生以前に、「(私は) この風景 (を) 見ている」或いは「現に (今ここに) 風景 (が) 現れている」と注意深く言い換えられるべき事態が凝視されるのである。このような事態に一旦帰還したところで、その限りでそこに自他に共有される層位が開かれうるであろう。他者は歴史上の他者でもあり得よう。歴史的、地理的に定位する他者でもあろう。今ここに一回起的に個なる私に経験される出来事は、一旦こうしたいわばアノニマスな始発層に帰着し、その限りで他者と共有され、さらには私たち各人に共有される経験へと再度自発自展すると言われてよいであろう。その自発自展したところは誰かが、何処かで、何時か経験する風景一般の事態である。

以上が本論が摑み取った先入見 (先行知識) としての「経験」である。本論の主題として、それは第三段階の予備的限定であるとされてよい。たとえそれが「風景なるもの」への関心から自ずと発想されたとしても、こうした垂直化へと帰還する見方は本論独自のものでないことは言うまでもない。かの論者によって述語化された「純粋経験」がそれである。(12)

本論の彼方に、そうした思惟が遥かにも見え隠れするであろう。その思惟は、初次元の、初発の出来事として、本論に於ける以上のような何段階かの先行理解を「まこと」の真相へ向けて導いてくれるものであろうか――。

最後に本論考全体の、次章以後の構成の簡単な見取り図を示しておこう。

序章である本章は一節立てである。以上みてきたようにここでは主題の予備的な限定とそのための方法論が見定められた。加えて援用される材料が、同じく諸学の視点が、そして論考の立場も示された。

序につづく第二章は、藤原京の風景と題され、前述したように『萬葉集』第五二番歌「藤原宮御井歌」の解釈を通して風景の構造化が試みられる。第Ⅱ節では大和三山の風景が論考され、第Ⅲ節に於いては吉野の風景が主題化される。この章に於いては特に経験の生起する場所の構造が、境界という観点から、又地平という観点から考察される。即ち経験世界の「世界の相」に重点が置かれてみられることになるであろう。またこの章に於ける「見る」はいわゆる個の発生以前のいわゆる集団的な「見る」であり、いわば没我の「見る」と括られるものである。

これにつづく第三章は、第二章と第四章芭蕉の風景を連結するために用意される。何故古代の、大和の萬葉の世界であり、何故近世近江の芭蕉のそれであるのかという題材の必然性の問題、或いは両者の関係、さらには歴史ということの意味等が問題とされるであろう。連結は第Ⅳ節と第Ⅴ節によってなされる。第Ⅳ節では詩歌としての題材の選択と関連して、経験と言葉の問題、とりわけ「見る」ことと「詠む」ことの間が考察され、つづく第Ⅴ節では、歴史を越えて共有される風景観と歌枕の考察のなかで、吉野を紐帯とすることにより第二章と第四章が直接に連結されるであろう。

次なる第四章では芭蕉の風景が経験そのことの中で、論考され、その場合経験世界の「経験の相」が主題となる。第Ⅵ節と第Ⅶ節では幻住庵と洒落堂の風景の経験が主題となる。第Ⅵ節では特に経験の意識論的側面に、第Ⅶ節ではその身体論的側面に焦点が合わされるであろう。補説としての第Ⅷ節ではいわゆるステレオタイプ化された近江八景を芭蕉がどのように経験したかが考察される。この章に於いては「物に入て」と芭蕉その人によって言われる、いわば忘我の「見る」が潜んだ主題となるであろう。

第五章第Ⅸ節ではここまで考察の主軸としてきた「見る」という経験が場所に「住まう」というより全体的な経験に包まれるものであることが、(死から)生きるとは、そして自己とは何かという、それぞれに大きな問題にわずかながらも触れながら、経験の自己理解の考察とともに見定められることが目論まれるのである。

最終第Ⅹ節に於いては、本論考全体の方法論がふり返られ、各章別に論考された主題とその考察のための題材、諸学の視点がまとめて概観される。主題は「見る」ことにかかわる諸々のあり方の構造として見定められる。

註

1　枚挙に暇がないが、主だったものと思われるもののみ掲げておく。「景観の構造」樋口忠彦、「風景学入門」中村良夫(土木工学)、「文学における原風景」奥野健夫(文学)、「風景の現象学」内田芳明(社会学)、「認識の風景」沢田允茂(哲学)、「日本の風景・西欧の景観」A・ベルク(地理学)、「風景としての音」平松幸三(衛生工学)、「風景の多次元」伊従勉(建築学)等々である。

2　両者の中間を根底に向けて学的に探索するものとして、上記伊従勉の論考が挙げられよう。特定される主題が違っており個々に参照されることはないが、本論はその思惟の方向に導かれている。

3　本論に於ける（個々の）「風景」と「風景なるもの」の間に既知であり未知、且つ未知であり既知であるという関係構造が見定められたのであるが、この点に関してM・ハイデッガーの思惟が参照されてよい。M・ハイデッガーがその芸術論で（個々の）作品と「芸術」の間にみた「円環」構造がこうした本論の論旨に大略重なるであろう。重要な個所を抜き出しておこう。「芸術が何で有るかということは、作品から取り出すことが出来るはずである。作品が何で有るかということは、芸術の本質に基づいてのみ経験することが出来る（邦訳、七頁）」とその循環が確認され「作品から芸術への主要な歩みが芸術から作品への歩みとして循環であるだけではなく、我々の試みる歩みの一つ一つがいずれもこの円環のなかを回転するのである（邦訳、八頁）」と論じられている。この引用文だけではある点本論で見られたそのうちに否定の契機を含んだやや立ち入った記述と矛盾するようにも読めるが、この一文のすぐ後を通して読めば論者の論旨と本論の論旨に径庭はない。（M・ハイデッガー：芸術作品の起源、ハイデッガー全集　第五巻　杣径、茅野良男訳、六頁、昭和六三年八月、創文社、M.Heidegger：Der Ursprung des Kunstwerkes、Gesamtausgabe、Band5 HOLZWEGE、Vittorio Klostermann Verlag、Frankfurt am Main、1977）

4　循環構造は「風景」と「風景なるもの」の間にのみ存在しているのではない。この文脈で、少しあとで述べられる論旨に触れる点であるが先取りして、以下の附言が書き留められてよい。本論ではいわゆる個別の地理や歴史から普遍のそれらへ向けて出ようと試みられるであろうとしても、論考自体は何処までも自然や歴史の内部に帰属していること、そうした世界から自由であることは原理的に不可能であることを論究する解釈学的状況のなかに、常に既にいる他はないのであることを承知しなければならない。因みにW・ディルタイ以来周知の、いわゆる生・体験、表出、了解構造の循環にもここで触れておこう。了解とは、心的生の感性的に与えられた表出からこの心的生が認識されるに到る過程の謂である。後述する本論の題材としての詩文は、そうした表出されたものの代表的なものであろうが、ここでも先立って詩文の解釈はそうした循環的な了解構造に基づく認識であることを自覚しておこう。

5 前註3の最後に言われているこの環に立ち入ることは、別の参照をも促す。M・ハイデッガー：有と時、辻村公一訳、一八五頁、昭和四十二年九月、河出書房、M.Heidegger : Sein und Zeit、153、Max Niemeyer Verlag Tubringen、1972。

6 かように参照された円環的な思惟の歩程は、本論の論考の歩程にあっては全体的な大枠の構造としてはそのようであるが、以下各章節での具体的な個別の過程では、回転的であるよりも表立ってはむしろ線的なそれであろうことを承知しておこう。先ずもって「風景なるもの」の先行規定が仮説される。そしてこの総序ですぐつづいて見られるように、この仮説はこの「風景なるもの」自体の領域で線的に垂直下の方位へ向けて直ちに限定が重ねられる。この場合、これらの過程を通して、逆に背後から個々の「風景」がこれらの仮説の限定を促していようか、さしあたりはこの背景が表立つことはない。いずれはこうした限定を追って、それに適うような個々の「風景」が次章以下での本論の主題の論考のために引きよせられることになろう。以上の意味では前者は、後者と十全には循環していないで、そのかぎりで方法論的には平板に見えようが、そうした潜在層を自覚しているかぎり本論はそうした道程にとどまることに満足してよい。

7 風景、景色、情景とも岩波国語辞典第三版、昭和五十四年十二月からの引用である。

8 「根源に近く住む詩人（M・ハイデッガー：追想、ヘルダーリンの詩の解明、手塚富雄他訳、二一九頁、昭和三十七年八月、理想社）」から詩という「目配せ」を導きとして思索の途を歩んだハイデッガーを例として持ち出すことは既に蛇足であるとも思われる。我々はただ詩人の眼を確かなものとして信頼すればよいのである。

9 この文脈であらためて事態は循環的構造に開かれていよう。註6で見られたとおり、本論にあっての論考のいわば線的な道程による「風景なるもの」の予備的な規定がこれら大和なり近江なりの個々の「風景」をそれと呼応するものとして参集せしめたのであるが、とともに逆に、この呼応はそれら個別の「風景」に即しての先行知識によって予備的に予見されていたのである。ここではこの逆過程が照射されているのである。

10 註4での前段の論点は、ここでの論点と循環して、こうした深度への志向をいわば不到の接近として限界づけるであろうと言われるべきであろうか。

11 上田閑照：西田幾多郎を読む、一〇〇頁、平成三年十一月、岩波書店。

12 西田幾多郎の純粋経験については多言を要すまい。西田本人の説明を引用すればそれで十分であろう。引用はやはり『善の研究』冒頭部分でなければならない。

経験するというのは事実其儘に知るの意である。全く自己の細工を棄てて、事実に従うて知るのである。純粋というのは、普通に経験といっている者もその実は何らかの思想を交えているから、毫も思慮分別を加えない、真に経験其儘の状態をいうのである。たとへば、色を見、音を聞く刹那、未だこれが外物の作用であるとか、我がこれを感じているとかいうような考のないのみならず、この色、この音は何であるかという判断すら加わらない前をいうのである。それで純粋経験は直接経験と同一である。自己の意識状態を直下に経験した時、未だ主もなく客もない、知識とその対象とが全く合一している。これが経験の最醇なる者である。（西田幾多郎：善の研究、一三頁、昭和二十五年一月、岩波文庫）

第二章　藤原京の風景

II　大和三山の風景

一　序

人間存在と自然（世界）とのかかわり合いの中に「風景なるもの」の定着を目指す試みである。冒頭にこの「かかわり合い」という一語に本章の根本的立場が集約されていることを強調しておきたい。この「かかわり合い」に於いて風景なるものは立ち現れ、そこに人間と自然の連結を見届けんことが目指されているからである。「かかわり合い」とは言うまでもなく、一方向的ではなく、相互的ないしは循環的という意味である。だが現実はこうした辞書的な意味ほど簡単でも明瞭でもなく、むしろ潜んだ、そして忘れられた構造であると言われるべき事柄であろう。本節はこの「かかわり合い」の相を世界と人間存在を連結する紐帯と見做し、そこに投錨するものである。そしてこの経験という概念をこそ「風景なるもの」の定着の試みの中での最重要の鍵語とするものであるが、経験とは能動的なもの、さらには構成されるものとすら言うべきであろうと考える。つまりここでは「かかわり合い」を経験と言い換えることが可能なのである。経験は自発自展して自ずからなる表現を齎す。この試みの中ではそうした表現に齎されたものの中でも詩歌が最も有効な「生」の表現として主題に据えられるのである。詩歌は受動的経験の能動的表現である以上に、能動的経験の受動的表現であるに他ならないからである。これが詩歌を題材とする理由であり、最早言うまでもなく鑑賞されるべき芸術作品として扱おうと言うものではない。経験なる語で本章が言わんとするところの概略は以上に述べた如くである。総序に示したとおりこの経験を「見る」ということの中に構造化するという方法を採る。先に言われた経験の相互的、循環的構造は「見る」ことの中に、そして「見え」として表現されたものの中に読み取られるのである。経験は「見る」ことの自覚に、そして「見え」の自覚に発動され展開するであろうと捉えられようからである。

「藤原宮御井歌」(1)はその題詞から理解されるように天皇の住居としての宮城の井戸を主題に詠まれた歌である。宮とは天皇という一個人の家居ではあろうが、日本で初めて京域を伴って計画されたこの藤原京に於いては、最早個人の住まいと言う訳にはいかない。井戸を詠むことに於いて日本初の計画都市、藤原京の風景を詠んだものとすべきである。いくつかの京域復原の試みに際してこの「御井歌」が最初の前提を与えるものであることからもそれは窺えようか。このように主題を「御井歌」に求めることは、人々が集い住まう都市に関する風景現象が考察の対象となるということである。ここでの風景は集団の風景と呼び分ける必要に迫られるものであるかもしれないことが予想されもしようか。

本試みは詩歌を風景論の立場から解釈するとどのような読み込みが可能であるかという試みである。表現を通してそれが如何に「生きられた」か、如何に解釈すれば「生きられた」ものとして我々に共有できるのかが問われる、つまりは翻訳と言うべき試みなのである。古代を扱うということは「見る」ことの古代的な相の掘り起こしを意味し、我々に共有されるかたちに解釈がなされるであろう。因って本試みは必ずしも古代人に拠って「生きられた」儘の風景を再現するものではないのである。そもそも再現の可能性そのものがどこまで開かれているかが疑問であり、ましてやその再現案の正誤を判定する明確な基準など与えられていないと言わねばならない。それ以上に再現のみを目指す作業に於いて確認されるとされる事柄は史実にはより近づいたとされるにしても、我彼の隔たりをより拡大することになろうことが危惧される。それでは「生きられた」という関心からして本論の目的から遠いものとなるのである。勿論恣意に陥るわけにはいかないが、風景なる現象に関心する我々の立場からの接近法が探求されなければならない。再現や追体験ではなく、「御井歌」そのものを体験する試みと言うべきであろうか。

二　藤原京について

ここでは「御井歌」に詠み込まれた藤原京(2)の風景なるものが我々の関心に如何に重なるか、またどのような問題が潜在しているのかが探られる。

藤原京は言うまでもなく、天武が計画し持統に拠って完成され以後三代十六年続いた日本初の都城(3)である。時は壬申の乱を経、中央集権が完成されようとする時代であった。支配体制を充実させるうちに自ずと形成された都市空間であった倭京を母体とし、それに新たに益すかたちで完成された新益京としての藤原京(4)。京の営まれた藤原の地は大和盆地南東端、飛鳥盆地の北西方、大和三山に囲まれた場所である。大和三山とは周知の如く、香久山、耳成山、畝傍山を総称して言うものである。[5] 確かに大極殿跡に立つ時、三山という呼称は我々にも相応しく思われる。[6] 大極殿跡は、それぞれ約三キロメートル[7]の間隔を以て鼎立する三山のほぼ重心に位置するからである。[8] 何時頃からこのように一組の山として観念されるようになったかは必ずしも定かではないが、[9] このように一組の三山という観念そのものが京なる場所にとって実は非常に重要な問題を孕んでいると思われる。以後の京の場合を見ると平城遷都に際しては「三山作鎮」[10][11] が、そして平安遷都の詔には三山こそ現れないが[12]「山河襟帯」[13] が言われている。京域設定のための自然条件として山河、とりわけ京に近接する山が言われていることが注意されよう。[14]

さてその藤原京京域に関していくつかの説が提出されている。[15] 宮域は考古学的に確定しているので、その争点は京域の設定範囲に関するものとならざるを得ない。各説とも綿密な考古学的知見に裏付けられた議論であり、門外漢の立ち入る余地は残されていそうもないが、建築的事象に関心する我々の興味に対し、この論点である京域範囲の問題が境界という問題と関連して、また新しい意味の場の分節、創出及びその構造という意味に於いて考察の余地として残されていると思われる。

新しい意味の場とは即ち「京（みやこ）」と呼ばれる場所を言う。それが農村的都市[16] と言われるものであっても、明らかに農村とは異なった都市という今までに存在しなかった新しい意味を担った場がそこに発生したのである。[17] 西欧古典古代の都市が自治的都市であるのに対しアジアの古代都市は専制君主の居城を中心に周辺の田園が取り込まれる形で展開した疑似都市空間であると言われている。[18] そしてそのアジアの都市の中でも我国の都城は周囲に羅城が巡らされていないという点[19] でその独自性が言われ、その理由として軍事防衛が言われたりする。「京」について試みに辞典[20]を繙いてみると和訓に於ける「みやこ」は元々は、都城制には関係なく宮のある場所即ち「宮処」のことであり、「京」の他「京師」「都」など様々な漢字が宛てられ、「鄙（ひな）」に対する語とされている。同時に「京」という漢字の原義を調べると、アーチ状の門の形で、上に望楼などの小楼が設けてある形であると言われ、これが軍営や都城の入り口に建てられ京観と呼ばれたと言う[21]。

ここに少なくとも二点、大きな疑問が浮かび上がってきているように思われる。一に先の軍事防衛とも関連しているであろう「門」の意味である「京」という漢字がなぜ羅城の必要さえなかった我国でもそのまま受け入れられたのかという疑問であり、その羅城がないという事実に関連し、二に京と鄙は本当に対立する概念であるのかという疑問である。本論でも既に京域という言葉を曖昧に使用してはいるが、大陸の如く確とした羅城で人工的に京を限る境界を構築した場合には、その京域という言葉は謂わば完結したものとしての一つの閉じられた領域という意味を表示するものとなろう。その時には京内・京外というように二元分割的に考える事がむしろ必然であり、同時に京と鄙、即ち都市と田舎という対比も明確であろう。が、羅城という物理的にも精神的にも堅固な境界のない日本の都城にとって、ここでは特にこの藤原京に於いてこの「京」なる言葉の指し示しているものは如何なるものなのであろう。既に常識に属することであるが、最後の京である平安京ですらその京域全域が市街化され宅地で埋め尽くされた時期を持たない。平城京に於いても同様な推定がなされている[22]。そのようである京という意味の場はどこまで、そしてどのように閉じているのであろうか。それともそもそも閉じる閉じないの議論そのものが意味を持たないのであろうか。

采女の　袖吹き返す　明日香風　京を遠み　いたづらに吹く　（巻一―五一）[23][24]
飛ぶ鳥の　明日香の里を　置きて去なば　君があたりは　見えずかもあらむ　（巻一―七八）[25]

これらの歌から遷都以前の倭京のあった明日香の里と藤原京という場所が異なった意味づけを持つ場所として分節されている事を読み取ることができるであろう。[26][27]だが藤原京という新しい意味の場を他と区別し、その新しい意味を意味として分節させているものは何なのであろう。分節を表示し主張するのはいずれ境界と呼ばれるなにものかであろうが人工的境界のないこの藤原京にその境界なるものはどのように現象しているのであろうか。

三　藤原宮の御井の歌

さて問題の「藤原宮御井歌」は、我々の手に在る『萬葉集』巻の一、五二首目に位置する歌である。引用に先き立ちこの歌に関する重要な学説を紹介しておかなければならない。それは「万葉集の一原型として「藤原宮本」とも称すべき歌集があり[28]」、「藤原宮に至る宮廷の発展の姿勢を、歌によって示そうとする意図をもって編まれた[29]」とする説である。「藤原宮本」とはこの五二番歌に続く短歌を巻尾に据える五三首本を言い、「白鳳精神の象徴であり、白鳳的達成の総決算[30]」である藤原宮の造営とそれに付随する大規模な都城、即ち藤原京の実現を記念し後世に伝えようと意図するものとしてあったのである。この「藤原宮御井歌」はこのような意味を担わされているのである。

以下にその「御井歌」を引用するが、構成は後述する国見歌形式を受け継ぐ三段構成である。[31] その構成が明示されるかたちに書き並べておくこととする。

やすみしし　わご大君　高照らす　日の皇子
荒たへの　藤井が原に　大御門　始めたまひて　埴安の　堤の上に
あり立たし　見したまへば

大和の　青香具山は　日の経の　大き御門に　春山と　しみさび立てり
畝傍の　この瑞山は　日の緯の　大き御門に　瑞山と　山さびいます
耳梨の　青菅山は　背面の　大き御門に　宣しなへ　神さび立てり
名ぐはしき　吉野の山は　影面の　大き御門ゆ　雲居にそ　遠くありける

高知るや　天の御陰　天知るや　日の御陰の　水こそば　常にあらめ　御井の清水
（巻一―五二）

歌意は明瞭であろう。「東西南北に繁茂して立つ神の瑞山を控えているが故に、藤原宮は誇るべき宮なのであり、その宮のま清水こそは永遠に変わらぬすぐれた水であるという歌いぶりは、それが結局藤原宮の威容と無窮の宮廷讃歌そのものだったことを示している」[32] という如くである。様々な角度からの論点、解釈があり得ようし、[33]

勿論解釈は一首の歌全体を通してなされなければならないが本論は特に、第二段落に詠み込まれている四つの山の意味の解明に専念するものとする。

この四方の山の意味に関して、それぞれ四神（青龍、朱雀、白虎、玄武）と対応するという説[34]、また大和三山は三神仙山（蓬莱、方丈、瀛州）の、吉野は終南山の謂ゆる見立てであるとする論考がある[35]。同じ論者は「この四方に対応する物を語句を整えつつ述べる叙法は、明らかに中国伝来のものであって、記紀歌謡や記紀のいかなる叙法の中にも本来的に見られるものではない。……(中略)……、漢籍には方形の思考法があるのである[36]」とも言う。また「相対するものを繰り返し的な対句によって掲げ、すべてがいつも充足していることを表象する方法は、古代の物ぼめ詞章に普遍的なものである[37]」との解釈もある。が如何であろうか、各説ともに尊重すべきものであり異を唱えるものではないが我々の興味からは些か形式的に過ぎる感を免れないとせねばなるまい。それは「見る」という観点からの考察が稀薄なことに起因するものであろう。この「見る」という観点から、そして京域という二で呈した疑問との関連で三山と吉野が詠み込まれることの我々の立場からの意味づけができないものであろうか。

四　大和三山ということ

先に示した如く藤原京という新しい場所はある一定の拡がりを以て分節されていたのであるが、藤原宮については如何であろうか。宮に関しては発掘担当者が、「藤原京は、宮を中心として、広大な空閑地、京域、そして郊外地帯と四周に展開した、同心円状の都市構造になる。[38] 朱雀大路に相当する大路も宮からわずかの位置で日高山丘陵に登ること、南面中門を含めて四周の門が平面規模は同一であることから宮全体としての正面性は比較的希薄であったといえよう」[39]とその様子を推定する。この報告にみるように宮城は「広大な空閑地」という人工的境界に拠って厳格に京から分離されていることが以後の都城にはみられない藤原宮の大きな特徴である。宮城の「内」と「外」が異なった領域として截然と区画されていたのである。

さて「御井歌」に於いてはこの宮城の四囲が、全方位を四方向に分割するかたちで四つの「大き御門」を通して遠心的に歌われていると言い得ようか。ここで「京」の原義が「門」であったことが再び思い起こされもしよう。「御門」とは「帝」や「宮殿」を示す場合もあるが原義は勿論「門」である。[40] とすれば「御井歌」に詠まれた四方の門[41]はこの宮城に開かれた十二門の内各面を代表するものとして中央の門を指すと考えるのが穏当であろう。ここで四つの山はこれらの「門」との対応の中で詠まれていることが特に注意を引く。「門」と山はどういう関係にあるのか、何故にこのように組み合わせて言われるのか、先に紹介した観念的解釈を採らないとすれば本論はこの対応の意味なり必然性なりを示さなければならない。特に大和三山についてこの意味を探ることが、この第Ⅱ節に於ける課題である。[42] では両者の対応を香久山についてのみ二三の口語訳にみてみれば、

大和の青香具山は、東の方の御門に、青い山として繁り立ってゐる。[43]

大和の、青々とした香具山は東の御門に向かって、春の山とてうっそうと繁茂した姿を見せている。[44]

という具合である。問題は格助詞「に」の解釈にあることが理解されよう[45]。第一の訳では「門の場所に」と訳される。それは文法には忠実であるが、言うまでもなく「門」のある場所に山はない。第二の訳では「門」と山との距離を認め「門」との対応をより意識した訳であるとは言えよう。この訳者はその「門」に関して、山と関連する視点こそ稀薄であるが「日の経の大御門というのは、太陽を迎え入れる太陽軸に向かって開かれている門であり、太陽が門の中から昇る門である。それに対して、日の緯の大御門というのは、太陽が入っていく、太陽が沈む方向に、面を連ねて向かいあっている門だということになる[46]」という考察を示している。今度は「門」という視点はないが同様の主旨で「朝堂院中央から香具山山頂を見通して、冬至の旭日を拝冬しうる[47]（一部筆者略）」という報告がある。これらの考察を考え併せると、宮城の中心から東西の「門」を通して旭日と落日がそれぞれ香久山、畝傍山山頂に拝し得るということになるであろう。題詞に忠実に宮の讃歌と考え、宮に対する「門」の意味を考えた場合の解の一つとはなり得よう。が、敢えて理屈を弄せばその時の「門」は、それぞれ三門ずつ設けられた中央のそれではなく南側の「門」でなければならない等の問題を孕み、太陽信仰という重要な問題を背景に有するもののそのまま受け入れられる説であるとは言い難い。さらに言えばこの場合耳成山は如何に扱うのであろう。

二以上の事物を採り挙げる場合、その採り挙げの順序に意味があるのが普通であろうが、ここでの三山は、同等の資格で詠まれていると思われる。とすれば解釈に於いてもその同等性が維持されるべきであろう。

「門」と山に着目する視点でその対応をみてきたが、宮城と「門」との関係についてのこれ以上の事実も報告も見当たらない。とすれば宮に対する山より、京に対して山があるとは言えないであろうか。つまり京の讃歌として読むべき途が残されているのではなかろうか。「門」という問題を維持しつつ京に対しての山という観点からそれぞれの山が歴史的にどのように観念されていたか、大和三山がどのように「生きられ」、意味づけられていたかを以下それぞれ詠み込まれた順番に簡単にみていくものとする。

先ず香久山であるが、古代四文献及び当時の状況からすると、この山は「作られた神話の山」[48]と言うべき山である。『記紀』にはその神代巻に天岩屋隠れの神話として初めて登場し、以後この山の事物が呪力を持つものとして多数登場してくる。がここまでは「天降る以前の天上、高天原の観念的場所で、後次的な思想的所産と解すべき」[49]であろう。そしてそのような神話を纏わされて天降り、「天」の香具山と称されるものとなり、その土は「倭国の物実」として国土を代表し、象徴し、支配に関わるものとなった。そしてそのことと関連し天皇の執り行う国見の山として国家の山、「聖」なる山となるのである。[50]空間的にも「(『古事記』)神代巻では東西軸と南北軸の交点に天香具山と位置せしめている」[51]との分析が既になされている。正史の編纂がいわゆる天武史局に拠るものであり、先の「藤原宮本」も天武の発意に拠るものであるとするならこれは当然であるとも言えよう。だが現実には、仮令皇族と言えども高市皇子はこの香久山（香来山宮）の麓に住を構えているし、人麻呂挽歌（巻三－四二六）にみるようにこの香久山は中つ道が縦断し旅人が行き交うような山であり三輪山のように禁足の聖なる山などではない。それどころか持統歌（巻一－二八）にみる如く近しい山だったのである。

次は畝傍山であるが『記紀』に於いて香久山が神話世界の舞台であったのに対し、畝傍山は人間時代の歴史舞台となるという著しい対蹠的性格をみせている。『神武即位前紀己未年三月条』にあるように「観夫畝傍山（割注略）東南橿原地者、蓋國之墺區乎。可治之。」と宣され即位の場所として登場するのである。また香久山と同様、四方から二軸の交点に、世界の中心としての位置づけがなされていると言う(52)。

耳成山に関しては『推古紀九年五月条』に「夏五月、天皇居二于耳梨行宮一」という記述がみられるに過ぎず、歴史的に重要な意味付けがなされた形跡はない。

以上三山に関する記述を文献から拾い上げ考察を加えてきたが、残念ながら実際どのように「生きられ」ていたかには接近し得ていない。山への意味づけは時の中で「生きられ」、時とともに変遷するものでもあろうが(53)、正史に表れ難い習俗の次元は如何であろうか。

資料的には新しいが『延喜式』をみると畝傍と耳成にそれぞれ式内社畝火山口坐神社、式内社耳成山口神社が確認される。『祈年祭祝詞』が言う山口に坐す皇神六坐（飛鳥・石村・忍坂・長谷・畝火・耳无）の内の二坐である。ここには同時に水分に坐す皇神四坐（吉野・宇陀・都祁・葛木）が言われるが、ここに吉野水分社が言われていることが注意されよう。畝火、耳成両山口神社は『延喜式』では大社に列し、月次・新嘗の二祭に預かり、また臨時祭で祈雨の神八十五柱の中に入る神として平安中期になって国の意向として雨を祈る神社となるのである。『広瀬大忌祭祝詞』から知られるように山口神社とは「山の口より落ちる水の豊かに、悪風・荒雨の恐れのないように」との祈を受ける神であったことが認められるのである。

さて香久山にだけは山口社が確認できないのであるが、その香久山も水を祈る山であった可能性が言われている(54)。それを認めるならば三山は個別の山として、それぞれの山を水を齎す神と崇める集団に拠って、即ち神奈備山として、その神なる山を背景に、それに凭れ懸かるように集落が形成されていたであろうより原初的風景が髣髴としてくるように思われる。上述した通り文献にみる限りに於いても三山は未だ「大和三山」として把えられてはいなかったと言い得るであろう。このように三山以前の原初的状況を想定した時初めて山と「門」の関係への緒が見出せそうに思われる。

五　境界ということ

藤原京に於ける京域という新しい意味の場がどのように境界づけられ分節されていたのかが求められているのであるが、簡単にではあるが若干迂回して平城京での場合を確認しておくことが有益であろう。先述の通り物理的境界としての羅城こそ廻っていなかったが平城京に於いては京域は明確に分節されていたと言えるようである。それは境界祭祀の分析によるものである(55)。この分析によれば都城の境界祭祀は祭祀形態から祓と鎮遏に大別されるが、ともに邪気邪霊や外国使節に伴って来た蕃神の京師への侵入防止のために宮城四隅、京城四隅、羅城門外、さらに畿内堺、つまり境界で執り行われるもので「道饗祭」「障神祭」等が挙げられる。ここで本稿が特に注目するのが「障神祭」である。京域の四隅で神を祀ることに拠って「四隅を結ぶ見えない線が障礙線(56)」として観念的に機能し京域は閉じられるのである(57)。このような祭祀に拠って平城京京域が完全に「内」なる領域として意識され分節されていたのを知ることができる。藤原京にこのような祭祀を探してみると宮城十二門での追儺の祭祀(58)が確認できる。また正確な年代こそ不明であるが『祈年祭祝詞』には御門の神であるイハマドに邪気邪霊を防ぐことが祈られている(59)。この場合の「門」は宮城のそれでしかないであろう。このように宮城の分節は確立されていたことが確認される。それに対し京域はと言うと藤原京（岸説）での四隅に相当する地点にはそれぞれ衢と言うべき場所が存在している。[60][61] 後述するように衢は一種の境界領域なのであるが、ここでもまた藤原京に於いての京域は「閉じて」はいないと言わねばなるまい。四で香久山、畝傍山がともに四方から中心として位置づけられていることを紹介したが藤原宮そのものも先と同様に、四隅からではなく東西南北に坐す大神との関係のなかで位置づけられていることが『持統紀六年五月条』の「庚寅、遣㆓使者㆒、奉㆓幣于四所、伊勢・大倭・住吉・紀伊大神㆒。」という記述から知られる。先の「障神祭」と同じく観念の境界が張り巡らされていると言うつもりはない。面的に、或いは境界線として線的に捉えられているわけではなく、中心となる点とそれ以外の諸点が関係づけられているに過ぎないが、四方から取り囲まれ、守られているという意識にはある種の空間定位、領域の獲得、囲い込みによる「内」「外」の分節が兆していると言うことは可能であろう。

境界の観念は定位の問題、領域の問題と連動して成立し、そしてどこかで「夜麻登波　久爾能麻本呂波　多多那豆久　阿袁加岐　夜麻碁母禮流　夜麻登志宇流波斯[62]」「國之墺區[63]」「玉牆内國[64]」或いは「皇神能見霽志坐四方國者、天能壁立極、國能退立限、青雲能靄極、白雲能堕坐向伏限[65]」という「内」なる国大和という世界観[66][67]と繋がるものとなろう。ここに列挙した世界の表現はどこかおおらかで、またどこかに「生きられ」た痕跡を残すものであると思われるがいずれ権力と結合し、神話と共働して例えば行政区画というように観念的世界観へと変貌していくのである。その典型が畿内制[68]であり、後の三関の制[69]である。つまり都を中心として権力の側、即ち内側[70]から治らす国を同心円状に分節、再構成したものである。[71] ところがこのような行政的観念的にみえる領域観[72]・境界観ですら人間の恣意のみに還元することはできない。境界は「即隔㆓山河㆒而分㆓國縣㆒[73]」「境㆓山川谷尾㆒[74]」「郡郷境堺　相㆓續山河之峯谷[75]㆒」というように、人間の側にではなく自然の側にその根拠を有し、そこに見い出されていると思われる。例えば壬申の乱に於ける軍事拠点として、上中下つ道の三道とその合流点である乃楽山、横大路の東の墨坂、西の大坂、当麻衢が登場する。[76]すべて「坂」つまり「峠」という極めて地形的なものに境界を「見て」いるのである。交通の要衝として「坂」という地形が両側を隔てる自然の境界として現象しているのである。ここでも境界の和語「さかい」の語源をみてみると、「坂」が境界のところとされ、「坂」の動詞形「さかふ」の名詞形とあり、柳田説に従えば「さか」はすべて分岐するところを言う語とされる。[77]権力に拠って中心化が行われる以前には「坂」の向こう側には別の世界が拡がり、またその彼方の山の向こうにもまた別の世界があるという具合に隔てられた世界が全て見知らぬ世界として、同じ資格で地表が分節されていたのであろう。見知らぬ世界に対する恐怖が死の世界と結びつき例えば山中他界や常世の国が実在すると観念されるようにもなるのである。[78]古代人にとって産土を離れることは死を覚悟することであることは歴史の教えるとおりであり、だからこそそこで境界を越えるための儀礼が行われ道祖神や塞の神が祀られるようになるのである。どこまで観念化が進んだとしても、或いはどこまで神秘的宗教的次元へと深まろうとも、それらの境界もまた「生きられ」ているのである。「見」そして「越える」という身を以てする通常の次元での体験に基づくところにその起源がなければならない。さらにもう一例、文献に残る境界の発生の典型として有名な夜刀（谷）の神伝承を挙げておかねばならない。[79][80]要点だけ記せば、境の標梲を立て、社を設け山口より以上を神の地とし、以下を人の田として作ることを宣言したというものである。これが山口神社の始まりであり、この境の標梲が後に「鳥居」となっていくものに他ならないのであるが、それはさておき、この伝承からは人の領域と神の領域が地形的に不連続なる場所、即ち山の口である「坂」の部分で分節されることが知られよう。

境界領域[81]はここまで考察してきた諸例以外に、詳説は省かざるを得ないが、道路、河川、橋、橋詰め、衢、市、小集落等が挙げられる。ここに列挙された場所は全て儀礼や祭祀が行われていた場所である。つまり荒ぶる神や穢れ、異邦人等の見知らぬもの、招かれざるものの避けて通れないと観念されていた場所なのであり、そこで「越せる」「越せない」の判断が下される場所という捉え方ができるのである。そしてひとまず境界とは「内」「外」、「聖」「俗」、「生」「死」、「此岸」「彼岸」、「現世」「他界」といった空間や場、観念、時間を分節する不連続を表示する場所であると一括りに言うことができるのであろう。要するに異なった意味が衝突する場所であり、領域と領域の間の、どちらにも属さない緩衝地帯として機能しているのである。境界というと普通境界線を想起するが、以上の例からは境界は線ではなく点、或いは一定の拡がりを持った両義的領域であるとすべきであることに帰結するのである。[82]

六 「門」ということ

五では境界が分節を表示する両義的且つ点的な場所であるということが導かれたのであるがその両義的と言われたことの意味をさらに詳しく考察してみる必要がある。「内」「外」が分節されるということは、言葉を換えれば境界に拠って「内」なる場所が「閉じられ」ることに拠って確定するということである、それは「内」「外」という異なった性格を持った場所を同時に認めることでもある。それはとりもなおさず相互の交通を承認すること、同じく言い換えれば、境界とは同時に「開いて」いるものでもなければならないということに他ならないであろう。この解釈には即座に反論が予想される。例えば「八十神者　不レ置二　青垣山裏一(83)」である。荒ぶる神々を青垣山に拠って「閉じられ」た「内」なる領域への封じ込めが言われるものである。この例のように完全な隔離、断絶をその意味として持つ境界もあるにはあるが、全周に於いて境界が厳重に意識され完全に交通が遮断されているとは考え難い。先述の谷刀神の場合のように人間と関わり深い要の場所でのみ境界は即ち「門」として「生きられ」ていたと理解するのが無理がないと思われる。境界が現象していることと「閉じた」境界線が実在することとは異なった相の事柄とすべきであろう。「閉じられ」ている程度とは、言い換えれば通過を欲する主体にとっての「越え」難さの程度を言うに過ぎないのであり、通常境界というものは垣、塀、堀のように人工的に廻されたもの以外は「見えない」ものである。そしてこのように「見える」境界として設えられた囲いとしての境界は同時に「越える」ことの不可能なもの、或いは禁止の表示として絶対的に「閉じられ」て「開く」可能性を有しない。とすれば上来考察してきたように境界の境界性がその交通の選択的制御にあるとするなら、それを端的に表示しているのは「閉じた」そして「越せない」壁の方ではなく、その欠けたところ、即ち「門」の方であると考えるのが真実により近くなければならない。

「門」とは「閉じ」ながら「開く」という原理的、構造的矛盾を最初から持っているのである。「門」と、囲いとしての境界は、勿論表裏する同時の事柄ではあるのだが、ここまで境界として考察してきた事例はむしろ全て「門」として考えるべきものであると言っても過言ではない。例えば「坂」つまり「峠」が「門」であると言う言い方には何の抵抗も生じないであろう。「生きられた」境界は即ち「門」なのである。「内」「外」の接点として、そのどちらにも属さず、その両方に属する矛盾的存在として「門」というものはある。それ以上に「内」「外」という意味の場そのものが「門」に於いて分節、現成するのであると言うべきであろうか。「門」が意味を集めるのではなく「門」に於いて意味が集められているのである。このように「門」は「内」「外」そのものを支える基盤として仮有と言うべきなのである。ここに述べた「内」「外」は同じ地平の上での分節を言うものであるが「門」に寄り付く意味はこれに尽きるものではなく、人間界と超人間界、或いは此岸から彼岸という異なった地平への「門」、即ち生死に関わるところに極まり行く。この場合には最早囲いはなく「門」のみが「見える」ものとして設えられるのが普通である。例えば凱旋門がそれである。歴史が教える通り元来戦場という死を覚悟せざるを得ない異界での血の穢れを浄化するためのものである。また既にみたように「京」の字義は「門」であったが、その「門」は敵の屍骨を塗り込めたものでもあったと言う(84)。我々に近しい例を挙げるなら、それは「鳥居」であろうか。「鳥居」とは人と神の領域区分の表示であり、神なるものを迎え入れ或いは送り返すための「門」であった。「鳥居」の原初型として大神神社の「三輪鳥居」が有名である。この「鳥居」はその背後の神体山を拝し「見る」ための「開かず」の「門」として、或いは「鳥居」そのものが拝されるために在る。山に対する「門」の関係はこのようにそこに人を越えた神なるものを想定した場合、「鳥居」と神の坐す神体山との関係として把えられる。先の山口神社もこの例に属すであろう。懸案の山に対して在る「門」の例として挙げられよう。これは山そのものが神として、山を「見る」ための「門」の設いと把えることを可能にするであろう。

「見えない」境界はこのように「門」として人の眼に「見える」ものとされるのである。このような人為的定着が試みられるのは境界、即ち「門」という現象が本来不安定で移ろい易い性格、つまり「外」になり易い性格を有しているが故である。儀礼や祭祀が境界で行われるのは「門」に託した機能を再生するために他ならない。境界として考察してきた両義性はこのような「門」の意味に極まるであろう。

七　三山を「見る」ということ

三で「見る」という観点の欠如を指摘しておいたのであるがそれは外来思想の謂ゆる「見立て」、或いは京の構造を同心円的であるとの説明に対する疑義であった。換言すればそこで言われている「見立て」は本当に「生きられ」ていたのであろうかという疑問である。また風景という観点から言えば、その同心円構造は風景としてどのように現象し、どのように「見え」ていたのであろうかという疑問でもある。「生きられ」た風景がそこに現象していたとするなら「御井歌」に詠み込まれた三山は、必ずしも実景に即す必要はなく、記憶に基づくものであってもよいが何れかの段階で、しかも人間の視線でどのようにか「見られ」ていなければならないのである。

山という自然の地形は様々な意味を表示する。地表上の目立つ事物として山は「見え」として与えられるのであるが、我々は単なる地表の隆起とのみは「見て」いないのである。人々は山に多様な意味を「見て」いたのである。[85] 山は境界として「見られ」、また「坂」の部分は自然の「門」として「見られ」ていた。或いは山を神と「見て」いたのであった。これに関し、当時の人間の自然に対する意識が、自己を自然と重なり融和し合う存在とみなしていたからであるとか、また自然の背後に神を「見る」のは神話的知覚、或いは「見れば……見ゆ」という古代的知覚に基づくものであるからであるという説明がなされている。[86] それぞれに重要な指摘であり十分な検討を要するのであるが、ここでは各説がともに人間は自然を超えたものを「見て」いたということを承認していることを確認するだけでよい。このように自然の事物に単なる「見え」を超えたものを「見る」ということこそ風景の問題なのであり、これこそが「生きられ」た次元での風景体験なのである。このような経験の自覚がそこに境界の風景を現象させるのである。風景体験にはこのように人の恣意に還元されないものが残るのである。譬喩的に言えば世界からの目配せを受け取っているのであるということになろうか。

如上の考察に基づいて、かつては各々独立して山口神が依り付く山として「見られ」ていた三山が大和三山として「見られ」始めた時、それは藤原京造営に際してであり、その時大和三山は、かつての神の依ります山という意味づけを既に超えて、あたかも留石のように藤原京の京域を限る境界としての意味を持って機能し始めたのであろうという仮説を以て本節の結論とするものである。先述した通り藤原京に於いては宮城から遠ざかるに従って田園へ、そして原野へと溶け込んでいくという形容が相応しくもあり、都城としては未完成なものでしかなかったのである。そこに巨大な条坊道路だけが敷設されていたのである。京という新しい意味の場は実体としての羅城を持つ代わりに大和三山に於いて結ばれた「見えない」界に拠って確かに限定されていたのである。「見えない」境界の「見える」部分、即ち大和三山が謂わば図・地の逆転として「門」を表示するものであると解釈するものである。「御井歌」に即して言えば「大御門に」を「大御門と」と読むべきであろうことを唱えるものである。ここに詠み込まれた三山は山を「見る」ための「門」であるより、山そのものが「門」なのである。「門」の機能からしてそれらの「門」はまたどこかに対して「開い」てなければならない。それらの「門」は原初的自然神を超えて絶対的無限なるものへと「開かれ」た「門」なのでもあろうか。

八　結

「御井歌」に三山が詠み込まれる意味と三山そのものの意味を境界現象という側面に限定して考察がなされた。本節の結論は既に示した通りであるが、京に関しての境界現象は、即ち京という場所の構造を問うことでもあった。「生きられ」た場所の意味は風景として現象し記憶されるのである。三山を三山と意識するためには当然それを必要とする歴史的現実があり、「生きられ」た山の意味は時とともに変遷しまた異なった風景を現象させるのである。

我々が経験できる世界は既にして、また常に均質ではない。その上所与として既に与えられたものでも、理論的に構築されたものでもない。我々は「見える」限りの世界という、限られた大野の内に「住まう」他ないが、その大野は同時に人知を超えた世界に「開か」れているのである。我々は限られた大野に居ながら「見えない」意味を、その意味の多重を「生きて」いるのである。我々が「住まう」世界は完全には対象化され得ない世界なのである。

註

1　萬葉集は普通Ⅳ期に時代分類され、壬申の乱までをⅠ期、平城遷都までをⅡ期とする。「御井歌」はこのⅡ期に属する歌であるが、宮讃め歌としてⅠ期の歌により近いものである。このⅠ期の歌の特徴は「集団性・意欲性・呪術性格、自然との融即性、歌謡や民謡とのつながりの深さなど列挙することができる（稲岡耕二：万葉和歌史　第一期、万葉集必携、一〇〇頁、昭和五十四年五月、學燈社）」。これらの特徴は個の独立を否定するものである。

2　藤原京という呼称は喜田貞吉の提唱に拠る（藤原京再考、夢殿　第一五冊、昭和十一年六月）。尚正史『日本書紀』には新益京として表される。唯一の例外は『萬葉集』巻一－七八左註に「或る本、藤原京より寧楽宮に遷る時の歌」とみえるが、「寧楽宮」とあることから、「藤原京」は「藤原宮」の誤写であるとする通説に従う。

3　『日本書紀』には藤原京造営以前に、難波京、近江京、倭京、の表記が見えるが通説に従い前二者に京は付随してないものとする。また倭京に関しては岸俊男の研究（飛鳥と方格地割、史林53－4、昭和四十五年七月、日本における「京」の成立、東アジア世界における日本古代史講座　六、昭和五十七年九月、学生社）等に従い京としてもよいであろう街区の存在は認めるものの京域を計画的に設定し条坊制都城として計画されたものではなく、むしろ自然発生的都市という見解（井上和人：飛鳥京域論の検証、考古学雑誌71－2、昭和六十一年一月、町田章：都城の歴史的意義、清水真一：都城制の展開、季刊考古学　第22号、昭和六十三年二月）を支持する。

4　高橋康夫、吉田伸之、宮本雅明、伊藤毅編：図集日本都市史、四二頁、平成五年九月、東京大学出版会。

5　以下引用部分を除き、「香久山」という表記に統一する。

6　香久山、畝傍山、耳成山、順に標高一五二メートル、一九九・二メートル、一三九・七メートル、大極殿跡が約七三メートルであるから、最も高い畝傍山でも大極殿からの比高は一〇〇メートル余りの島状の丘に過ぎないものである。

7　二万五千分の一の地図に拠ると香具山畝傍山間約三・一キロメートル、耳成山香久山間約二・六キロメートル、畝傍山耳成山間約三・二キロメートルである。

8　藤原宮の調査研究は宝暦十（一七六〇）年に賀茂真淵が『万葉考』を著した時に始まり、それから約一八〇年後の昭和十八年、日本古文化研究所の発掘調査の成果に拠って宮址が確定される。宮域の確定にはそれから尚二十六年の年月が必要とされた。（奈良県教育委員会：藤原宮――国道一六五号線バイパスに伴う宮域調査――、奈良県史跡名勝天然記念物調査報告第二五冊、昭和四十四年三月、奈良国立文化財研究所：藤原宮――半世紀にわたる調査と研究――、飛鳥資料館図録第十三冊、昭和五十九年十月）

9　池田源太は八世紀初め頃には「三山」という総括的な名前で呼ばれていたであろうとする（大和三山、一六頁、昭和四十七年四月、学生社）。

10　『続日本紀』和銅元（七〇八）年二月甲戌の条「揆レ日瞻レ星、起二宮室之基一。卜レ世相土。建二帝皇之邑一。……方今、平城之地。四禽叶レ図。三山作レ鎮、……。」

11　平城京の三山は通説では春日山、奈良山、生駒山である。また古墳墳丘を三山と見る異説もある（森浩一：前方後円墳と平城京の三山、橿原考古学研究所論集第9、昭和六十三年十月、吉川弘文館）。

12　平安京に於ける三山は神楽丘（吉田山）、船岡山、双ヶ丘であると考えられている。

13　『日本紀略』延暦十三（七九四）年十一月丁丑の条「此國山河襟帯。自然作レ城。因二斯形勝一。可レ制二新号一。」

14　国府も同様三山囲繞の地が卜された。因幡国府（甑山、面影山、今木山）、上野国府（赤城山、榛名山、妙義山）上記二例が報告されているが、風景の型として共有されていたことは認めるが、最早形骸化した風景と言うべきであろう。

15　前掲8『藤原宮』に於いて岸俊男は「京域の想定と藤原京条坊制」を発表し、以後の諸研究はこれに異を唱えるものとなる。秋山日出雄：「藤原京と飛鳥京」の京域考、地理25－9、昭和五十五年、千田稔：歴史地理学における「復原」から「意味論」へ――藤原京を事例として――、京都大学文学部地理学教室編　地理の思想、昭和五十七年十一月、阿部義平：新益京について、千葉史学9、昭和六一年十二月、押部佳周：飛鳥京・新益京、直木孝次郎先生古稀記念会編古代史論集　上、昭和六十三年一月、塙書房、以上が岸説以後提出された京域復原説であるが、千田説を除き他は謂ゆる大藤原京説を唱えるものである。以下に前掲書4より転載した図を掲げる。

新益京（藤原京）京域図

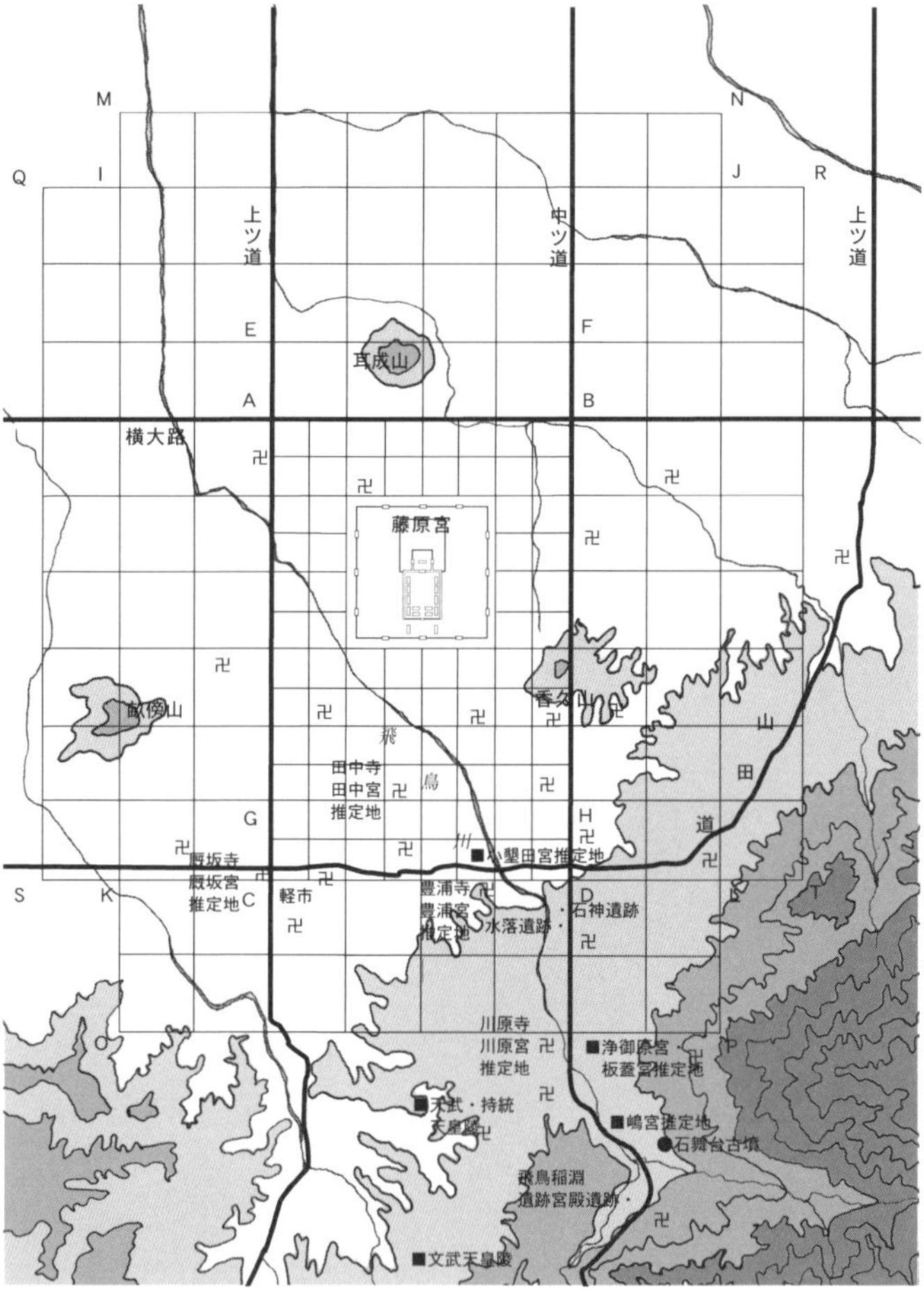

［藤原京諸説］岸俊男説 ABCD、千田稔説 EFGH、秋山日出雄説 IJKL、
阿部義平・押部佳周説 MNOP、最新（96.5）の発掘調査によれば、
京域はQRSTにまで拡大すると言われている。

なお本図は、高橋康夫他編、図集日本都市史をもとに筆者作成。

16 鬼頭清明：日本古代都市論序説、一三頁、昭和五十二年九月、法政大学出版局。
17 岸俊男は前掲3「日本における「京」の成立」、及び「記紀・万葉集のミヤコ、日本歴史332、昭和五十一年一月」に於いて律令制の考察に拠って、或いは『記紀萬葉』の検討に拠って行政区画としての「京」の成立を論じている。またこの問題は都市の起源として、都市とは何であるかと言う問いを生むものであろう。
18 狩野久：日本古代の国家と都城、二二五頁、平成二年九月、東京大学出版会、前掲16論文と本論文は政治史的視角から都市の形成を論じたものである。
19 後述するようにこの藤原京に於いては羅城、羅城門ともにその存在は確認されていない。周知のように平城では羅城門とその両翼約一〇〇メートルの土壁、平安京では羅城門と南面のみの壁の存在が確認されている。
20 白川静：字訓、平成七年二月、平凡社、時代別国語大辞典　上代編、昭和四十二年十二月、三省堂、また前掲3及び17の岸論文にも同様の字義的考察がある。
21 白川静：字統、平成六年三月、平凡社。
22 本中眞：日本古代の庭園と景観、八〇頁、平成六年十二月、吉川弘文館。
23 以下『萬葉集』からの書き下し文引用は、佐竹昭広、木下正俊、小島憲之共著：万葉集　訳文篇、昭和四十七年三月、塙書房に拠るものとする。
24 題詞に「明日香宮より藤原宮に遷居りし後に、志貴皇子の作らす歌」とあり、遷都直後の歌であることが確認できる。
25 題詞には「和銅三年」「藤原宮より寧楽宮に遷る時に」とあり、一般には元明の平城遷都に際しての歌とされているが、本稿は岸俊男の説（万葉歌の歴史的背景、文学39－9、八六頁、昭和四十六年九月）に従い持統の作と考え、浄御原宮から藤原京への遷都に際してのものとする。
26 平城遷都後も「藤原の　古りにし里の（巻十－二二八九）」と詠まれ同様に分節されていたことが判る。

27 天皇の宮名に「垣」の字が多用されていること、或いは一般の宅地に於いても「イヘ」はカキ（垣）で囲まれ、カド（門）を備え（木村徳国：イヘ――語の非建造物説を中心に、日本建築の特質　太田博太郎博士還暦記念論文集、昭和五十一年十月、中央公論美術出版）」と論考されるように家居には垣が巡らされ、完結した領域としてその所有が主張されているのである。また同時代の寺院についてもその回廊が「垣」であること（井上充夫：日本建築の空間、昭和四十四年六月、鹿島出版会）が言われている。以上から分節・境界観念は既に普遍的であったと言えよう。

28 伊藤博：万葉集の構造と成立　上、七五頁、昭和四十九年九月、塙書房、なおこの学説が万葉学に於いて大方の支持を得ている有力な説であることを京都大学教授内田賢徳氏に御教示頂いた。

29 同上、五七頁。

30 同上。

31 澤瀉久孝：萬葉集注釋、三五九頁、昭和三十二年十一月、中央公論社。

32 前掲28、五六～五七頁。

33 ここでは方位分節に関して身体論的に考察すべき必要性を感じるが、この点に関しては第四章第Ⅶ節を用意する。

34 前掲8伊達宗泰：奈良県教育委員会編　藤原宮、一一三頁。

35 中西進：万葉歌の方法、万葉集原論、二六九頁、昭和五十一年五月、桜楓社。

36 中西進：ユートピア幻想――万葉びとと神仙思想――、三九～四三頁、平成五年四月、大修館書店。

37 前掲28、六四頁。

38 正確には藤原宮の外郭部分即ち、宮城の廻りには道路との間に五六メートルにわたる広大な空閑地が設定されていた。宮城を巡る道路からそれに沿って幅三〇メートルの空閑地、六メートルの外濠、二〇メートルの空閑地、そして宮城の大垣、さらに内濠が築かれていたことが報告されている（井上和人：古代都城制地割再考――藤原京・平城京を中心として――、

奈良国立文化財研究所学報第41冊　研究論集Ⅳ、一四〜二一、昭和五十九年十月）。

39 前掲3、清水真一、二二頁。

40 前掲20、時代別国語大辞典　上代編に拠れば、「みかど　ミは接頭語　①御門。特に皇居の御門を指していう。②御殿。宮殿。皇居。③朝廷。④天皇。帝。①が原義であるが、宮殿を代表するものとして、②宮殿全体をさすことにもなり、一方、③朝廷・国家の意味にも、また④そこにおられる天皇をさしても用いられるに至ったもの。」とある。

41 各面中央の門でその名称が判っているのは東面（猪使門）北面（建部門）のみである（奈良国立文化財研究所：飛鳥・藤原宮発掘調査概報6、10）。

42 四つの山のうち吉野についての考察のために次の第Ⅲ節が用意される。吉野を別扱いする理由は大和三山から外れるというだけでなく、大極殿跡から見遥かせないという理由が最大の理由である。なお文法的にも吉野についてのみ「ゆ」という助詞が使い分けられている。

43 前掲31、三五三頁。

44 中西進：万葉集　全訳注原文付、七六頁、昭和五十三年八月、講談社。

45 助詞「に」について古語辞典に拠れば「最も基本的な意味は、存在し、動作し、作用する場所を「そこ」と明確に指定する意であ」り、その他の用法からも最終的には「動かない一点を指定する役目を帯びた。」とする（岩波古語辞典補訂版、一四八八〜一四八九頁、昭和四十九年十二月）。

46 中西進：神話力――日本神話を創造するもの、四七頁、平成三年十月、桜楓社。

47 山田安彦：古代の方位信仰と地域計画、一六四〜一六七頁、昭和六十一年四月、古今書院。

48 拙稿：古代宮都の場所と風景　香具山は現象する、環境イメージ論、平成四年三月、弘文堂。

49 岸俊男：万葉歌の歴史的背景、文学39－9、七五頁、昭和四十六年九月。

50　本田義憲：天香山王権シンボルの世界構造、叙説　三号、昭和五十三年四月、奈良女子大学文学部国語国文学研究室。

51　千田稔：古代空間の構造、奈良女子大学地理学研究報告、五五頁　注25、昭和五十四年十二月。

52　『出雲国造神賀詞』には大汝命（大国主神）の言葉として、大和の三輪・葛城・雲梯・飛鳥の四所に、「皇孫の命の近き守神」として大物主・味耜高彦根・事代主・賀夜奈流美の出雲系四神を配座せしめる旨が言表されている。この四座は橿原の地を四方から囲む位置に当り、三輪と葛城、雲梯と飛鳥を結ぶ二本の線は畝傍山で交差するのである（森朝男：聖空間としての大和——近江荒都歌の国土観——、東アジアの古代文化64号、七八頁、平成二年七月、大和書房）。

53　前掲48、二二九〜二四〇頁。

54　前掲9、七八〜七九頁。

55　小林茂文：古代の都城における境界……境界儀礼と都市の風景、叢書　史層を掘るⅠ　方法としての境界、二五〇〜二五三頁、平成三年十二月、新曜社。

56　同上：二五三頁。

57　垂水稔はその著（結界の構造　一つの歴史民俗学的領域論、二三頁、平成二年十月、名著出版）に於いて「日本文化は点によって線をみ、線をとおして面を知るという態度があることはまちがいない」と言い、さらにそれを「見立て」られた結界と断ずる。また『明治天皇記（明治元（一八六八）年二月二十八日条）』には、同日の三国（英、仏、蘭）公使団入洛に際し道饗祭が催されたとの記録があり、こうした考え方が近代に到るまで受け継がれていたことが知られる。

58　『続日本紀』慶雲三（七〇六）年是歳条。

59　御門能御巫能辭竟奉、皇神等能前爾白久、櫛磐間門命・豐磐間門命登、御名者白弖、辭竟奉者、四方能御門爾、湯都磐村能如塞坐弖、朝者御門開奉、夕者御門閉奉弖、疎夫留物能自レ下往者下《乎》守、自レ上往者上乎守、夜能守日能守爾守奉故、皇御孫命能宇豆乃幣帛乎、稱辭竟奉久登宣。

60 和田萃：夕占と道饗祭――チマタにおけるマツリと祭祀――、季刊　日本学　6、四四～四五、昭和六十年六月。

61 足利健亮はその著（都城の計画について――恭仁京・平安京を中心に――、日本古代文化の探求　都城、二二五頁、昭和五十一年五月、社会思想社）に於いて平安京域外周にアーバンフリンジという帯状の空閑地の存在を想定するが、藤原京に於ける衢が同じ性質のものかどうかについては尚検討の余地があろう。

62 『古事記』中巻。

63 『日本書紀』神武即位前紀己未年三月条。

64 『日本書紀』神武紀三十一年四月条。

65 『祈年祭祝詞』。

66 ヤマトの名は奈良盆地の東部山麓の一地名として起こったもの（直木孝次郎：〝やまと〟の範囲について――奈良盆地の一部として――、日本古文化論攷、昭和四十五年五月、吉川弘文館）であり、語源として地形説（中山修一：ヤマト地名考、史林41―4、昭和三十三年七月）を採用するならそこに囲まれた山による領域観が発生したことを物語ると言えよう。

67 前掲48の拙稿では、本来的に包まれ被護されて在るあり方として盆地に住まうという新しい住み「型」の獲得が考えられようことを示唆した。

68 『日本書紀』改新の詔大化二年条。

69 『令義解』職員令。

70 前掲57、三七頁では結界に内側からと外側からの方向による分類が試みられている。結界と境界は厳密には区別する必要があろうが、境界に於いてもその方向性を考えるべきであろう。

71 赤坂憲雄：物語　空間　権力、現代哲学の冒険7、一一四～一二〇頁、平成三年二月、岩波書店。

72 定説と言えるものではないが大和から熊野を「隅の野」、筑波を「（歩を）尽端」、越を文字どおり「（坂を）越の国」と境界との関連で周辺領域を把えようとする説がある（前掲41）。

73 『日本書紀』成務紀五年九月条、勿論歴史的事実ではない。

74 『播磨国風土記』宍禾郡条。

75 『常陸国風土記』總記。

76 この三箇所に南の真土山を加えると奈良盆地南部への交通は遮断される。またこの四方位と先の四大神の関係を云々する説もある（竹澤勉：新益京と四大神、平成二年三月、大和書房）。

77 前掲20、字訓、なお同所に「支配が及ぶ究極のところを堺という。」とされ、「堺」という漢字には観念的次元が既に重なっていることが知られる。

78 神話（『日本書紀』神代上　第五段）に登場する最初の境界もこの世とあの世の境界としての「泉津平坂」であった。

79 『常陸国風土記』行方郡条。

80 前掲71に詳しい考察がなされている。

81 建築の分野で境界を扱ったものとしては次の著作が代表的であろう。保坂陽一郎：境界のかたち──その建築的構造、昭和五十九年七月、講談社。

82 同様の結論が前掲57、二三頁に「境は線でなく点であった」と端的に、また前掲71、一一七頁では「境界は線として認識されていない。やや厚みをもった点（狭い領域）によって道を仕切ることで、境界は表出されている。おそらく、この境界意識は古代には普遍的にみいだされるものである。」と下されている。

83 『出雲国風土記』大原郡条。

84 前掲21。

85 註42で予告したとおり第Ⅲ節で検討するものとする。

86　「見れば……見ゆ」という形式は国見歌の形式であると言われている。この「御井歌」もまた国見歌の形式を受け継ぐものである以上こうした観点からの考察が当然なされなければならないのであるが、前註と同様第Ⅲ節に譲るものとする。

尚、『古事記』『日本書紀』『続日本紀』『祝詞』『風土記』の引用は新旧岩波古典文学大系に拠る。ただし『日本紀略』及び『延喜式』については吉川弘文館新訂増補国史大系を参照した。

Ⅲ　吉野の風景

一　序

冒頭に再び「藤原宮御井歌」を引用しておくのがよい。

やすみしし　わご大君　高照らす　日の皇子
荒たへの　藤井が原に　大御門　始めたまひて　埴安の　堤の上に
あり立たし　見したまへば

大和の　青香具山は　日の経の　大き御門に　春山と　しみさび立てり
畝傍の　この瑞山は　日の緯の　大き御門に　瑞山と　山さびいます
耳梨の　青菅山は　背面の　大き御門に　宣しなへ　神さび立てり

名ぐはしき　吉野の山は　影面の　大き御門ゆ　雲居にそ　遠くありける
高知るや　天の御陰　天知るや　日の御陰の　水こそば　常にあらめ　御井の清水
（巻一―五二）

『萬葉集』巻一に収められている作者不詳の長歌である。長歌ではあるがたった一首のこの歌は「風景なるもの」の現れの構造に関心する本論に実に豊富な材料を提供するものとしてある。前第Ⅱ節ではその第二段に詠み込まれた四つの山々の内のいわゆる大和三山について、境界現象という側面から、それぞれの山に込められた意味づけと、詠み込まれて在ることの必然性の考察を通し「風景なるもの」に近づくことが試みられたのであった。歌に即して言えば、それぞれの山が「大き御門に」……「立てり」或いは「います」意味が問われたのであった。そうした問いの中から大和三山というものが「大き御門」の地点に、或いは譬喩的に「大き御門と」して、さらには「大き御門」そのものとして藤原京を限定し、その京域を「開き」かつ「閉じ」るものとして現象していることが仮説として導き出されたのである。この第Ⅲ節での考察は直接これに連続するものである。即ち第Ⅱ節に於いて積み残された吉野についての考察がここでの中心課題となる。

歌の構成、形式という観点から言えば、日の経・日の緯という対概念の中で香久、畝傍山は把握され、耳成、吉野は背面・影面という全く別の対概念の中で把えられているという言い方が可能である。この二つの対概念の重ね合わせの中に、それらを軸と言い換えてよいのであれば、その交点に藤原宮、より正確には御井が定位されているのでもあろう。ところがこのように考えたとき、実は一つの大きな問題が生じるのである。それは藤原宮からはおろか、埴安の堤想定地からも、つまり大和盆地からは龍門山塊に阻まれて吉野の山は「見え」ないということである。既に述べたように第II節では大和三山を「大御門」と重ねる解釈を提出したのであるが、吉野を「大御門」そのものとする可能性は全くないのであり、前節での解釈と矛盾しない限りで吉野の意味が探られねばならない。(1)「見え」ない吉野がなぜここに詠み込まれているのか、その必然性と意味がここに問われるのである。この肉眼で「見え」るか「見え」ないかが、大和三山と吉野を分けて考察する根拠を与えるものであった。この吉野の山が「見え」ないことは実は「御井歌」そのものの中に既に、しかも端的に助詞の使い分けとして表現されているのである。即ち吉野に限って経過を表す助詞「ゆ」(2)を以て表現されているのである。吉野に関する部分のみを試みに訳しておけば、

　よい名の吉野の山は、南の御門を通って、雲の彼方遠くにあることだ。

となろうか。即ち現実に「見え」ているのではなく、「見え」ないことが「見え」ない儘に、さらには「見え」ないことが「ありける」こととして、即ち「ある」ことの確信として詠われていると言い得るであろう。以上のように考えたとき、吉野を先述の形式の中でのみ捉えることには無理があることが明らかになる。つまり、二軸の想定に収まりきらないところに吉野の意味があるであろう。このように詠まれ、扱われることの意味が風景の問題として、また人間存在の問題として第II節に於いてやや希薄であった「見る」という側面から問われるのである。吉野の意味を問うということは、吉野と藤井が原という二つの場所の関係が問題になるということを意味す

るものともなろう。さらにはこの長歌の題として選ばれた「藤原宮御井歌」に込められた意味の一端を垣間見ることになるかもしれない。以上が本節の構図である。勿論この一首に伏蔵する意味の全体がみられるべきなのではあるが、以上のようにその内の数点に触れ得るのみとなるであろうことを予め断っておくべきであろう。

二　古代的視覚（一）

「風景なるもの」は人間存在と無関係に現象するものではない。つまり人によって「見ら」れることを離れて「風景なるもの」はない。逆に言えば「風景なるもの」が現象しているならばそこには「見る」という人間の行為がなければならないのであり、この点を離れて「生きられ」た風景なるものを考える緒はないのである。この藤原京に於いても、詠み込まれた四つの山々がどのようにか「見ら」れ、それらを要素として風景が現象するのである。第一段には「見したまへば」との表記がある。誰かが「見したま」ったのである。即ち何者かの視線が確実にそこに存在していなければならないのである。今「どのようにか」と曖昧に記述したのはこの「見したま」う主体の問題を含め、ここにはこれから考察すべき未確定な要素が含まれているからに他ならない。この「見したま」ふに起動されて古代に於ける「見る」ということの周辺を確認する事から考察は開始される。

一般にこの「御井歌」に於ける「見したま」ふ主体は支配者である持統であり、その持統によって執り行われた新京藤原京の視察であると解釈されている。謂ゆる国見儀礼である。国見儀礼をひとまず定義しておけば、支配者が己が支配地、即ち己が国を「見る」ことであるとし得ようか、これが最も簡潔な定義であろう。

本論の関心からは、この「御井歌」の他に倭建によるとされる国偲ひ歌、

大和は　國の眞秀ろば　畳なづく　青垣　山篭れる　大和しうるはし　（『記』三〇）[3]

と次に引く萬葉二番歌を国見歌として引用しておくのが適当であろう。というのも、これら国見歌と呼ばれる一群の歌々には確かにある風景が封じ込められていると思われるからである。

国見については既に重要な研究が存在する。[4]この研究を始めとする諸先学に導かれながら、国見歌、国見儀礼とは如何なる事態を指し示しているのかを、本節の観点から整理してみよう。

厳密に資料を検討すると「国見」ということばを持つ歌は『萬葉集』に限定されていることが知られる。[5]そのなかでもすぐ上で触れた次の、巻一冒頭の第二番歌、

高市岡本宮に天下治めたまふ天皇の代　息長足日広額天皇

天皇、香具山に登りて望国したまふ時の御製歌

大和には　群山あれど　とりよろふ　天の香具山　登り立ち　国見をすれば

国原は　煙立ち立つ　海原は　かまめ立ち立つ

うまし国そ　あきづ島　大和の国は　（巻一―二）

は、国見を行う山が特定され、さらにそこに登り、眼下を眺め、国褒めをするということが詠み込まれた、天皇による国見儀礼の子細を髣髴とさせるものとして国見歌の典型として有名である。が実は『萬葉集』冒頭を飾るこの歌も国見歌としては古いものではなく、既に形骸化しつつあるものであり、国見歌としての形式を逸脱するものなのである。つまり国見歌の本来の型は萬葉以前、『記紀』歌謡に求められなければならない。そして『応仁・仁徳記』にその典型たる歌謡がある。

千葉の　葛野を見れば　百千足る　家庭も見ゆ　國の　秀も見ゆ　　（『記』四一）[6]

おしてるや　難波の埼よ　出で立ちて　わが國見れば　淡島　淤能碁呂島
檳榔の　島も見ゆ　佐氣都島見ゆ　　（『記』五三）

これらがその歌謡である。国見歌とは、その形式面から言えば、このように「……見れば……見ゆ」をその型として持つものが本来のものなのであるとされ[7]、この意味で先の舒明に拠る国見歌は、末尾の「見ゆ」を欠く変形であると言われるのである[8]。この「……見れば……見ゆ」という型は、語法的に言えば偶然確定を表すものである[9]。即ち能動的に「見れば」受動的に「見える」という構造を、或いはより積極的に向こうから現れ、「見えて」くるという構造をこの形式は表しているのである。国見とは形式面からこのように定着される。にしても、言うまでもなく形式のみが存在するのではない。形式は内容を規定し、ある構造を伏蔵し、且つ内容を支えるものであろうからである。

それではその内容とは如何なるものなのであろう。引き続き内容面からの検討がなされねばならない。その内容とは国見とはそもそも如何なる行為であり、儀礼であったのかということである。換言すれば国見の当事者は国見に於いて、何のために、何を「見よう」としたのか、そしてそこに何が「見ら」れたのかということになるであろう。上引の国見歌と呼ばれる一群の歌に於いて「見られ」ているものは、例えば『応仁記』では「家庭」「国の秀」、『仁徳記』では「淡島」「自凝島」「檳榔の島」「佐氣都島」等[10]といった現実世界に存在し得ない架空のもの、今ここに不在の観念の産物と言うことが可能であろうものである。つまり全て「見え」る筈のない不可視の国であり、島なのである。それらは先述したように意図して「見た」のではなく「見ゆる」のである、つまり自然に「見えた」と言うのである。そしてこの「見え」ない筈のものが「見える」という点に数多くの論考が試みられている。その儘では我々の視覚とは全く異なった種類の視覚であると言う他なく、従って我々に共有不可能であるということ。これが論考の集中する理由である。こうした事実はとりもなおさず、この点にこそ国見歌の解釈の鍵があるということを示しているのである。また国見という営みそのものの意味に関して、「このように充足し秀抜な土地、神話的土地また観念の土地まで見えるというところに国見歌の根本がある」[11]或いは、「国見の始源は、見ることでそこに国が見え、島が見えること、そして見えることにおいて、国があり、島があり、国が生まれ、島が生まれることであった。つまり、国や島がそこにある（現る・在る・生る）ことを目によって保証し確認することであり、国生み・島生みにその本義があったと思われる」[12]と様々な解釈を許容する根拠もここにあるのである。今、二つの解釈をここに引用したが、後者についての考察は後に譲るとして、前者の解釈がほぼ定説であるとされてよい。帰するところは先に紹介した土橋寛の論である。折口に始まった国見の民俗起源が花見、雪見、山見と同様のものとして再確認され、農耕的予祝性、「見る」こととその対象の呪性が論ぜられたと要約されよう。[13]そしてその呪性について、国見とは春山の予祝の行事であり、本来の意義は「見る」ことに拠って「花や青葉の生命力（マナ）を身体や田畑に感染させて、繁栄をもたらそうとする呪術的行為[14]」であるとし、「花や青葉のマナを感染させて活気づけるタマフリ[15]」であると説く。国見歌とは、このようなもともと民間にあったであろう「共同体の行事において自らの繁栄のために歌われた呪術的[16]」歌謡を原型とし、そこへ国褒め、言挙げ等の別の呪性を宿した言霊信仰や天皇の起源としての神話が習合、展開し天皇の儀礼や祭式としての国見に利用されたものと考えられている。[17]我々が眼にすることのできる国見歌とは古代四文献に語られたものに限られるが、それらは当然、国見が天皇のものとなり、天皇の支配地たる国土の平安を描いてみせるようになった以降のものが中心となるのである。勿論ここに引用した数首の歌も例外ではない。このようである国見儀礼や国見歌を巡って「『見る』行為を通して、祭式の場となった国見の祖型を意識的に作り出している[19]」と言われ、或いは『記』において天皇の国見に歌があるのは、神と視線を共にする者としての天皇の古い権利がそこに語られることなのである[20]」、また「これこそが国見の本義にかなうものであろうと私は思う。『見る』ということが本来的にはもっとも確実な知覚であって、タマの発現によって支配することだと考えられるからである。そこに王者の行為としての国見も成立するはずである[21]」等の、国見儀礼と天皇の関係を考察する論や国見歌の存在意義に関する論が展開されているのである。

我々はここに、本義の国見と儀礼・祭式化した国見とを区別して考えることが必要であることを知るべきであろう。国見歌と呼ばれる一群の歌々もそこに大きな幅を潜めているのである。[22] だがそれにもかかわらず本義の国見と儀礼・祭式化した国見の区別を越えて、或いは諸説諸論を通じて「そこに基本的なのは、豊穣の予祝という習俗的意味であり」、「それはそこにどのように呪術的な要素をみるかということを越えて、共通に認められている」[23] ことを確認することができるのである。元来「見え」る筈のない繁栄そのことを、しかもそれを予め「見る」というところに本義の国見との連続が認められるのである。先の引用の中で「国見歌の根本がある」と言われた理由はここにあるのである。以上数名の論者による古代の視覚としての国見解釈を引用したのである。それはとりもなおさず「……見れば……見ゆ」の意味を直接、間接に解明しようとするものに他ならないと思われるが、そこにはマナ、タマフリという呪術的な要素や、神、祭式、儀礼等神話的な要素が介在する。最後の引用で言われているようにそこには程度の差はあるものの例外なく、これらの要素を以て解釈されている。これらの解釈に疑義を呈する力はないが、このように言われるところに抵抗を感じないわけにはいかない。呪性を可能な限り排除して知の問題として捉え直すことはできないものであろうか。認識の問題としてその構造の考察を試みる余地は残されてないのであろうか。例えばタマフリと説明するだけでは大きな時間の壁を越えることは不可能なのではあるまいか。幾らかでも我々に共有可能な解釈を探すべきであろう。

三　古代的視覚（二）

一般に萬葉以降が「思う」、「思ほゆ」の歌集と言われるのに対して萬葉は「見る」の歌集であると言われている。[24] 二で触れたように、記紀歌謡のなかで辿りうる萬葉以前には、「見る」ことはとりわけ「見ゆ」との相関として示されていた。特に本論が関心する国見歌がそうであった。そして「『記紀萬葉』の中で使用されている『見る』という語は、普通我々が日常に用いる意味とかなり異なった意義、ないし構造を持」ち、「そこでは主体と客観といった二元的な世界解釈は無意味である」[25]と言われたりする。また「目をもって見ることが、古代人における最初の感覚だった」[26]と視覚が特に強調される、と同時にその視覚に関して我彼の違いなるものが云々される。本論はこのように特別視される古代的視覚の最たるものとして二で概観した、国見の構造を支え、且つその本質たる「……見れば……見ゆ」を挙げるのが適当であると考える。ここに議論が集中し、我々の視覚と異なるが故に呪的ないしは神話的要素が議論に不可避に介在せざるを得ないという事実を以てしても、この想定は正しいものであると思われる。そのように断ずる前に、古代に於ける「見る」こと一般について一瞥しておくべきであろう。

ここでも代表的論考に語らせることから考察を始めよう。重大な主題であり多くの論考があるが[27]、やはり先の論者による論考からみていくのが順序であろう。

そこでは「要するに『見る』ことは、古代においては単に感覚的な行為でなく、タマの活動ないしタマとタマとの交渉の行為であった」[28]と切言される。或いは「『見る』ことは、人と自然物ないし人と人との魂の交流・融合」[29]であるとされる。即ち「見る」という知覚はタマの発現であると呪的に説明されるのである。これが国見に定説を齎す根拠の一をなすものなのであるが、この説明の儘では先述したように我彼の差を強調するものでしかないのである。この呪的な視覚を「幻視」という言葉を用い、その構造を幾らかでも我々に理解可能なかたちで説明をしたものがある。この説は詰まるところ「幻視の二重構造性は、一方で、自然のアニマ（霊力）を、一方で自然現象そのままを同時に把握認識する」[30]、或いは言葉を換えて「物を物そのものとしてみ、また、信仰の上でのイメージにおいてみる」[31]という視覚の二重構造性を「幻視」と名付け、この二重性の根拠に「原始の自然物に神を見る心」[32]即ち「自然神崇拝時代の祖先たちの心の営み」[33]を言うものである。或いはさらにこの論を受けて「古代人は見ることにおいて偲び、また思った。眼前の風物、人物を自分の眼で見ること、見入りたしかめることが発想の起点であった。……（中略）……それは自然・自己一體の古代人の在り方といってよい」[34]と展開する論が続く。古代日本人は、自然現象のことごとくに生命の働きを受けとめていたのであるとか、当時の人間の自然に対する意識は、自然と同化し、自己を自然の一部とみなす精神に根ざしている等々の論は枚挙に暇がない。その大部分を通じて問題とされている核心部分は、とりもなおさず古代に於ける「見る」そのことなのであるが、この三の冒頭近くで「主体と客観の二元的」関係を想定することが無意味と言われていた、まさにそのように言われる人間と自然の関係に問題の核心部分があるということが予想されもしよう。勿論言うまでもなく、当時の人々が「自然」或いは「客観」という概念を持ち得よう筈はないが、我々の言葉で言う自然概念の再検討と、例えば上にみた「自然・自己一體の古代人の在り方」と言われるような自然と人間の関係構造の考察がここに求められているのである[35]。本論はここに「主客未分」という鍵語を想い起こすことを禁じ得ないが、これを以て理解することが可能且つ有効なのであろうか。そのためには古代に於ける主体の状況とは如何なるものであるかを確認しておかなければならない。これらの点について再度国見を中心とした事例の中で検討してみよう。

現代に生きる我々には、主体としての私にとって、しかも覚醒した状態であるならば、今ここに「見え」ないものは絶対に「見え」ないと言う他はない。さもなければ信用を失することにもなりかねない。ところが古代人は、「見え」ない筈のものが「見ゆ」と高らかに詠い上げる。自然崇拝時代はいざ知らず、儀礼・祭式化以降に関しては本当に「見え」たのであろうかと疑わざるを得ないのである。このような観点から萬葉以前を再度通覧してみると以下の二例を見い出すことができる。一つは歌謡としての「見えず」の例であり、もう一つは神話のそれである。歌謡として唯一「見えず」を詠う例は奇しくも『記』歌謡の最後に位置する歌である。[36]神話の例は『古事記』中巻に載る仲哀の話である。[37]神は現実ではない国を「見ゆる」ものとなせと強要する。が、仲哀は「高き地に登りて西の方を見れば、國土は見えず。唯大海のみ有り。」と「見え」ないものは「見え」ないときっぱりと言う。神の強要する国を「見る」ことができなかったが故にこの天皇は、話としては神に否定されるのである。「見えず」の例はこの二例のみであるが、そのひとつが国見に関するものであることは偶然を超えていると思われる。が、それはさておきこれらの例は仮令天皇と言えども「見え」ないものを「見る」ことはできないことを言うものであり、「見え」ないものを「見ゆ」と言っていた心性とは明らかに異なる心性が、少なくともその編纂時代には存在していたことを物語るものである。そうしてこの時代こそ本章が着目する藤原京の主たる持統とその夫帝天武の時代なのである。天武以降、その後の萬葉時代のおおむねを包みこんで聖武までの歴代の天皇は神であると信じられており、これを現人神思想と名付け、この時代なりの特殊な思想であると説く説がある。そして「これは、神話時代の再現であるわけではない。逆にそれは、神話の終焉を悟った人間の、限定をなげく声なのだ。……(中略)……超越の存在である神にたいして、人間は、有限不特定の悲劇的存在であるのだが、その人間が神のごとくに行為することができたという自覚に根ざしたもの」[38]であり、「この思想にすがった飛鳥万葉第Ⅲ

期の人々は、第Ⅰ・Ⅱ期の飛鳥万葉人を遠くしのいで、人間が人間であることの悲しみを知っていたのである[39]とし、さらに「『天皇』とは、それ自体まったく非文学的存在だが、飛鳥万葉の天皇たちは、ある日、『天皇』を脱皮して文学的存在の『個人』たり得た魅力ある人々であったことを、現人神天武天皇その人が象徴的に示している[40]」と続ける。この説は本章の主題となる時代を浮き彫りにするものである。現人神の時代と限定されるこの時代は、神話からの決別が決定的となり、神が退場しつつある時代なのである。国見という観点から言えば、不在のものを「見ゆる」ものにするという確信、即ち「……見れば……見ゆ」という表現に含まれていた呪性がなくなりつつある時代であると言うことができよう。「見え」ない時代へと時代は着実に変わりつつあるのである。「見え」ない時代が定着するには萬葉第Ⅳ期、家持等の登場を待たねばならない[41]が、既にこの時代に、歌は集団に生まれ、集団に支えられた歌謡から主体を獲得し、個人のものとなろうとしている。一方では神話を根拠としてそれを死守しようとする歌を多く残してはいるが、歌を経験主体と表現主体の一致によって個の自覚の表現にまで高めた人麻呂が登場するのは時代の必然でもあろうか。

この説は神話時代と現人神時代との間に不連続面をみようとするものと言い得よう。勿論両時代が截然と断続されるのではなく、時代の緩慢且つ確実な移行が顕在化するのが天武期であるという意味であろうが。本論はこの分割に基づき、神話時代の以前に自然崇拝時代という時代を想定すれば古代的視覚の変遷の構造が幾らかでも明らかになるものと考える。時代順に並べれば、自然崇拝時代、神話時代、現人神時代である。この区分に「原始の自然物に神を見る」と言われた「見ゆる」の時代、「……見れば……見ゆ」の時代、そして現代に繋がる「見え」ない時代を重ね合わすことが可能且つ有効であると思われる。先に注意した国見に関して儀礼・祭式化の以前は「……見れば……見ゆ」の時代の前半以前に、以後は「……見れば……見ゆ」の時代の後半以後から「見え」ない時代の初頭、聖武の時代までに相当しよう。我々の着目する時代はまさに儀礼としての国見、つまり国見という営みそのものの終焉に当たる時代なのである。

四　古代的視覚（三）

大きく迂回して古代的視覚の周辺を一瞥してきたわけだが、漸くここで「……見れば……見ゆ」として捉えられる国見の「見る」及びここまで保留にしてきた幾つかの問題に本論なりの解釈を示す準備が整ったわけである。上記の枠組みの下、時間を遡る形で古代的視覚を通底する呪の構造を少しでも明るみに齎そう。

「見え」ない時代は我々にもそれほどの困難を伴うことなく共有されるであろう。全ての人に「見え」ないものは「見え」ないのである。だがその少し以前、つまり「……見れば……見ゆ」の時代は如何であろうか。この「見え」ない筈のものを「見る」ことができるのは、特殊の権利や資格を有した人間に限られ、しかも「見る」ための特別の場の設いと背景が不可欠だったと考えることはできないであろうか。それが天皇であり、儀礼・祭式という場の設定であり、神話という民族の記憶なのではなかろうか。このように考える時、三に於ける引用の「王者の行為としての国見」云々や「神と視線を共にする天皇の古い権利」なる言説もそれぞれにより深い理解が可能となるであろう。集団の個々の成員には「見え」ないが、集団の長たる支配者には「見え」ると信じられていた、少なくとも集団を代表して「見る」ことが要請されていたであろう。とりわけ長の最たるものとしての天皇には確かに「見え」るのだという「祈り」に通じる「願い」が集団幻想[42]として歌謡を生み、それを支えていたのでもあろう。そしてこの呪的な営みは祭式・儀礼として定着していくことになるのであり、ほぼ並行して、この幻想をより確実なものとするために神話が体系づけられ、そして語り継がれるのである。「蓋し神話とは……（中略）。見えているものに根拠を与えること。そして根拠とは、この場合、常に起源であった[43]」と言うのが適当であり、祭式・儀礼が本源的に希求するところは、この神話的な始まりの時間を現前させ、神話というかつて持った経験の祖型へと限りなく同一化していこうとする意識的な人間の営みであるとも言い得よう。一般に祭式なり儀礼なりは、この循環する神話的時間のうちに人間という一回起性の時間を投入することに於いて成立するものであり、このようであった神話の裏付けを以て現人神はその存在を確固としたものにせんとした例[44]も挙げられる。支配を確立するためには神なるものの後楯が必要であった時代があったのである。これが儀礼・祭式化以後の国見の実態であったと考えても大過はあるまい。

次にこうした儀礼・祭式化した国見の、そのもう一段以前の事態が問題とされるのであるが、その考察は既に無反省に何度か登場している神なるものと神話についての考察と不即不離になされなければならない。注目される時代は「かつて、古く風景は神々と共にあった。神々という意識と共にものは見られ、そこに自然は成立した。神々の事跡としてあるものこそが最初に風景としてあっただろう[45]」と推測される世界であるからである。現実の「見え」の中に神を「見る」ということであればそれは直ちに風景の問題であり、若干なりともその考察を試みておくべきであろう。

これまでの考察の中でも神以外に、自然の霊力、タマ等々という名辞によって微妙に言い分けられ、名指されるなにものかがあった。勿論「チ」「ケ」という名辞も直ちにここに加えられなければならない。名指されるなにものかは、その人知を超えた神秘的な力或いは働き、そういった作用に於いて共通するものと思われる。この「働き」を通して、眼には「見え」ない神なるものの存在がものに即して確信されたのであろう。「自然物に神を見る」とはこのように理解することが可能なのである。その「働き」は単に視覚によって捉えられたのではなく、全身で以て直感され経験されていたのでもあろう。「働き」として経験された出来事は、人知を超えたものとして経験されたのでもあった。人知はその作用の主体として神なるものを創出し、その存在を信じたであろう。

こうした想定の下で儀礼・祭式化以前の国見を解釈してみよう。先ずちょうどこの時期の国見について考察した論考を引用しよう。「現実世界に存在し得ないものを、『見ゆ』と表現することによって、ものと自らとの間に非現実的な世界(46)を介在させている。……(中略)……つまり、『――見れば――見ゆ』によって示されるのは、二つの世界にまたがる存在である(47)」とする論考である。注目されるべき点は「もの」の世界と「自ら」の世界、そして「非現実的な世界」を峻別したところにあると思われる。「非現実的な世界」とは言うまでもなく神なるものの在り所としての、或いは神の結果する世界を指すものであり、この論考は自然、人間、神の世界を国見の中に読み取ることが可能であるということを言うものに他ならない。ここでは仮に人間世界と自然世界が融合している世界を人間世界として措くこととするが、この論の最大の着目点は世界の分節構造――神なるものの世界をものと人間の「間」に想定するという――への言及にあると思われる。

世界とは、どのように多様、多層であろうと須らく包括的な意味空間である。そうした意味空間に於いて人間は、その中から或る意味を選択する可能性に開かれているのではあるが、その選択可能性は歴史相対的な限界の

「内」に在ると言うことができよう。即ち、知の地平の限界の「内」に人間は「住ま」わざるを得ないのである。そしてこの知の限界が捉え得る世界がその時々の世界、即ちその時々に「見え」る世界に他ならない。

歴史の始まりの時期に於いては全てが「見え」る世界であった。人々は多様・多層性をその儘に受けとめ「生き」ていたのである。時間は流れ人々が「見え」る世界のみを知の限界内の現実であると受けとめ始めた時、知の地平の「外」なる世界として神なるものの世界が人間世界から引き剥がされ、重なり合っていた世界は分裂を始めるのである。(48) 世界がその厚みを徐々に失い人間世界の単層化が始まるのである。だがそれでも未だ暫くの間、即ち神なるものの記憶が語り継がれそれが信じられている間、分裂し別のものとなった世界は「見え」ないながらも人間世界の傍ら、例えば異界・他界と呼ばれるものとして神話に散見されるように、遥かに遠い海上や水底、山の稜線のその向こうや天空の彼方、つまり眼に「見え」ない場所へと追いやられてしまう。だが神なるものはそこに在り続け「見え」ない儘に「見ら」れていたと考えられるのである。どのように「見ら」れていたかは縷々考察してきた通りであるが、世界の多層・多様性という観点からは、通常は地平の「外」に在る神なるものの世界が、「見ゆ」という仕方で「内」なる現実世界に現れ、或いは現せられ、両世界は融合するという説明が可能となろうか。また古代的視覚の構造に関心する立場からは「見ゆ」ことは二つの世界を繋ぐ通路として在ったと、その構造を言い得るかもしれない。

それではそれに続く時代はどうであるのかと言うと、人間世界の傍らに並列してあった神なるものの世界は知の限界の拡大に伴い、さらにその在処を追われ、地表上のどこにも彼らの在り場所はなくなってしまうのである。神なるものの代わりという意味ではないが、我々も例えば気配、気分、雰囲気等々という言葉を持っている。これらの言葉によってしか表現し得ない謂わば神秘的な経験を持つことが我々には確かにある。これらの言葉によって指し示そうとするところは畢竟、人間と世界との間のある種の関係であり、意味であろう。安定している意味空間を脅かす経験が上記の言葉によって捉えられんとしているのである。加えてこうした経験は地平の「内」なる経験でなければならない。地平の「外」なるものは「内」の様相を通して暗示される以外にはないからである。古代に於いて神として捉えられた経験もまた同様であろう。神なるものは地平の「内」なるこの世界の「内」に在りつつ同時にその「外」にも在ると言わねばならないのである。世界とは、そこに人が「住まう」自然と同意としてよいのである。この自然の「内」に神なるものを「見」い出し、それをまた自然に重ねて「見」るのである。

数段階の言い方で神なるものの把捉を試みてきたのであるがここに至れば最早、神なるものもまたこの自然と呼ばれるべきことが理解されよう。自然はあらゆる可能的意味空間として在りながら、同時にこの意味世界を支える無限の開けとして「自ずから然り」として在るのである。この動的な厚みそのものとしての自然の「内」に於いて、この自然への絶対的信頼の「内」にこそ人は「生き」得るのである。

風景は人間とこのような自然との関係の間に現象し続ける。古代に於いては神の姿や形を自然の風景の中に、その風景を支えてあるものとして「見」据えていたのである。風景とは須らく自然との関係に於いて人間の存在が照らされているところに現れるのである。人間が照らされるためには自然と人間が一なる場所に於いて開かれていなければならない。儀礼・祭式化した国見をこの端的な例として挙げれば、これ以上の言葉を連ねる必要はないであろう。個は集団に、そして自然に開かれ、その開けの内に個は消滅しきっているのである。主も客も問題とされる以前、即ち自己未然という意味に於いてこれを没我の時代と、ここでは呼んでおきたい。そして敢えて言えば古代の風景は没我の風景ということになろうか。

五　吉野という場所

四までの考察に於いて、当時の知の在り方、当時の世界観についての一応の説明が齎らされたものと考える。当時の知は「御井歌」の吉野という場所にどのような意味を見い出し、或いは要求し、意味づけていたのか。この五はこれらの点についての考察のために用意される。

地理的にどこが吉野山であり、どのような範囲が吉野と呼ばれていたのかについては後述されるのであるが、「名ぐはしき吉野の山」が現在の吉野山と同じ山であれば序に記した通り、高取山に続く龍門山脈に隔てられ藤井が原からは「見」遥かすことはできない。その「吉野の山」が「御井歌」に詠み込まれる必然性はどこにあるのか。「見ゆ」という文脈の中で、「どこかに在ることはあっても、いまここに不可視であること、『見ゆる』ものの必要条件をそのように挙げることができる」(49)と言うのであれば、「御井歌」に詠み込まれた「吉野の山」は正にその「見ゆる」ものとして採り上げられているのである。或いは「『見る』という行為によって『見ゆる』もののあることを知るという遍在的な形式に還元しうる」(50)と言うとすれば、それはとりもなおさず吉野という「見え」ない場所の存在が歌われることに於いて改めて確認されていることになる。即ち藤原の宮の成立に「吉野の山」は必要不可欠なものと読めるのである。このように重視されている吉野という場所の意味を、四までの考察と同様古代の文献の解釈から焙り出してみよう。

吉野に関する記事の初出は『記紀』ともに神武東征伝にまで遡れる。次に記載が確認されるのは応神、そして雄略朝であるが、いずれも吉野宮行幸の折りの話として伝えられるものである。ところが吉野宮の造営は斉明二（六五六）年のことであるので、完全な史実ではなく伝承と考えざるを得ない。逆に斉明以降はほぼ史実を伝えているものとしてよいと思われるのであるが、本論は完全な史実ではないこの雄略以前の三伝承に先ず注意を魅かれるのである。それは『記紀』の編纂者の吉野という場所の理解がそこに表現されていると思われるからである。

第一にその範囲である。『神武前紀』(51)に「天皇、吉野の地を省たまはむと欲して」と始まる件がある。そこに記されていることから、天皇が見ようとした吉野は、西は現五條市東部の阿太から、東は吉野町の国栖までという吉野川流域に限られていることが読みとれるのである。また人文地理学(52)はこの点への着目に加え「野」と呼ばれる地形の考察から、元々吉野と呼ばれていた地域を吉野川右岸の比曽寺周辺の野原であると想定する。吉野は芳野と表記されるように、その名は吉野川に続く野、つまり河岸段丘を指す美称に由来するものであろう。そうして「野」はしばしば遊猟と結びついて史料に現れてくる。雄略の伝承もこの範疇に入るものであり、阿騎野(53)、宇智の野(54)もその伝統の中で歌われたものであろう。四までとの関連で付言しておけば、万葉人にとって「遊猟」は、単に娯楽としてのそれではなく、山野の精霊の持つ生き生きした呪力を身に付けるタマフリの儀礼でもあったと言われている。「野」はそういう精霊の潜む異境としての場所であったのである。それはさておき、この想定を取り込んで綜合すれば当時の具体的な吉野の範囲を、吉野川の流域で、北は竜門山や高取山、南は青根ヶ嶺さらには山上ヶ岳に及ぶ一帯とすることが適当であろう。

次にその位置であるが、これについては『応神紀』[55]が示唆的である。國樔人の居住地を説明してではあるが、その國樔人が吉野という場所を代表する住人である限りに於いて、この國樔を吉野一般と置き換えることは許されるであろう。その個所は「夫れ國樔は其の人と為り甚だ淳朴なり。毎に山の菓を取りて食ふ。亦蝦蟆を煮て上味と為す。名づけて毛瀰と曰ふ。その土は京より東南、山を隔てて吉野河の上に居り、……(中略)……故れ京に遠からずと雖も、本より朝来ること稀なり。」と口語訳される。大和から見て東南にひと山越えたところが吉野である。たったひと山の隔てであるから物理的には決して遠くはない筈であるが、京との関係が稀であることが言われ、その生活も都人とは大きく異なることが強調されている。その上、先の『神武紀』によれば、そこに住む人間までが大和人とは異なっているとされるのである。吉野の住人である國樔(国栖・国主・国巣)部の始祖たる磐排別の子なる人物は、尾があるという異形なる姿で描かれている。尾がある姿で描かれているのはこの國樔人だけではなく、同じく吉野首部の始祖たる井光(井氷鹿『記』)とて同様である。が、そこに住む彼らは決して蛮夷として扱われているのではない[56]。それどころか井光は国つ神であり、ある種の畏敬の念を以て表現されているのであり、決して劣位に置かれるものではない。このように吉野に住む人々を異族視する観念は、吉野を大和とは全く異なった世界であることの表現であるとすることができよう。

吉野を国として扱ったのは人麻呂であるが[57]、大和国の一部でありながら吉野を「国」と歌うのは格別の意味があると考えるべきであろう。他には難波・春日・泊瀬が知られるのみである。この吉野の国というのは勿論、行政的な国を指すものではない。そうではなく人々の意識の中に、国中と宇陀の地域を大和国と捉え、吉野はそれとは異なる地域との認識が存在したことを示しているのである[58]。地形的にも大和は「たたなづく　青垣　山隠る[59]」

と形容され、吉野も「たたなはる　青垣山」[60]とほぼ同様に形容されている。両場所とも周囲を山に囲まれた盆地状の、謂わば完結した世界として扱われているものと考えられる。譬えて言えば治外法権の成立する場所とでも言うべき場所として。歴史的にも古人大兄皇子や後の天武となる大海人皇子がここへ落ち延びたこと、さらには南朝が営まれる場所として選ばれたこと、これらの事実はこの吉野の地形的特徴と無関係ではないであろう。

この二つの世界は、山のこちら側と向こう側という地表上の異なる位置に存在するのではあるが、両世界はその存在の位相を異にするものと観念されてもいたようである。都人にとって山の向こうの吉野はこちら側とは全く別の小世界として拡がっていたのである。先回りして結論を先に述べるならば、吉野の国とは人間世界を超えた国、異境として、我々の言葉で言うならば、理想郷として観念されていたことが理解されるのである。それではどのように人間世界を超えていたかというと、先ず本節が注目する三伝承の残りの一である『雄略記』[61]がそれを示すであろう。この記述から、吉野は常世の国として描かれていることが窺えるのである。雄略は吉野川のほとりで歌を詠む。「呉床座の　神の御手もち　弾く琴に　舞する女　常世にもかな」という歌である。この歌は神仙思想を踏まえたもので、舞する女は仙女であり、神即ち雄略は神仙思想の神かとする説[62]があるが、この説を承認するなら、この歌謡成立時には既に、古来の常世の概念[63]に神仙郷的な意味がつけ加えられていると考えなければならない。普通には、吉野に神仙郷或いは桃源郷的な意味づけがされるのはもう少し後の時代であると言われている。『萬葉集』に収められている仙柘枝の歌三首[64]や『懐風藻』に掲載される幾つかの詩文がその代表である。『懐風藻』は天平勝宝三（七五一）年にその成立をみるのであるが、それは漢詩という形式にはめ込み、唐土の仙郷[65]のイメージを吉野に託したに過ぎないものであると言えるのであるが、我々にとって重要なのは吉野という場所がそのような意味づけをされる必然性を有した場所であるということである。

既に幾種かの吉野の異界観をみてきたのであるが、『萬葉集』に於ける吉野は如何であろうか。三冒頭に萬葉が「見る」の歌集と呼ばれていることを紹介しておいたが、その中でも特にこの吉野は天武二七番歌を筆頭として「見る」と緊密に結びついていると言うことができる。(66) 歌人たちは神秘性や永遠性を髣髴させる語、例えば「常にあらむと」や「絶ゆることなく」、とともに吉野の山水、とりわけ水の美しさ、清浄、神聖を飽くことなく詠うのであった。勿論時代によってその差はあるものの、切言すればすぐ後にみる人麻呂の吉野観、即ち持統讃歌でもある吉野讃歌が決定的であり、以後の吉野観を支配しているとしてよいであろう。以上『萬葉集』にみる吉野観の一般論を記したのみであるが、人麻呂によって発見される吉野観をみる前に、人麻呂以前の本来の吉野観を次の天武の歌に探っておこう。

天皇の御製歌

み吉野の　耳我の嶺に　時なくそ　雪は降りける　間なくそ　雨は降りける
その雪の　時なきがごと　その雨の　間なきがごとく　隈もおちず
思ひつつぞ来し　その山道を　（巻一―二五）

壬申の乱直前の天智十（六七一）年冬十月、皇太子を辞して近江から吉野入りした時のことを回想した歌であるとされる。吉野入りした時の雪や雨の繁き実景を譬喩に用いながら、苦しかった山道の物思いの繁き経験を述べたものである。その物念いの内容が雪と雨の降りしきる山道の情景によって暗示されているのでもあろう。通常はこのような解釈でよしとされるのであるが、本論はこの歌に吉野の異郷性の表現を、そして天武の異常な空間体験を読む可能性を認めるものである。先ず「耳我の山には、常に雨や雪が降っているとの意識は、吉野の山や川を、聖なるものと見なす観念と密接に関わっている」(67)のである。この耳我の嶺が現在の青根ヶ峰を指すものであることに大きな異論はないようである。この山の斜面中腹「ヒロノ」と呼ばれる位置に吉野水分神社の旧社地が存在していたという事実に、重要な意味をみる本論は積極的にこの青根ヶ峰説を支持するものである。吉野水分神社とは『祈年祭祝詞』にみえる四所水分神の一たる「芳野水分峰の神」と呼ばれる水神を主神とする神社である。『萬葉集』に「神さぶる　磐根こごしき　み吉野の　水分山を見ればかなし（巻七―一一三〇）」と詠まれる、神なるものの宿る神奈備山としての水分山なのであった。またこの青根ヶ峰という山は天武・持統、後述するように特に持統が頻繁に訪れた吉野離宮比定地、宮滝の真南に位置する。神仙思想を認めるなら南山思想も同様でなければならない(68)。古来からの神が宿り、唐土の思想に彩どられる山、本論はこれらの理由からこの青根ヶ峰こそがこの「御井歌」の時代に、吉野を代表して吉野山と呼ばれることが相応しい山であると考える。

次に、この歌を天武の実体験として、経験という側面を全面的に押し出す解釈を試みてみたい。兄帝に追われ、死に直面した人間の、そういう極限状況に置かれて初めて開かれる空間体験と読むことは不可能であろうか。雨や雪が「時なく」、「間なく」降る中は、恰も闇の中のように人間の眼の機能は著しく遮断されたであろう。この世の底が抜けたようなこの恐怖の空間体験は、我々が生きるこの世界が、常に友好的で「見える」が儘のものではないことを雄弁に語るものなのではなかろうか。単なる心理状況がなせる技ではなく、死から照らし出され、死の反照としての生を自覚的に「生き」た経験がここに表現されているものと考えたい。そしてその経験の舞台はこの吉野という場所なのである。これは極端に過ぎる解釈でもあろうが、人々は吉野に於いて、神という観念よりも、もっと根源的な混沌の世界、日常的な経験の世界を超えた次元で自然と出会う、そういう世界を経験として持つ可能性に開かれた場所なのである。混沌たる世界はまた時間についても同様である筈である。元歌はこの二五番歌としてよいであろうが、この歌には異伝が伝わり二六番歌としてこの後に掲載されている。[69] その中の「ときじ」という字句に関して、「『ときじ』の『とき』は、『ときは』の『とき』と共通する意義があるのではないかと考えている。つまり、時間を超越した不変性を意味する語ではなかったかということである」[70] という説があることを紹介しておこう。先に吉野に関する萬葉歌の多くは永遠性を髣髴させる語とともに詠まれていると述べたのであるが、吉野の風土・自然は人麻呂が定式化してしまう以前から本来的に「常」なる永遠の場所であったのである。だからこそこの吉野には、神人が住み、霊異に満ちた場所として様々な他界が重ねられるのであろう。様々な他界は人知を超えたものの表現の差に過ぎない。例えば神という言葉を使うなら、吉野の地、或いはそこに拡がるあらゆる景物は、謂わば神のものとして立ち現れるのである。神なるものに裏付けられて、神なるものとともに確として風景が現象していたと言えるである。そうした異界性を吉野に齎すものは吉野の風土、底知れない自然の厚みそのもの以外のなにものでもないのである。それは「神さぶる」聖なる場所性であると言えるかも知れない。人麻呂以前の本来の吉野はこのような場所だったのである。天武は二七番歌に「芳野よく見よ」と詠う。この歌に於ける天武の真意は、この大いなる吉野の自然の厚みこそを確と見定めよということではなかったのであろうか。

それではその人麻呂の吉野とは如何なるものなのであろう。人麻呂の吉野讃歌とは三六番から三九番歌までの一連の作品を指して言うものである[71]。そしてこれらの吉野讃歌は本章の主題である「御井歌」とともに二で触れたように、特に三八番歌は国見歌としてもある。と同時に、奇しくもそこで讃えられているのは両方の場所の主たる持統その人なのである。人麻呂は国見という儀礼の祖型に、吉野の自然を二重映しにする方法を編み出したのである。国見をすることは即ちこの吉野を支配することとして、持統の永遠性と偉大性を表現したのである。そこでの支配が何よりもそこの自然に即した描写であることを見逃さないでおきたい。王権の絶対性、永続性は吉野の自然の永遠性、それはとりわけ「絶ゆることな」く流れ続ける清冽な吉野川の水を通してなされていると思われるからである。その重層化は「自然現象はそこの山川の神の事跡として与えられ、それがそのまま「我が大君」に仕え奉るさまだと述べるのである。人麻呂は、神話さながらに、空間を神々の事跡を継起的に追うことによって構成[72]」することにより達成されるのである。勿論そのためには前提として、「神話的世界が神々の事跡として与えられて[73]」いなければならないが。人麻呂のこうした「神話的空間へのまなざしを悠久のこととして持ち続けようという意志は、方法において神話を包摂して歴史の根拠たらしめようとするもの[74]」となるのである。以後、先んじて述べたように吉野は清浄なる場所、永遠なる場所として人麻呂の吉野観に支配され続けるのである。

六　持統の吉野

持統は人麻呂によって神として讃えられたわけだが、当の持統にとって吉野とは如何なる場所であったのであろうか。持統にとっての吉野を是非とも考察しておかなければならない。それは壬申の乱の後、三度飛鳥に帰還した天武が、即位後唯一度吉野行を記録したのに比べ、持統の吉野出幸は在位中に三十一回、譲位後に一回、計三十二回を数えるものとなるからである。(75)このように頻繁だった持統天皇の吉野行幸の目的が、いったい何であったかについては、古来、多く論ぜられてきたところであり、すでに的確な整理もなされている。(76)その分類に依ると、吉野行幸の動機についての諸説は次の七種に整理される。一　景勝遊覧・宴遊、二　風雨の順調祈願、三　霊場での禊ぎ、四　天武帝・天武朝追懐、五　人間性の回復・蘇生、六　国家の安寧祈願、七　その他の副動機（地方巡守や神仙境憧憬など）である。この諸動機は、それぞれが載然と分かれて互いに他を排除し合うものでないことは分類者自身も説明し、諸説も説くところであることは言うまでもない。論者の大勢は厳粛な統治者としての天皇の聖性確立、霊性獲得にその理由を求めようとする説に傾いているようである。吉野は天武・持統政権誕生の本源地と言える場所である。六皇子の誓盟といい、持統が即位直後、譲位直前に出幸していることからも、持統にとってこの吉野という場所がよほど重要な場所であったことは十分に理解できる。吉野とは彼らには清浄な、且つ永遠なる他界であったことを鑑みれば、持統にとって皇統の尊厳と継受の正当性を、即ち天皇霊の更新を演出する舞台としてこれ以上の設いはあり得なかったであろう。天武、より厳密には吉野の山川の霊に触れることを通して自らを神格化し、天皇霊を更新すること、これこそを吉野行幸の主要目的とみる見方である。そうしてそこには宮廷歌人としての人麻呂の活躍の場がありもしたであろう。吉野行幸の目的をこのように、謂わば政治的に解釈することはなるほど理解しやすいものではあろう。本論とてこれに疑義を呈するつもりはないが、吉野を「神さぶる」場所と観念させる大本の自然、つまり山と川、とりわけ水ということに注目する時、上引の分類の二、或いは三という側面が無視できないものとして大写しにされなければならないであろう。持統の吉野行を初めて水と関連づけて解釈したのは折口であったが、それは聖なる禊ぎという意味に於いてであった。先の分類三はこれを指すものでもあろうか。本論は二、即ち風雨の順調祈願という観点からの解釈を求めてみたいと考えるものである。論の展開に伴って自ずと理解されようが、史料的に言ってもこの側面は決して無視できないものがあるからである。

　持統が足繁く通った吉野離宮はその後、文武・元正・聖武が行幸し、少なくとも天平八（七三六）年まで存続したことが確認できる。『続日本紀』の天平八年六月条(77)の聖武に拠る吉野行幸を最後に吉野宮行幸の記事は史書から姿を消してしまうのであるが、恰もそれに代替するようにその後暫くして、丹生川上社への遣使・奉幣が行われだしているという事実が先ず注意されるのである。丹生川上社とは名神大社として『延喜式』に記載される式内社であり、今も祈雨止雨の神として名高い水神を祭神とする由緒正しい(78)神社である(79)。現在、丹生川上神社といえば、上社・中社・下社の三社が知られるが、古代の丹生川上神社は現在の中社であることがほぼ断定されている(80)。その所在地は今の東吉野村、ここは高見川、四郷川、木津川が合流する場所であり、先述の雄略の狩猟伝承の舞台とも目され(81)、しかも当然ながら吉野離宮推定地宮滝の上流に位置するのである。丹生川上社への遣使・奉幣の初見は淳仁の天平宝字七（七六三）年五月二八日条で、記事は「奉㆓幣帛于四畿内群神㆒。其丹生河上神者加㆓黒毛馬㆒。旱也。」である。雨乞いのために丹生川上社に黒毛の馬を奉ることは『延喜式　巻第三　神祇三　臨時祭』「祈雨神祭」の条に規定がある。この『延喜式』ではこの丹生川上神社と貴布禰神社は同位に扱われているが、次第に貴布禰社は雨師神としての地位を高めていくのである。がそれにも拘わらず、天平宝字七年の初出以降、祈雨・止雨のための遣使奉幣記事が仁和年間（八八五〜八八八）に至るまで『六国史』に散見する。[82]

このように丹生川上社は、奈良時代後半から平安時代の初期にかけて最も著名な雨乞神であったと言うことができよう。都が平城京や平安京に遷っても、祈雨や止雨を願うために、距離を厭うことなく吉野の丹生川上社まで使者が遣わされ奉幣が行われ続けたのである。こうした事実から丹生川上社への奉幣は、単に大和・山城といった地域の祈雨・止雨のためだったのではなく、全国土の祈雨・止雨を願うためのものであり、謂わば国家的祭祀であると判断しなければならない。

持統の時代から大きく離れてしまっているがもう暫しここに立ち止まらなければならない。桓武もこの丹生川上社へ延暦七（七八八）年四月三日と同一〇年六月二六日に奉幣した記事が『続日本紀』にみえるが、桓武はこの後、即ち延暦一九（八〇〇）年七月一九日以後、同二四年までの間に、三十回もの神泉苑への行幸記事が『日本紀略』に記録されている。桓武の三十回の大部分は、単に「幸㆓神泉苑㆒」とあるだけであるが、この神泉苑は弘法大師がちょうどこの三十回目にあたる天長元（八二四）年に、「善女竜王」をここへ勧請して有名な「請雨の修法」を行ったと伝わる場所でもある。また次の平城は七回、嵯峨は四十数回の行幸がある。[83] 単なる宴遊であろうとする説が大勢ではあろうが、本論はこの神泉苑もまた祈雨・止雨の国家的祭祀の霊場であったと考えたい。いずれにせよ水――恐らくそれは灌漑用のものと思われるが――を掌握することは王者としての務めであり、特権でもあったことが想像されるのである。史料を遡れば、皇極紀元（六四二）年八月一日条に注目すべき記事が見出される。「天皇幸㆓南淵河上㆒、跪拝㆓四方㆒。仰㆑天而祈。即雷大雨。遂雨五日。溥潤㆓天下㆒。」がその引用である。[84] これが全国土を対象とした国家的祭祀としての雨乞いであったとは思われないが、その雨乞いの呪法の効果のない時、皇極自らが飛鳥川上流の姫神を祭った社に祈って雨を得たということは、持統と吉野の関係を考えるためにも見過ごされてはならない。

国家的祭祀としての雨乞い、或いは水儀礼はやはり天武によって整備されたものと思われる。[85] 広瀬大忌祭と竜田風神祭がそれである。大和盆地を流れる川はその全てが大和川に合流する。その合流した辺りに広瀬神社が鎮座する。山谷の水が甘水となって田を潤し、五穀の豊饒を祈る大忌祭がそこで行われた。[86] また竜田神社は生駒山系の南端部、信貴山の南、大和川が大阪平野へとそそぎ出すその境界の辺りに鎮座し、風水の害のなきことを祈る風神祭はここで催されたのである。[87] 熊野本宮大社旧社地ほど象徴的ではないにしても、丹生川上神社中社の社地と同様な地形的状況であることは注目されてよいであろう。夜刀の神の社の例[88]が示したように、神社の鎮座する場所は境界領域なのでもあろう。

それではいよいよ持統の時代は如何であったかというと、広瀬大忌祭と竜田風神祭以外には、明らかに国家的祭祀としてのそれと断言できる記録は残されていないと言わなければならない。[89] それでも雨乞いに関しては持統紀二（六八八）年七月一一日条「秋七月丁巳朔丁卯、大雩。旱也。丙子、命二百済沙門道藏一請雨。不崇朝、遍雨二天下一。」や、持統紀六年五月一七日条「遣二大夫謁者一、祠二名山丘瀆一請雨。」、同年六月九日条「勅二郡國長吏一、各禱二名山丘瀆一。」という記述が見い出せる。広瀬・竜田以外にも持統に拠って祈願がなされていたことは確かである。六年の二例は『後漢書』「順帝紀」と同一の文言であることはよく知られている通りであるが、「名ある山や川」とは具体的にどの山川かは不明である。ところで『続日本紀』に拠れば、譲位後まもない文武二（六九八）年四月二九日条に「奉二馬于吉野水分峯神一。祈レ雨也。」という記事が掲載されている事実に気がつく。五でも若干触れたこの吉野水分峯に、祈雨のため馬を奉っていて、丹生川上神社への奉幣記事と類似していることが注意されるであろう。さらに四所水分神のうち、その水分神社から流れ下る水が大和盆地を潤すのは、葛木水分神社のみに過ぎないという事実がある。吉野水分神社の場合も、青根ヶ峰から流れ出す川は、いずれも吉野川に合流し、紀ノ川となって紀伊水道に注ぐので大和を潤すことはない。従って、吉野水分峯に対し馬を奉幣して雨を祈ったのは、全国土を対象とした祈雨、これも国家的祭祀と考えるのが自然なのである。先にも参照した『延喜式　巻第三　神祇三　臨時祭』「祈雨神祭」の項には「祈雨の神の祭八五座」として、この四所水分社を始め、これまでに登場した広瀬・竜田、そうして畝火と耳成の山口社等が挙げられている。[90]これらを含め特に大和国からは全域から三六座が挙げられており、これらが『延喜式』編纂時に規定されたとは考え難い。恐らくこれらの神々は飛鳥の宮の時代以来の祈雨の神だったと考えてよいものであろう。

文武の記事、及び先述の淳仁以降の丹生川上社への遣使奉幣の事実から考えれば、この持統朝から聖武朝にかけての時期には、それは持統にとってと言い換える方がより正確であると思われるが、雨乞いの対象は水分山たる青根ヶ峰に依ります水分神[91]であったと考えられる。[92]と同時に、先に「御井歌」の「吉野の山」は青根ヶ峰であると考えたいとしたが、持統にとっての「吉野の山」は青根ヶ峰以外にはあり得ないことが理解されよう。そして同様に、持統にとっての「名ある山や川」とはこれもまた青根ヶ峰と吉野川、即ち吉野の風土・自然そのものであらねばならない。このように持統の吉野は人麻呂の吉野とはまた別の、より現実的な側面を有するものであったと思われる。だが仮令どのような意味を吉野から引き出そうとも、吉野という場所が元々そこに潜めている意味を超えるものではない。引き出される意味はそこに流れ続ける清なる川の水と、そしてそこに降りしきる聖なる雨水という吉野の風土・自然が元来備え持っている特質によるものであることには違いない。仮令それが水神という人知を超える存在への働きかけという形式をとろうとも。

七　藤原宮の御井

吉野とはそもそもどのような場所として「生きられ」ていたか、はたまたその吉野は持統にとってどのような意味を有している場所であるかについて、その大略が整理されたわけであるが、例えば雨乞いの場所というだけでは未だ「御井歌」に詠まれてあることの説明にも、二つの場所の関係の説明にもなってはいない。ここで再び原点である「御井歌」へ帰ってみることが必要とされているであろう。本章は主に空間性・場所性という側面から、この「藤原宮御井歌」の読み解きを試みてきたのであるが、言うまでもなくこの歌は、藤原宮の、そして持統の永遠ならんことを言祝ぐための歌であった。そうした歌の主旨に即した観点からの考察を欠かすわけにはいかない。

この歌は、繰り返し記したように持統讃歌であり、新宮（京）讃歌であることに疑問の余地はない。ところがそれを言うのに、この新宮の御井を中心に持ち出して詠う点が先ず注目されなければならない。先の吉野は絶えることなく流れ続ける川によって、その永遠性が願われたのであったが、ここでは汲めども盡きることなく滾々と湧き出したであろう「御井の清水」の「常」なることを詠むことが、とりもなおさず藤原宮（京）の常久なることを言祝ぐことなのである。それはこの歌が結論部である最終段落の最終句「常にあらめ　御井の清水」へ向けて構成されていることからも裏付けられようし、そもそもこの歌には「藤原宮御井歌」という題が付せられていたことを忘れてはならない。このように「井戸」によって言祝がれる例は他に見当たらないことであるだけに注目する必要があろう。

それではこの藤原宮の御井とはどのような由来を持った井戸なのであろうか。「藤原宮に御井があった、といふより、……(中略)……、よい井泉があったのでそのあたりを藤井が原と呼び、略して藤原ともいひ、そこを中心に宮殿が営まれ、その宮を藤原の宮と呼んだと見るべきである。上代人にとって良水の出る井泉は珍重せられ、そこを中心に宮が営まれたり聚落が形づくられたりしたのである(93)」。これが従来の藤原宮(京)及びその御井についての代表的な見解であるのだが、これに対し「藤原宮周辺の地勢は、東方と南方が高く、多武峰山系に降った雨は地下水となって、東と南からここに集まってくる。それも地表の下の深いところを流れてくれればよいが、香具山の西方一帯は、地下水の水位が高く、到るところで地下水が湧出して、放置しておくと湿地帯になってしまうような所であ(94)り、「このような湿地帯の藤原宮地に『藤井』と呼ばれるような名泉があったとは考えられない。『藤井』の名からすれば、井の傍らに藤が自生していたはずであるが、纏つくべき樹木もない湿地帯の原野に、藤が自生するはずもないのである(95)」という状況が真相を言い当てているのであれば、藤原宮の御井は宮に新しく掘られた堀井ということになる。とすれば「御井」そのものに元々特別な意味があるのではなく、井戸に関して古代人がどのような観念を抱いていたのであるかが問題とならねばならない。

例によって文献を渉猟するという手続きがここでも有効ではあろうが、それは後に譲ることとして、ここでは宮、しかも新しく造営された宮、と井の関係を先ず考察しておくべきであろう。と言うのもこの「御井歌」には

作者未詳の、

藤原の　大宮仕へ　生れつくや　娘子がともは　ともしきろかも　（巻一―五三）

という短歌が付されているからである。長歌である「御井歌」とこの短歌は言うまでもなく一組のものであって「御井歌」のみで論ずることは危険でもあろうからである。歌の意味は「藤原の大宮にお仕えするために生れついてきた娘子たちはうらやましいことよ」というほどのものであろう。この長短歌と照応して、類似した八一番歌がある。(96)(97)

和銅五年壬子の夏四月、長田王を伊勢の斎宮に遣はす時に、山辺の御井にして　作る歌

山辺の　御井を見がてり　神風の　伊勢娘子ども　相見つるかも　（巻一―八一）

類似の光景がそこに詠まれていることが理解されよう。さらに、それは越中国の国府でのことではあるが、

もののふの　八十娘子らが　汲みまがふ　寺井の上の　堅香子の花　（巻十九―四一四三）

と大伴家持が詠っていたことが思い出される。国庁の付近には良泉があり、その井戸の傍らに絶えず水汲みの娘

子たちが往来し賑わいをみせていたのでもあろう。いずれも井と娘子という組み合わせである。このような萬葉歌が引用された理由はいずれ明らかにされるとして、ここでの問題である五三番歌に戻らなければならない。

五二番歌との関係から、この「大宮仕へ」とは「御井の清水」に奉仕することであると考えることが適当であると思われる。そしてこの「御井の清水」には二つの可能性がある。その一は大嘗祭の御井であり、今一つは祈年祭の御井である。大嘗祭の記録は『天武紀』(98)に初出し、祈年祭のそれは『天智紀』(99)に初出する。即ちこれらの祭式儀礼が存在していたことは確認できるのであるが、その詳細は、『儀式』『延喜式』や、『江家次第』などの故実書、公家の日記類といった平安朝の書物に拠らざるを得ない。当然ながらそれらの書物に記されている祭式や儀礼は、あくまでも律令制下のものであり、さらに平安朝の変容を考慮に入れねばならぬものばかりであることは言うまでもない。特に我々が着目するこの律令制以前の祭祀儀礼の復元にはこのような大きな史料的制約があるのではあるが、本章に関連する限りに於いて敢えてその考察を試みてみなければならない。

先ず、大嘗祭の御井が「藤原の御井」であることの可能性から検討してみよう。『践祚大嘗祭式』(100)に拠ると、大嘗祭の一連の行事の中で、御膳御酒を準備する斎場の造営に於いて、二処を卜して御井を掘り、醸酒に当って井の神を祭ることを述べている。(101)二本の井戸はそれぞれ神饌・神酒の用水に当てられたが、その一は「御井」、もう一つは「造酒児井」と名付けられている。この「造酒児井」に係わって造酒児（造酒童女）という娘子(102)が重要な役割を果たしているのである。

践祚大嘗祭には『天神之寿詞』を中臣氏が奏上することが定められている。(103)文献上の初見は、『持統紀』四（六九〇）年正月条(104)の即位礼、及び五年十一月条(105)の大嘗祭に於けるものである。藤原宮遷都が持統八（六九四）年であることを考えれば、持統の大嘗祭の御井と五二番歌の御井は、とりあえず無関係であると判断しなければならないことになるが、今暫くここに留まってみよう。

この中臣が奏上する『天神之寿詞』は、神代の物語にことよせて新帝の即位を祝福するものとしてあったことは、『令義解』や『令集解』がこの言葉に注釈して「謂。以㆓神代之古事㆒。為㆓萬壽之寶詞㆒也」と記すことからも知られるのであるが、『天神之寿詞』そのものは残念ながら残されてはいない。が、かろうじて平安末期藤原頼長の日記『台記』の別記に、康治元（一一四二）年の近衛天皇の大嘗祭の時のものが『中臣寿詞』[106]として筆録されたおかげで、今日その概要を知ることができる。「神代之古事」と言われていると思しき神話的伝承部分を要約で示してみよう。

天孫降臨の際、天忍雲根が天児屋の命を受け、神漏岐・神漏美二神に会って、「皇孫の御膳の水として、現し国の水に天つ水を加えて献上したい」と申し出た。そこで二神は、天忍雲根に玉串を授け、これを地上に刺し、呪言を唱え、「天の八井」が湧き出る方法を教えた。これを「天つ水」として、神酒・神饌を作ることにしたという。

謂ゆる「天つ水」の神話と呼ばれる部分であり、この部分こそ、本来の『天神之寿詞』の核心を伝えるものであり即位式で奏上されたのは、この御膳の水、即ち御井の水に関わるこの部分であると思われる。ここに言われる「天つ水」とは現実的には雨水のことを指すことは、ほぼ間違いないと思われる。「雨水を交えた御井の水を、御饌の水とするということは、御井の水を、天上の聖水と等しからしめんとする呪術的な試みであ」[107]り、先に考察したように残念ながら藤原宮には当てはまりはしないが、斎場に掘られた井戸は「天の八井」としてあったのであろう。ここではこれ以上考察する暇はないが、この「天つ水」の神話とよく似た神話が、伊勢神宮の末社「御井社」とその井である「忍穂井」の起源神話として伝えられていることを付記しておこう。「大王の即位の儀礼に読み上げられる『中臣寿詞』とほぼ同じ詞章が、大王の最高守護神の御饌の料の水について語られていたとしても、不思議ではない[108]」のであり、先の萬葉歌はこれとの関係で引用されたのである。

続いて、祈年祭の「御井」である可能性を検討してみよう。『延喜式　巻第一　神祇一』「四時祭上」に拠ると祈年祭は、毎年二月四日神祇官の斎院に於いて、官が奉幣する七百卌七座の神々を祭るもので、中臣が祝詞を読み、忌部が諸社の神主、祝らに幣帛を班給するというものである。祝詞[109]は、天つ社・国つ社の皇神たちに、皇孫命の幣帛を奉る旨を述べた後、祈念の対象になっている神名を一つ一つ挙げて、奉幣の主旨を述べるのであるが、それらの神々の名と順序は、「御年の皇神等」、「大御巫（神祇官の御巫）祭神八座」、「座摩巫祭神五座」、「御門巫祭神八座のうちの櫛磐間門・豊磐間門二神」、「生嶋巫祭神二座」、「伊勢の天照大神」、「御縣坐六神」、「山口坐六神」、「水分坐四神」である。磐間門神、山口神、水分神については既に触れたところであるが、ここで問題となるのは、『神名帳』に言う、宮地を領く「宮中神卅六座」の内、「神祇官西院坐御巫等祭神廿三座」の中の「座摩巫祭神」としての「生井神・福井神・綱長井神[110]」の三神である。『延喜式』ではこの祈年祭での御井祭の他にも、四時祭の御川水祭、臨時祭として御井祭、産井祭、御井並御竃祭等の水或いは井戸に関する祭を行うことが規定されている。「（各々の祭の）詳細はわからないが、……その中でもっとも重要なのが座摩巫が執り行う御川水祭で、祈年祭の祭祀の対象となっているのも、御川水祭で祭られる生井・栄井・津長井の神であった[111]」のである。藤原宮に於ける「御井」の位置はなお不明ではあるが、この三神は内裏に掘られた「御井」の神なのである。藤原宮に於いてもこれら『延喜式』に規定される御井の祭が行われていたのであれば、その祭は御川水祭とほぼ同じ形式で行われたものと判断すべきであろう。決定的な決め手には欠けるものの、これらの祭式は毎年の行事であり、これらの祭の対象となる三神が坐ます「御井」こそが五二番歌の「御井」であり、「娘子がとも」とは座摩の巫女をさし、「大宮仕へ」とはこれらの神々に仕えることである可能性は高いと言えるのではなかろうか。

以上「御井」に関する祭の考察から、「藤原宮御井」がどのような性格をもつものであるかについての推定が行われた。だが、吉野と藤原という二つの場所の関係と、吉野がここに詠み込まれていることについてはなんらの解答を与える迄には至っていない。これらの問題に答えるために、ここでの考察から浮かび上がってきた新たな疑問点を拾い上げておくことが有益であろう。

先ず、宮廷儀礼の検討から宮殿の「御井」には神が坐ますことが注目される。座摩巫祭神三座であり、大嘗祭に於いて醸酒に先立って祭られる神である。『貞観儀式』[114]に拠ると、この時祭られる神は丹生川上社の祭神であった「意加美」[115]なのである。先には「意加美」とは雨乞いの神であったのであるが、そもそもこの「意加美」とは如何なる性質を有した神なのであろうか。そしてどのような理由で、この雨乞い神たる「意加美」が「御井」と結びついたのであろう。雨雲を名とする神や雨水が寿詞の中で讃えられていたこととを考え合わすなら、ここでもやはり雨乞いということが最重要な意味だということなのであろうか。

次に、祈年祭の最初の記事は『天智紀』にみられることについては既に触れたが、その記事には「山御井傍」[116]即ち、山麓の井泉が祈年祭の祭場に選ばれたことが記載されている。これに関し「山麓の井泉が祈年祭の祭場に選ばれていることは然るべきこと」[117]であるという興味を引く言説がある。言わんとするところは井泉の「傍」は全国の神々を迎えて祭る、祈年祭に最も相応しい場所と観念されていたということであると思われる。とすれば既に予感されていたように、重要なのは「御井」ではなく「井」そのもの、「水」そのもの、そして「井」に坐す神ではなく、「井」そのもの、或いは「井」のある場所なのではなかろうかという疑問が生じてくるのである。

八　井泉・境界・水

これらの疑問に答えるためには、前に保留しておいた文献を渉猟するという手続きの中から井戸、或いは泉がどのように「生きられ」ていたかを確認する必要があろう。『記紀』や『風土記』の説話の中には、神聖な井泉の由来が大王に関わるものとして語られるものが少なくはない。『風土記』から井泉に関わる説話を拾い出すことは容易である。『風土記』に集められた「井」に纏わる一連の説話群は、その大半が地名起源に関わるものであることは周知の如くであるが、それを超えて「井」の意味そのものを密かに伝えていると思われるものがある。以下順次それら説話の注目部分の引用を交えながら考察していくこととする。

即穿㆓新井㆒　今存㆓新治里㆒随㆑時致㆑祭　（『常陸国風土記』「新治郡条」）

即　頓㆓幸槻野之清水㆒　臨㆑水洗㆑手　以㆑玉栄㆑井　（『常陸国風土記』「行方郡条」）

遂到㆓赤石郡廝御井㆒　供㆓進御食㆒　故曰㆓廝御井㆒　（『播磨国風土記』「賀古郡条」）

地名説話にのみ関わると判断されるものは省略に従うこととするが(118)、先ずこの三例からは「井」或いは「井」のほとりで行われたであろう地方的な祭儀の存在、そして地方首長層が井泉のほとりで祭儀を行う風習が、全国各地に普遍的に存在していたことが確認できよう。次に以下の五例をみてみよう。

其側流レ泉　冬夏不レ絶　自レ坂已東諸国男女　春花開時秋葉黄節　相携駢闐
飲食齎賷　騎歩登臨　遊樂栖遅　（『常陸国風土記』「筑波郡条」）

郡東國社　此號二縣祇一　社中寒泉　謂二之大井一　縁レ郡男女　會集汲飲　（『常陸国風土記』「行方郡条」）

村中浄泉　俗謂二大井一　夏冷冬温　湧流成レ川　夏暑之時　遠迩郷里　酒肴齎賷
男女會集　休遊飲樂　（『常陸国風土記』「久慈郡条」）

忌部の神戸……御沐之忌里　故云二忌部一　即川邊出レ湯　出湯所レ在
兼二海陸一　仍男女老少　或道路駱駝　或海中沿レ洲　日集成レ市　繽紛燕樂　（『出雲国風土記』「意宇郡条」）

邑美冷泉　東西北山　竝嵯峨　南海澶漫　中央鹵　灠磷々　男女老少　時々叢集
常燕會地矣　（『出雲国風土記』「嶋根郡条」）

「良水の出る井泉は珍重せられ、そこを中心に宮が営まれたり聚落が形づくられたりしたのである」と想像されていた光景が、そして先の家持歌を髣髴させる光景がここにはあろう(119)。井泉のほとりで別集団に属する互いに見知らぬ男女が出会い、そこで宴が催される。井泉のほとりでの男女の宴は農耕儀礼とは無関係にそのまま歌垣の世界へと繋がり行く。「井」に於いて祭が行われ、歌垣が行われたという事実は、市或いは衢と同様に「井」或いは「井」のほとりが境界領域であるということを明示するものであろう。(120)『風土記』には「井」が境界と意識されていたことを思わせる、次のような不思議な話も掲載されているのである。

此里此治山頂有レ井　其名云二眞奈井一　今既成レ沼　此井天女八人　降來浴レ水　（『風土記逸文』「丹後國」）

此村在レ井　一女　汲レ水　即被二吸没一　故曰二號修布一　（『播磨国風土記』「賀毛郡条」）

何処からともなく天女が飛び来たり、何処ともなくまた飛び去って行く。この話は何処とも知れない場所が知られないながらも天上世界を想像させるものと言えよう。それに反し二例目の話はなにか地下世界を思わせるものであると言えようか。

七での考察に於いて、宮殿の「御井」には神が坐ますと観念されていたことが確認されたのであるが、『風土記』に於いては如何であろうか。

在二酒殿泉之邊一……奏云　此地有レ神　（『肥前国風土記』「基肄郡条」）

此村有レ泉　同天皇　行幸之時奉膳之人　擬二於御飲一令レ汲二泉水一　即有二蛇龗一　謂二於箇美一　（『豊後国風土記』「直入郡条」）

ここでもやはり「井」には神が坐ますと観念されていたことが理解される。そしてその神はやはり「於箇美」と呼ばれているのである。即ち宮殿の御井に坐まし、丹生川上社に坐すあの「オカミ」なのである。『記』では「暗淤迦美神」、『紀』では「暗龗」或いは「高龗」と表記されて登場する。[121] 話としてはいずれも血又は剣から化成した神であるとされているが、大系本頭注が言うように、その神徳は谿谷の水を掌ることにあろう。また『記紀』ではこの「オカミ」と並んで「暗御津羽神」「暗罔象」が登場する。この神と丹生川上社の祭神である「罔象女神」とが同一の神を表すものとは、その生誕の事情[122]からして考え難いが、その本質は類似すると思われる。またこの神について、大系本頭注は次のように解説する。先ずその名「ミツハ」を「水つ走（ハ）」又は「水つ早（ハ）」かとし、「潅漑用の水を走らせる女神の意であろう」とする。また『淮南子』の「氾論訓の注」に「水之精也」とあることや、『荘子』「達生」に「水有㆓罔象㆒」とあることを紹介し、「『罔象』は水神、また水中の怪物」であり、「『罔』は、形をかくして見えない意」であることを説く。[123] 要するにこの神の名が唐土に由来するものであろうがなかろうが、井泉の内に、その水の中に、「見え」ないながら、怪物或いは霊物、つまり神なるものが潜んでいることが確信され、その人知を超えた正体不明のなにものかを「罔象」と名付けていたのである。

乃至㆓山口㆒　標梲置㆓堺堀㆒　告㆓夜刀神㆒　自㆑此以上　聴㆑為㆓神地㆒
自㆑此以下　須㆑作㆓人田㆒　自㆑今以後　吾為㆓神祝㆒　永代敬祭　冀勿㆑祟勿㆑恨
設㆑社初祭者　神蛇避隠　所㆑謂其池　今號㆓椎井池㆒　池回椎株　清水所㆑出

取レ井名レ池　（『常陸国風土記』「行方郡条」）

第Ⅱ節の五でも触れた有名な夜刀神伝承とその後段である椎井伝承の一部である。夜刀神伝承では、神の領域と人間の領域が分節され、その境界である清水の湧き出る山の口に社を設け、以後この夜刀神を祭ったことが言われる。ここでは省略したがこの伝承の引用以前の部分に「俗云　謂レ蛇為二夜刀神一　其形蛇身頭角」と割注されている。即ち、夜刀神の正体は頭に角のある蛇であることが言われているのであり、椎井伝承ではこの神は泉にその姿を隠すことが言われるのである。大三輪の神が水神であり蛇体であったことが思い出されもする。すぐ前の引用で「オカミ」は「蛇龗」と表記されていることを考え合わせれば、この夜刀神もやはり「オカミ」と呼ばれて然るべきでもあり、これが「オカミ」の最も古い形を表すものであると思われる。形を隠してその姿を現さない水神が蛇に姿を変えて現れると信じられていたのであろう。この伝承では神が祭られる対象として描かれているが、実は清水が湧き出し、池をなしたこの椎井と名付けられた池そのものが祭られていたと考えることはできないであろうか。「井に神を祭った場合、井を支配する神などというような抽象的なものを考えたのではなく、部落民に恩恵を施す井そのものに神を捉えたとしなければならない(124)」と考えることは、或いは言い過ぎであるかも知れないが、「井」そのもの「水」そのものが最重要であるとする考えは当を得ていると思われるからである。「井」や「池」を神体とする神社は幾つか存在しているが、ここでは古代四文献に登場するもう一柱の水神「泣澤女神」と、この神を祭神とし、「井」そのものを神体とする神社について触れておかなければならない。

香久山の北西麓間近、一般に埴安の池が想定されている辺りに、式内社畝尾都多本神社がある(125)。この神社が次の萬葉歌に詠われる「泣沢の神社」に比定されている社である。

或書の反歌一首

泣沢の　神社に御酒据ゑ　祈れども　我が大君は　高日知らしぬ　（巻二―二〇二）

右の一首は、類聚歌林に曰く、「桧隈女王、泣沢神社を怨むる歌なり」といふ。日本紀を案ふるに云はく、「十年丙申の秋七月、辛丑の庚丑に、後の皇子尊薨ず」といふ。

『記紀』神話では[126]この「泣澤女神」は涙になった神であるとされているのではあるが、「泣き沢」つまり「鳴く沢」というその名は、音を立てて、水が湧き出している場所に坐す神であることを明らかに示しているものと思われる。さてこの萬葉歌であるが、左注に見る通り、泉の神に皇子の蘇りを祈ったが、その祈り届かず返って恨み言を言う歌である。これまでみてきた水の意味は灌漑用水・飲料水という実利的な意味が主であった。そしてここでは触れ得なかったが、禊ぎ・清めの水、即ち浄化力という意味も水は有していた。人々は水に様々な願いを託し、且つ祈ったのであったが、この水神の司る意味はそれまでにない全く新しい意味であると思われる。生命が蘇る、生命を再び誕生させる。つまり水の神は生命をも司っているのであり、水に託された新しいこの観念は不老不死、即ち若水、をちみづ（変水）等に連結していくのでもあろう。現実的な意味からこのような神秘的な意味までもが託されるように変化するのは、勿論歴史的変遷によるものではあろうが、その根本は現実の「水」そのもの以外ではないのである。あらゆる観念が現実にその根を持つものであるならば、吉野の川の流れに永遠を「見た」のと類似して、こういう観念が水と結びつくのは水が滾々と湧いて止まない、そういう水の永遠性が根底にあるということなのであろう。

大きく迂回して文献に現れる全ての水神と、井泉に託された意味をみてきたわけである。井泉のほとりは祭場であり、衢や市と同様歌垣の行われる境界領域であった。井泉のほとりが祭場とされたのは、その「井」や「泉」、即ち「水」の中に「見え」ない神を「見た」ことに始まったものであろう。神という言葉に抵抗を感じるなら、永遠性なり、神秘性なりを「水」に「見た」と言い換えても一向に差し支えはない。どのように言い換えようが、井泉は神出現の場であり、人知を超えた神なるものに出会える場所、神なるものを「見る」ことが可能な場所として先ずあったのである。神なるものと出会える場所は同時に、互いに見知らぬ人間同志が出会うべき境界的、即ち無記なる場所でもあったということなのである。

九　二つの場所・彼方と此方

藤井が原と吉野、この二つの場所はどのように構造化されればよいのであろうか。持統の吉野行幸に従駕した二人による、吉野宮での詠み歌を引用しよう。

太上天皇、吉野宮に幸す時に、高市連黒人の作る歌

大和には　鳴きてか来らむ　呼子鳥　象の中山　呼びそ越ゆなる　（巻一―七〇）

吉野宮に幸す時に、弓削皇子、額田王に贈り与ふる歌一首

古に　恋ふる鳥かも　ゆづるはの　御井の上より　鳴き渡り行く　（巻二―一一一）

いずれも藤原京に居る想い人への贈答歌である。(127)山塊によって隔てられた此方と彼方は、地表に否応なく縛り付けられている人間にとっては、実際の距離以上に遠い。その上縷々みてきた如く、吉野という場所が他の場所と異なった別世界と観念されていたのであれば二つの場所は、互いに隔絶しているとすら感ぜられていたであろう。私的な感情を抱いていた詠み手にとっては絶望的に遠かったに違いないのである。ところが、恐らくこのように意識されていたであろう両場所の距離は、大空を飛翔する鳥たちにとっては易々と越えられるものであることが、即ち鳥たちにとって二つの場所は問題とならないものであろうことが羨望されているのである。二つの場所が同じ地表上に存在する限り、地表を覆う天空が連続するのは当たり前の話ではある。ここで問題とされるべきは二つの場所の、平面的・物理的距離ではなく、空間的且つ意識的、謂わば「生きられ」た距離なのである。即ち、地表に於いては遠く、天空に於いては近いものと意識されていたと言い得ようか。それでは地表面の下に於ける事態は如何であろうか。ところが残念ながら、当時の吉野と藤井が原を地下に於いて結びつける直接の史料はない。だが、都が奈良に遷って暫くして始まり、(128)現代に於いても営々と受け継がれている非常に注目すべき行事がある。有名な東大寺二月堂の修二会に於ける「お水取り」がそれである。若狭の海にそそぐ遠敷川の水が、遠い空間を隔てて東大寺二月堂の斜面の下の閼伽井屋の中に掘られた「若狭井」に流れくる。その水を「閼伽水」又は「香水」と呼びこれを汲む行事が所謂「お水取り」であることは説明を要しないであろう。この行事が神道

に由来するものであるか、陰陽思想或いは仏教思想に基づくものであるのかについての穿鑿はここでは無用である。注目すべきは、それが仮令年に一度のことであっても、彼方の「水」が此方の「井」にあると信じられていることである。「井」から離れた場所の「水」が湧き出すということは、地下に於いて水路が繋がっているという幻想とも言うべき確信がその根底に存在しているものと思われる。このように理解すれば、先述の座摩巫の井の三神の一神「津長井神」が「地下に伏道ありて、遠くその脈より来りて溜る由なり。然れば、井泉の神なる事云ふも更なり[129]」と説かれていたことも肯けるものとなるのである。

このような幻想は幾例か掲げられるのであるが[130]、次にやはり吉野と大和に関する事例をみておかなければならない。それは同じく現代に受け継がれる「大汝参り」という民間信仰である。上市のすぐ東に吉野の妹山があり、この山に式内社大名持神社が祭られている[131]。この神社のすぐ前を流れる吉野川の淵を、古来より潮生淵と呼ぶ。その名は毎年旧暦の六月晦日に、この潮生淵から熊野の潮水が湧き出ると信じられていることに由来するという[132]。この潮生淵で「水垢離」即ち禊ぎを行い、河原の石を拾い、水を汲んで持ち帰る。そうして持ち帰った水を自分たちの村の川に流し、一同がその水で禊ぎをすると言う。これが「大汝参り」の習俗のあらましであり、香久山周辺の村々、耳成山口神社の宮講[133]を含む国中や宇陀郡までの大和南部地域で信仰されている。またほぼ同じ主旨の祭儀が畝傍山口坐神社に於いても行われていることを見逃してはならない[134]。或いは「再生をたくす『変若水[135]』の祭儀であろう」かとも論ぜられたりしているが、この祭儀が何を目的とするものかは必ずしも明らかではないようである。それでも大和三山と吉野とが、そしてここではさらに熊野と吉野とが「水」によって繋がっていることを想わせるに十分な事例としてあり得るであろう。この事例に於いては、熊野の「水」が吉野を経由し、人の手を借りて大和へと運ばれるのであるが、元々は熊野とは無関係に、吉野の「水」が人の手を借りるまでもなく大和へ流れ込んでいたと幻想されていたものと思われる。

いずれにせよこれらの例に於いて、それぞれ彼方の「水」は年に一度、遠い距離をものともせず、大和に流れ来たりて湧き出ずるのである。互いに距離を隔てた二つの場所が「水」によって連続する。その時、大和の「水」は即吉野の「水」なのであり、若狭の「水」なのである。それはとりもなおさず、二つの場所そのものがぴたりと一つに重なるということを言うに他ならないのである。即ち、その刹那、大和は吉野であり熊野であり、若狭なのである。そこでは最早流れ込むとか、地下水路が云々であるとかの理屈は全く意味を為すものではなく、遠い近いという距離概念すらも無効なのである。ただ端的に重層する。我々にしてみれば幻想と呼ばざるを得ない現象であったとしても、それを「生きた」人々にとって、幻想は幻想の儘、厳然たる事実なのである。空間は均質ではなく、融通無碍に伸縮するという言い方が相当する事例であろう。

遠く隔たった彼方と此方は「水」によって、「水」を介して重層することが覗き見られたのである。藤原の「御井の水」と吉野川の「水」、つまり藤井が原と吉野という二つの場所についても同様の構造の存在が予想されもしようが、結論を下すのは以下の幾つかの問題を考察した後になされなければならない。

「井」や「泉」が境界であるということ、そしてそれらの場所に神なるものを「見た」痕跡の確認がなされた。即ち、神出現の場として「井」や「泉」があったことが確認されたとしてよいものと思われるが、そこには新たに、その神なるものはどこから、そしてどのように現れるのであろうかという疑問や、或いは境界とは言うもののそれは具体的にどことどこの境界であるのか、さらに、如何にして「井」や「泉」は境界たり得たのか、何故その「水」は「井」や「泉」から湧き出す「水」でなければならなかったのであろうか等々という疑問が生じているからである。こうした観点から再度「井」に関する伝承を検討してみよう。先ず、若干極端とも思われる神話時代の「井」を見てみよう(136)。

……其綿津見神之宮者也。到㆓其神後門㆒者、傍之井上、有㆓湯津香木㆒。故、坐㆓其木上㆒者、其海神之女、見相議者也。訓㆓香木㆒云㆓加津良㆒。木。故、随㆑教少行、備如㆓其言㆒、即登㆓其香木㆒以坐。爾海神之女、豊玉毘賣之従婢、持㆓玉器㆒将酌㆑水之時、於㆑井有㆑光。仰見者、有㆓麗壮夫㆒。訓㆓壮夫㆒云㆓遠登古㆒。下效㆑此。

（『古事記』「上巻　海神の宮訪問」）

火遠理命の海神の宮訪問譚である。ここでも「井」は神出現の場として、神と出会う場として重要な意味を担うものである。それは「水に写る影を見て樹上の者に気づく有様は、水中から火遠理命が出現したことと少しも変わりはない(137)」からである。さらに例を重ねよう。五で既に触れた吉野の「井」である。ここでは『古事記』から引用しておくこととしよう。

從㆓其地㆒幸行者、生㆑尾人、自㆑井出來。其井有㆑光。爾問㆓汝者誰也㆒、答㆔曰僕者國神、名謂㆓井氷鹿㆒。此者吉野首等祖也。

（『古事記』「中巻　神武天皇東征条」）

ここに登場する吉野首の祖とされる「井氷鹿」は、先述したようにその姿は尾がある異形に描かれてはいるが、

「其井有レ光」と記されているように、一面に霊威を持つ「國神」である。そして「井」に関わる神であることから、やはり「泉井の神なのであろう」[138]と推定される神である。この例では先の火遠理命の例よりはるかに明確に、神たる「井氷鹿」は「井」の中から出現するのである。既に我々は、この二例以外にも井泉の辺に、或いは吉野川のほとりに、神なるもの以外に、天女や仙女といった人ならざるものが出現する、若しくは出会うという事例をみてきた。これら全ての例は、水に関する神に限らず、人ならざるものは水を通って顕現するという確信が存在していたことを物語るものと言えるのではなかろうか。そして人ならざるものの出現の場所として「水」のほとりが際立つのは、それは神なるものが潜む場所ではなく、人間世界と隔絶した、神なるものの世界や常世の国、或いはあの世といった「彼方」への出入口と解釈してその意味は十全なものになるのではなかろうか。人ならざるものの世界と人間世界との接点が井泉なのである。人ならざるもののみが交通可能である「水」そのものが、異界との通路として、そこへ接する境界的な存在であり、「此方」には他界の表象として「井」や「泉」があったのである。

十　吉野と藤井が原

この十は第Ⅲ節の結論として、ここまでに得られた全ての知見を綜合し、藤井が原と吉野という二つの場所の構造化を試みるものである。この試みは同時にこれまで保留としておいた幾つかの問題にも一応の決着を与えるものとなることが期される。風景論という本論の立場から知見の組み替えが試みられるのである。

九では二つの場所の関係が、境界としての「水」との関わりの中で論じられた。そこでは既に、「彼方」「此方」という概念が導入されていたのであるが、それは未だ曖昧な儘での使われ方であった。本節では、「此方」を藤井が原に固定し「彼方」である吉野との関係構造の定着を試みる。この試みは同時に、自ずと五二番歌に吉野が詠み込まれる必然性の解明の試みともなるであろう。「此方」を藤井が原に想定するということは、「御井歌」の詠われ方に即す、つまり視点、意識の在りどころとして藤井が原を想定することに他ならないのである。この想定は言い換えれば、そこに「見え」る限りの範囲が、即ちたたなづく青垣の「内」なる大和盆地（南部）が、この歌の作者及び天皇に代表される都人にとっての第一の、そして唯一の地平であるということを承認することを意味することとなるであろう。そしてそうした地理的拡がりの一部である藤井が原という領域は藤原京の造営と相即して「内」なる場所として、さらに細分節、再限定されたのである。些か模式図的ではあるが、「内」なる大和の「内」なる藤井が原として、同一平面上に同心円構造を想い描けばよいであろう。この再限定の事情は、第Ⅱ節に於いて詳しく論述されたように、限定は三山と吉野によって、恰もそこに「見え」ない限定面が設定されるかの如くなされていたのであった。大和三山が「門」を表示することによって、境界の標示として在ったのである。藤井が原という場所はこのような二重の限定によって「内」の「内」なる場所として地平の上に「図」として浮き彫りとなるのである。つまり藤原京という現実世界はこのように構造化されたのである。さらに言い換えれば藤原京という場所、即ち安らげる生活世界がそこに「開か」れて在るのである。地表上のあらゆる場所が構造化されているわけではないが、人は場所を構造化しつつ「生き」るしかないのである。

この「藤原宮御井歌」は藤原京という場所が「開か」れたことを高らかに詠い上げるものに他ならず、宮と王権の永遠なることを願うことは、この安んじてある「開かれ」た場所の常久なることを願うものに他ならないのである。既にみた儀礼・祭式と同じく、放置しておくと閉塞し「外」なる場所へと解消せんとする必然への、有限を「生き」るものの、それはせめてもの抵抗なのでもあろう。

地表がこのように「内」「外」なる場所として構造化されるという考え方からすれば、藤原京という世界はひとまずは完結した世界と考えられよう。ところが言うまでもなく、全く他と絶縁して独立完結する世界はないのである。つまり「外」なる場所との関係に於いて、「外」があって初めて境界というものが意味を持ち「内」なる場所が成立するのである。この周りの事情については、「門」に於いて特徴的であった境界の両義性のこととして既に考察されたところである。完結しているかに「見え」る世界はその完結を許容し支える、より大きな「地」としての地平に於いて在らねばならないのである。それではこの限定面の「外」は如何なる状況にあったのであるかというと、三山という「門」を通して無限の「彼方」に連なり行くものであろうとしても、これらの「門」の「外」側は未だ大和の「内」なる場所、つまり「内」なる「外」と考えるべきであろう。これに対し、現実には龍門山塊を指すものと思われる「吉野の山」と表記された南の境界面は「内」なる場所を「内」なる場所と「見せ」る「内」なる限定面として在りながら同時に、「外」なる領域の「外」なる限定面としても現象していたと考えなければならないのである。南にひと山越えた吉野という場所は、最初から「内」なる場所ではなく完全に「外」なる場所と考えられていたであろうことは九までの考察から断じてよいからである。山の向こうに在る吉野という場所は、「此方」である藤井が原とは別の場所、異なった原理が支配する別の地平として「彼方」と呼ばれるに相応しい世界、即ち他界であったのである。吉野が「彼方」として在り得たのは、そこが人を超えたものの「住む」世界であり、人を超えたものたちの世界へと通じる「水」の在処であると信じられていたからに他ならない。大和世界を唯一の地平として考える時、その「外」側に在るべき吉野世界が、このようにそれ自身の地平に「開か」れたものである限り、吉野は「どうしても『内』にならない『外』」つまり「絶対的な他界」[139][140]と言われるべき世界であることを主張するものとして在るであろう。「彼方」とは単に距離が離れていることによるものではないのである。吉野は最早単に「外」と言われるべきでもなく、藤井が原と同位に並ぶ独立した世界でもあり得ないのである。同位でないとする理由は意識の所在が藤井が原にあるからに他ならないのであるが、だからといって吉野が劣位に置かれていると考えるのは早計であろう。なぜなら縷々みてきたところから明らかなように、吉野なくして藤原京は成立しないとまで思わせるほどに重要な場所として吉野は在ったからである。

それではこれら以外にどのような解釈が可能であろうか。本論は両場所の構造化解明は、やはり「水」によってなされるべきであろうと考える。即ち、「水」が境界であり通路であったこと、さらに「御井歌」がその標題と構成そのものに於いて「井」を讃えていたことは、彼らの「住ま」う藤井が原と吉野が直に連続することが願われ、且つ信じられていたことを如実に示していると思われることに拠る。そしてこの連続とは、同一の地平の上での連結というようなものではなく、吉野は藤井が原という地平をその下面から裏打ちを成すかのように重なっている、或いは現実の生活世界である藤井が原という地平を吉野という人知を超えた無限の地平が、恰も同心球の如くに全方位から包み込んでいると考えるべき事態であると思われる。二つの世界は互いにその位相を変えて論じられなければならないのであり、殊更に「地平」という概念を導入した理由はここにあるのである。要するに、藤井が原という地平を「生きる」意識は同時に、遠い「彼方」の吉野の地平をも「生き」ているのであり、「藤原宮御井歌」に詠み込まれた「御井の真清水」こそが、吉野と藤井が原を重ねる紐帯そのものなのである。大和三山を「門」と解釈したことの連関から蛇足を加えてみれば、この「御井」を神なるものとその世界を覗き「見」る「窓」とみる解釈は如何であろうか。神なるものとその世界は決して直接眼にすることの出来ないものであった。だがそうであるからこそよけいに「御井」の水面という「窓」を通して透かし「見る」ということが希求されていたのではなかろうか。「見た」いと欲せられたものは言うまでもなく吉野世界であり、「御井歌」に現実には「見え」ない吉野が詠われていた理由も、この透かし「見」の対象としてではなかったのであろうか。「彼方」の吉野を覗き「見」る「窓」が即ち「御井」であり、遠い「彼方」は、「御井」の底深く、即ち足下に重なっているのである。そして湧き出す水は絶対の彼方の響きそのものでもあろうか。

剰りに想像を逞しくし過ぎた観はあるが、人は世界の多重性、地平の多層性を「生き」るものであり、ここに縷々論じてきたあらゆる構造が風景として「生きら」れ、その全てがこの「御井歌」に結晶していると結論づけるのは果たして解釈の過剰であろうか。

註

1　つまり南の「大御門」は吉野の山の他に求められなければならないことになる。それは位置から言えば、大内陵が相応しく、意味からすれば、飛鳥神名備と目されるミハ山が適当と思われる。また宮から「見え」に定位すれば甘橿丘の可能性もないではないという程の幅を持たせた想定を、ここではして置くに止める。

2　岩波古語辞典（一三六一頁）によれば、「②動作や時間の経過をあらわす。……を通って。」とある。また同じ用法の助詞「ゆ」は、次の有名な萬葉歌にもみられる。

　田子の浦ゆ　うち出でて見れば　ま白にそ　富士の　高嶺に　雪は降りける　（巻三―三一八）

ここでも字義にこだわって口語に訳せば「田児の浦を通って」とならねばならない。

3　『日本書紀』にも二一番歌として掲載されている。

4　土橋寛：古代歌謡と儀礼の研究、昭和四十年十二月、岩波書店。

5　「国見」ということばが詠み込まれたものは、巻一―二、巻一―三八、巻十―一九七一、巻十三―三二三四、巻十三―三三二四、巻十九―四二五四の六首に過ぎない。時代的にも聖武以前に限定され、国見儀礼がそれ以前のものであることを物語ってもいよう。また三八番歌が吉野、また三二三四番歌が伊勢での国見であることが興味を引く。

6　『日本書紀』では三四番歌として掲載。

7　中西進：「見る」――古代的知覚、文学43―4、昭和五十年四月、一二八頁、また国見歌、及びそれに準じるものとされる歌は「古事記では、『見ゆ』が『見れば』から独立して単独で用いられた例はない（立花直徳：古代人の知覚と認識――古事記から万葉へ知覚「見る」をめぐって、古典論潮　第二号、昭和五十年、一一頁）」のである。

8　同上：一二八頁。

9　逆に形式を遵守し内容に変更が加えられたものとして「清寧記」所収歌『古事記』歌謡七七番、『日本書紀』歌謡八七番歌がある。前掲註7に指摘されている「見ゆ」を持つ歌はこの歌を数えて全てで三首ある。

10　『古事記』歌謡三〇番歌では「國の眞秀ろば」であり、萬葉二番歌では「国原」であり「海原」であろう。

11　前掲7、一二八頁。

12　犬飼公之：影の古代、一九四頁、平成三年十月、桜楓社。

13　久田泉：稲岡耕二編　万葉集必携、一七三頁、昭和五十六年三月、學燈社。

14　土橋寛：土橋寛論文集　上　萬葉集の文学と歴史、二二五頁、昭和六十三年六月、塙書房。
15　同上：二二六頁。
16　同上：九一頁。
17　例えば、『古事記』歌謡三〇番歌の「歌謡はもともと大和地方の農民間にあった国見儀礼の祭に謡われたものである（前掲4、三二〇頁）」と言われている。
18　ここでは省略するが引用以外にも、国見儀礼が天皇のものとして『風土記』にも語られている。
19　永藤靖：古代人における「見る」ことと「知る」ことについて、明治大学文学部紀要　文芸研究　第30号、一六頁、昭和四十八年三月。
20　内田賢徳：萬葉の知——成立と以前——、三六五頁、平成四年七月、塙書房。
21　前掲7、一二八頁。
22　内田賢徳は、「「見る・見ゆ」と「思ふ・思ほゆ」——『萬葉集』におけるその相関——」（『萬葉』第百十五号、八～九頁、昭和五十八年十月）に於いて、「不所見」の認識に着目し、「即ち『……見れば……見ゆ』の底にあった否定的契機は、（中略）、記紀歌謡的な国見歌謡から萬葉の国見歌への展開にも作用していると考えられる。（中略）舒明の国見歌は、伝統的な形式、即ち偶然確定の語法を踏襲しつつ、新しい内容をもつ」ものであるとし、「この歌の形式の内面は、文形式の表面とは裏腹に、かつての呪的な『……見れば……見ゆ』の否定を経て成立しているとしなければならない」と呪的なあり方を脱した「見る」ことを二番歌に読みとるべきことを説き、国見ということで一括することの危険性を主張する。
23　前掲20、三六三頁。
24　ここでは「私は萬葉集において数多く使われてゐる『見る』及びそれに関係する言葉の喪失において古代といふもの

の終焉を感じる。既に書いたやうに前期萬葉人の『見る』が時代の下るに従つて次第にその具体性を失ひ、「見れど飽かぬ」の用法もマナリズム化されてゆく。そして古今集にいたつて姿を消してしまふ。（唐木順三：日本人の心の歴史、唐木順三全集　第十四巻、五〇頁、昭和五十六年八月、筑摩書房）」を引用しておく。

25　前掲19、一五頁。

26　前掲7、一二四頁、及び同註中の立花論文にも同様に「見る」ことが強調されている。

27　ここに引用するもの以外に、重要な論考として、森重敏：萬葉集の「見」、文体の論理、昭和四十二年三月、風間書房、佐竹昭広：「見ゆ」の世界、萬葉集抜書、昭和五十五年五月、岩波書店、吉井巌：見る歌の発想形式について――「見ゆ」を中心に――、萬葉　第四十五号、昭和三十七年十月、萬葉學会、國語國文　第九巻　第十二号、昭和十四年十二月、京都帝国大學國文學会、を挙げておく。

28　前掲4、二八〇頁。

29　同上：二七九頁。

30　益田勝実：幻視――原始的創造力のゆくえ――、火山列島の思想、四〇頁、昭和四十三年七月、筑摩書房。

31　同上：二三頁。

32　同上：三九頁。

33　同上：四〇頁。

34　前掲24、五〇～五一頁。

35　このような観点から「精神」と「自然」を考察した論考として、大西克禮：萬葉集の自然感情、昭和十八年四月、岩波書店、を挙げておく。

36　意岐米母夜　阿布美能淤岐米　阿須用理波　美夜麻賀久理弖　美延受加母阿良牟
（『古事記』歌謡一一二番）

37　於レ是大后歸レ神　言教覺詔者、西方有レ國。金銀為レ本、目之炎耀、種種珍寶、多在二其國一、吾今歸二賜其國一。爾天皇答白、登二高地一見二西方一者、不レ見二國土一、唯有二大海一。謂二為レ詐神一而、押二退御琴一不レ控、默坐。（『古事記』中巻　仲哀天皇条）

38　伊藤博：万葉飛鳥歌風の展開、明日香村史　中巻、二二七頁、昭和四十九年三月、明日香村史刊行会。

39　同上：二二七頁。

40　同上：二二八頁。

41　古事記を中心にして集団に支えられた「見ゆ」が、萬葉集の末家持の時代に、貴族社会を中心に個の自覚・個我の意識を歌う詩としての表現に展開していったことが確認できる（立花直徳：詩の発生期における視覚の展開——「見ゆ」をめぐる集団から個への様相——、王朝文学史稿　第九号、五九頁、昭和五十年）。

42　「集団幻想」という言葉は上記立花論文でも用いられている。また吉本隆明に「共同幻想論」という著書があることを付記しておく。

43　内田賢徳：萬葉の見たもの——景観と表現——、吉井巖先生古稀記念論集　日本古典の眺望、一一九頁、平成三年五月、桜楓社。

44　持統による吉野での国見、人麻呂によるいわゆる吉野讃歌と呼ばれる『萬葉集』巻一—三六〜三九がこの例に挙げられよう。後述五参照。

45　前掲43、一一八頁。

46　前掲12の著者犬飼公之は一連の論考（影の領界、平成五年五月、桜楓社、〈影〉の領界——古代文学と文学史のための試論——、古代文学の変革、昭和五十六年六月、武蔵野書院、〈影〉の論——古代文学と古代史のための試論——、宮城学院女子大学基督教文化研究所研究報告年報　第12号、昭和五十五年）に於いてこの世界を〈影の領界〉と命名しこれを論考する。

47　前掲7、立花論文、一一二頁。

48　第Ⅱ節に於いて考察した谷刀（谷）神伝承がここでの例として適当であろう。谷刀（谷）神は山という一つの他界、即ち人々の世界ではない世界へと追いやられてしまうのである。

49　前掲22、四頁。

50　同上：三頁。

51　其後、天皇欲レ省二吉野之地一、乃従二菟田穿邑一、親率二軽兵一巡幸焉。至二吉野一時、有レ人出自二井中一。光而有レ尾。天皇問之曰、汝何人。對曰、臣是國神。名為二井光一。此則吉野首部始祖也。更少進、亦有レ尾而披二磐石一而出者。天皇問之曰、汝何人。對曰、臣是磐排別之子。排別、之云二飫時和句一。此則吉野國樔部始祖也。及二縁レ水西行一、亦有二作レ梁取魚者一。梁、之云二椰奈一。天皇問之。對曰、臣是苞苴擔之子。苞苴擔、之云二珥倍毛菟一。此則阿太養鸕部始祖也。

（『日本書紀』神武天皇即位前紀戊午年八月）

52　足利健亮：吉野の「位置」をめぐって、吉野地域における文化的価値の再点検と振興のための調査――昭和五十八年度報告書――、財団法人　環境文化研究所、昭和五十九年三月、またこの想定に基づいて同氏は現在の吉野山以外に元来の吉野山を求めるべき可能性があることを説く。尚、この資料は同氏より賜った。記して感謝の意を表する。

53　有名な柿本人麻呂に拠る軽皇子に献じた歌『萬葉集』（巻一－四五～四九）を言うものである。

54　舒明に献じた歌『萬葉集』（巻一－三）を言うものである。

55　十九年冬十月戊戌朔、幸二吉野宮一。時國樔人來朝之。因以二醴酒一、獻二于天皇一、而歌之曰、伽辭能輔珥、豫區周塢區利、豫區周珥、伽綿蘆淤朋瀰枳、宇摩羅珥、枳虛之茂知塢勢、摩呂餓智。歌之既訖、則打レ口以仰咲。今國樔獻二土毛一之日、歌訖即擊レ口仰咲者、蓋上古之遺則也。其國樔者、其為人甚淳朴也。每取二山菓一食。亦煮二蝦蟆一為二上味一。名曰二毛瀰一。其土自レ京東南之、隔レ山而居二于吉野河上一。峯嶮谷深、道路狭巘。故雖レ不レ遠二於京一、本希二朝來一。然自レ此之後、屢參赴以獻二土毛一。其土毛者、栗・菌及年魚之類焉。

（『日本書紀』応神天皇十九年十月）

56　大嘗祭の卯の日の行事に、この吉野の国栖十二人が楢笛工十二人と共に参入し、嘗殿で天子のミアレの秘儀行われる

57 さ中に、古風を奏したことが『貞観儀式』や『延喜式』に記されている。この史実をして吉野は大和に対置される場所であったと考えることが可能であろう。

吉野宮に幸す時に、柿本朝臣人麻呂の作る歌

やすみしし　我が大君の　聞こしをす　天の下に　国はしも　さはにあれども　山川の　清き河内と　御心を　吉野の国の　花散らふ　秋津の野辺に　宮柱　太しきませば　ももしきの　大宮人は　舟並めて　朝川渡り　舟競ひ　夕川渡る　この川の　絶ゆることなく　この山の　いや高知らす　みなそそく　瀧の宮処は　見れど飽かぬかも

（巻一―三六）

58 おそらくこうした意識と吉野宮が存在したことが理由となって、奈良時代の一時期（神亀元年〜天平四年）に、芳野監が設置されている。監とは、国と郡との中間に位置する行政単位であり、芳野監の他には和泉監が知られるのみである。

59 『日本書紀』にも同様な歌謡が掲載されているがここでは『古事記』に拠る。

夜麻登波　久爾能麻本呂婆　多多那豆久　阿袁加岐夜麻　碁母禮流　夜麻登志宇流波斯

（『古事記』歌謡三十番）

60 やすみしし　わご大君　神ながら　神さびせすと　吉野川　激つ河内に　高殿を　高知りまして　登り立ち　国見をせせば　たたなはる　青垣山　やまつみの　奉る御調と　春へには　花かざし持ち　秋立てば　黄葉かざせり　一に云ふ「もみち葉かざし」　行き沿ふ　川の神も　大御食に　仕へ奉ると　上つ瀬に　鵜川を立ち　下つ瀬に　小網さし渡す　山川も　依りて仕ふる　神の御代かも

（巻一―三八）

61 天皇幸二行吉野宮一之時、吉野川之濱、有二童女一。其形姿美麗。故、婚二是童女一而、還二坐於レ宮。後更亦幸二行吉野宮一之時、留二其童女之所レ遇、於二其處一立二大御呉床一而、坐二其御呉床一、彈二御琴一、令レ為レ儛二其孃子一。爾因二其孃子之好儛一、作二御歌一。其歌曰、

阿具良葦能　加微能美弖母知　比久許登爾　麻比須流袁美那　登許余爾母加母

即幸二阿岐豆野一而、御獦之時、天皇坐二御呉床一。爾蝈咋二御腕一、即蜻蛉來、咋二其蝈一而飛。訓二蜻蛉一云二阿岐豆一。於レ其作二御歌一。其

歌曰、

美延斯怒能　袁牟漏賀多氣爾　志斯布須登　多禮曾　意富麻幣爾麻袁須　夜須美斯志　和賀於富岐美能　斯志麻都登　阿具良爾伊麻志　漏多閇能
蘇弖岐蘇那布　多古牟良爾　阿牟加岐都岐　曾能阿牟袁　阿岐豆波夜具比　加久能碁登　那爾於波牟登　蘇良美都　夜麻登能　久爾袁　阿岐豆志
麻登布

故、自二其時一、號二其野一謂二阿岐豆野一也。

（『古事記』下巻　雄略天皇条）

62　上田正昭：古代信仰と道教、道教と古代の天皇制、七三頁、昭和五十三年五月、徳間書店。

63　常世について詳説する遑はないが、藤原京を主題に歌われた長歌が「御井歌」以外に『萬葉集』にもう一首掲載されている。「藤原宮の役人の作る歌」がそれである。

やすみしし　我が大王　高照らす　日の皇子　荒たへの　藤原が上に　食す国を　見したまはむと　みあらかは　高知らさむと　神ながら　思ほすなへに　天地も　依りてあれこそ　いはばしる　近江の国の　衣手の　田上山の　真木さく　檜のつまでを　もののふの　八十宇治川に　玉藻なす　浮かべ流せれ　そを取ると　騒く御民も　家忘れ　身もたな知らず　鴨じもの　水に浮き居て　我が作る　日の御門に　知らぬ国　よし巨勢道より　我が国は　常世にならむ　図負へる　くすしき亀も　新た代と　泉の川に　持ち越せる　真木のつまでを　百足らず　筏に作り　のぼすらむ　いそはく見れば　神からならし

（巻一―五〇）

右、日本紀に曰く、「朱鳥七年癸巳の秋八月、藤原の宮地に幸す。八年甲午の春正月、藤原宮に幸す。冬十二月、庚戌の朔の乙卯、藤原宮に遷居らす」
といふ。

以上がその全文であるが、同じ藤原京を詠む歌の中に常世が詠み込まれている事実はこの時代の優勢な思想と考えてよいものと思われる。わが国が常世国になっていく前兆として図負へる神しき亀が登場するのであるが、常世国がこの国以外の異郷にあると信ぜられていたことが、よりいっそう常世国への憧れを誘うのであろう。そうして、人々が

64　空想として懐いていた常世国のイメージはその字義通り、不老不死の国を主な内容とするのであろう。

65　『萬葉集』（巻三―三八五～七）

66　吉野が神仙郷として考えられることになった要因の一として、吉野や宇陀地方に仙薬たる「丹」即ち水銀鉱床が豊富に分布している事実を挙げる説がある。

67　ざっと拾い上げても、巻一―二七、三六、三七、三八、三九、巻六―九〇七、九〇八、九一〇、九二五、九二八、一〇〇五、一〇〇六、巻七―一一三一等が挙げられよう。ここでは二七番歌のみを示しておこう。

天皇、吉野宮に幸す時の御製歌

良き人の　良しとよく見て　良しと言ひし　吉野よく見よ　良き人よく見（巻一―二七）

68　和田萃：吉野をめぐる歴史と信仰―古代・中世―、吉野地域における文化的価値の再点検と振興のための調査――昭和五十八年度報告書――、財団法人　環境文化研究所、四一頁、昭和五十九年三月。

69　また同時に、吉野という場所そのものも藤原京にとっての南山である可能性も否定できないものとなろう。

或本の歌

み吉野の　耳我の山に　時じくそ　雪は降るといふ　間なくそ　雨は降るといふ　その雪の　時じきがごと　その雨の　間なきがごとく　隈もおちず　思ひつつぞ来し　その山道を（巻一―二六）

右、句々相換れり。これに因りて重ねて載す。

70　大久間喜一郎：常世郷への途、明治大学教養論集通巻99号、四頁、昭和五十一年。

71　既に三六番歌と三八番歌は引用してあるのでここにはそのそれぞれの反歌である三七番歌と三九番歌を引用しておこう。

反歌　見れど飽かぬ　吉野の川の　常滑の　絶ゆることなく　またかへり見む（巻一―三七）

反歌　山川も　依りて仕ふる　神ながら　激つ河内に　舟出せすかも　（巻一—三九）

右、日本紀に曰く、「三年己丑の正月、天皇吉野宮に幸す八月、吉野宮に幸す。四年庚寅の二月、吉野宮に幸す。五月吉野宮に幸す。五年辛卯の正月、吉野宮に幸す。四月、吉野宮に幸す」といふ。未だ詳らかに何れの月に従駕にして作る歌なるか知らず。

72　前掲43、一三〇頁。

73　同上。

74　同上。

75　最初の行幸は持統三（六八九）年、天皇としての最後の行幸は持統十一（六九七）年、この間九年に三十一回の行幸は、平均すれば一年に三回半となる。

76　遠藤宏：持統吉野行幸の動機、講座　日本文学の争点1　上代篇、三八三〜三八六頁、昭和四十四年一月、明治書院。

77　六月乙亥、行㆓幸芳野離宮㆒。

78　丹生川上神社上社その祭神は高龗神、中社は罔象女神、そして下社は暗龗神、いずれも水神であり「龗」は水を司る竜神かとも言われている。

79　山本博はその著「神秘の水と井戸（昭和五十三年五月、學生社）」に於いて丹生川上神社中社の「社伝」を要約し次のように紹介している。「天武天皇の時（六七二〜六八五）、「人声の聞こえない深山に、わが宮柱を建ててわれを祀れば、天下のため甘雨を降らし、霖雨をやめて云々」の神教があったので、この地に奉祀したという（九三頁）。」

80　和田萃：吉野・聖なる山と川、探訪神々のふる里4　熊野から伊勢へ、七二〜七四頁、昭和五十七年三月、小学館。

81　前掲67、四四頁。

82　とりわけ、光仁の宝亀年間（七七〇〜七八〇）に数多い。試しに宝亀年間だけを拾い上げると次のようになる。宝亀四（七七三）年三月十三日、四月二十二日・黒／宝亀五（七七四）年四月二十二日、六月四日・黒／同六年六月二十五日・

黒『日本後紀』宝亀六（七七五）年九月二十日・白／同八（七七七）年六月十八日・黒／同九（七七八）年八月八日・黒／因みに白黒は奉納する馬の毛色であり、白毛は止雨の折りに用いられたことは黒毛と同様『延喜式』に規定されている。また室町時代までの史料を総計すると、九十六回もの奉幣が行われていることになる。

83　牛川喜幸：平凡社大百科事典（7）「神泉苑」の項、九六一頁、昭和六十年三月。

84　その祈願の場の稲淵の川上は、延喜式内社「飛鳥川上坐宇須多伎比売神社」という稲淵山の南麓の社がそれであろうとされている。

85　天武紀四（六七五）年四月一〇日条に、「遣二小紫美濃王・小錦下佐伯連廣足一、祀二風神于龍田立野一。遣二小錦中間人連大蓋・大山中曾禰連韓犬一、祭二大忌神廣瀬河曲一。」という記事が載る。これが文献に現れる初見であるが、『日本書紀』では以後連年、二社の祭祀記事が続く。天武の在世中に一九回、持統の時には一六回を数え、それ以後も遣使奉幣記事が先の丹生川上社の記事と同様、以後の国史に散見する。大宝以後、大忌祭・風神祭は孟夏・孟秋の祭として『令』に規定されていることはよく知られていようが、既に天武期に四月と七月の恒例行事となっていたらしいことが『日本書紀』から読みとれるのである。以下持統・天武紀よりその年月日を記しておく。（天武紀：四年四月十日、五年四月四日・七月十六日、六年七月三日、八年四月九日・七月十四日、九年四月十日・七月八日、十年四月二日・七月十日、十一年四月九日・七月十一日、十二年四月二十一日・十月二十日、十三年四月三日・七月九日、十四年四月十二日・七月二十一日、朱鳥元年七月十一日／持統紀：四年四月三日・七月十八日、五年四月十一日・七月十五日、六年四月十九日・七月十一日、七年四月十七日・七月十二日、八年四月十三日・七月十五日、九年四月九日・七月二十三日、十年四月十日・七月八日、十一年四月十四日・七月十二日）

86　第Ⅱ節註59に『広瀬大忌祭祝詞』を一部引用しておいた。

87　『延喜式　巻第九　神祇九』「神名帳　上」に名を連ねる式内社「龍田坐天御柱国御柱神社二座」「広瀬坐和加宇加乃売命神社」である。

88　第Ⅱ節の五参照。

89　七年四月十七日条にはそれが祈雨を目的とすることが明記されている。「遣二大夫謁者一、詣二諸社一祈雨。又遣二使者一、祀三廣瀬大忌神與二龍田風神一。」

90　前節を参照されたい。

91　「水分に坐す皇神等の前に白さく（『祈年祭祝詞』）」とされるその水分神とは「天之水分神」と「國之水分神」である。

92　この点に関して以下のような推定がなされていることを紹介しておく。「持統女帝自ら水分山（現在の青根ヶ峯）の麓で祭祀を行ったかと思われる。四〜五世紀に、神奈備山である三輪山の頂上で、大王自ら祭祀を行うことがあった。持統女帝が水分山で行った祭祀も、皇極女帝の南淵川上流での雨ごいと同様、大王による祭祀を微かに伝えているかもしれない（和田萃：日本古代の儀礼と祭祀・信仰　下、二四八頁、平成七年六月、塙書房）」。

93　澤瀉久孝：萬葉集注釋巻第一、三五一頁、昭和三十二年十一月、中央公論社。

94　土橋寛：「藤原宮」の宮号の由来――二つの〈藤原〉をめぐって――、萬葉集の文学と歴史　土橋寛論文集　上、二九頁、昭和六十三年六月、塙書房。

95　同上：三一頁。

96　伊藤博：萬葉集釋註　一、二二六頁、平成七年十一月、集英社。

97　この歌と関連して以下の歌を引用しておく。

やすみしし　わご大君　高照らす　日の御子の　聞こし食す　御食つ国　神風の　伊勢の国は　国見ればしも　山見れば　高く
貴し　川見れば　さやけく清し　湊なす　海も広し　見渡す　島も名高し　ここをしも　まぐはしみかも　かけまくも　あやに
恐き　山の辺の　五十師の原に　うちひさす　大宮仕へ　朝日なす　まぐはしも　夕日なす　うらぐはしも　春山の　しなひ栄
えて　秋山の　色なつかしき　ももしきの　大宮人は　天地と　日月と共に　万代にもが　（巻十三―三二三四）

反歌

山辺の　五十師の御井は　おのづから　成れる錦を　張れる山かも　（巻十三―三二三五）

98 十二月壬午朔丙戌、侍二奉大嘗一中臣・忌部及神官人等、并播磨・丹波、二國郡司、亦以下人夫等、悉賜レ祿。因以郡司等、各賜二爵一級一。（『日本書紀』天武天皇二年十二月）

99 三月甲戌朔壬午、於二山御井傍一、敷二諸神座一、而班二幣帛一。中臣金連宣二祝詞一。（『日本書紀』天智天皇九年三月）

100 『延喜式　巻第七　神祇七』

101 「大嘗祭における『御井』の卜定は、平安朝の『儀式』や『延喜式』に見えるものではあるが、大嘗に際して悠紀・主基二国の卜定その他に中臣・忌部及び「神官人等」が奉仕することは、すでに「天武紀」二年十二月丙戌条その他に見えているから、「御井」の卜定も天武朝に行われていたと見てよい（土橋寛：中臣寿詞と持統朝、日本古代の呪禱と説話　土橋寛論文集　下、三四二頁、平成元年十月、塙書房）」という説を支持するものである。また『踐祚大嘗祭式』に拠れば、大嘗祭の斎部の斎場と在京の斎場の二ヶ処に斎場が設営され、それぞれに井戸が掘られたことがみえるが、「（二ヶ処の斎場は）もともと同じものの分化した形であろうと思われる（松前健：古代伝承と宮廷祭祀、五七頁、昭和四十九年四月、塙書房）」のであり、藤原宮に於いては、その井戸は宮域に掘られたと考えてもよいものと思われる。

102 以二當郡大小領女未レ嫁卜食者一充レ之。（『延喜式』巻第七　神祇七）

103 十一月戊辰、大嘗。神祇伯中臣大嶋朝臣讀二天神壽詞一。（『日本書紀』持統天皇五年十一月）

104 四年春正月戊寅朔、物部麻呂朝臣樹二大盾一。神祇伯中臣大嶋朝臣讀二天神壽詞一。畢忌部宿禰色夫知奉二上神璽劍鏡於皇后一。皇后即天皇位。（『日本書紀』持統天皇四年正月）

105 凡踐祚之日。中臣奏二天神之寿詞一。（『神祇令』十三条）

106 『中臣寿詞』より本稿に関係する部分を引用しておく。

中臣乃遠都祖天兒屋根命、皇御孫尊乃御前仁奉仕氐、天忍雲根神遠天乃二上仁奉上氐、神漏岐神漏美命乃前仁受給波里申仁、皇御孫尊乃御膳都水波宇都志國乃水爾天都水遠加氐奉牟止申世止事教給志仁依氐、天忍雲根神天乃浮雲仁乗氐、天乃二上仁上坐氐、神漏岐神漏美命乃前仁申世波天乃玉櫛遠事依奉氐、此玉櫛遠刺立氐、自夕日至朝日照萬氐、天都詔戸乃太詔刀言遠以氐告禮、如此告波、麻知波弱蒜仁由都篁生出牟、自其下天乃八井出牟、此遠持天天都水止所聞食止事依奉支。

107 前掲101、松前論文、六二～六三頁。

108 岡田精司：大王と井水の祭儀、講座　日本の古代信仰　第3巻　呪ないと祭り、一九八～一九九頁、昭和五十五年二月、學生社。

109 ここに要約するのは勿論『祈年祭祝詞』であるが、『月次祭祝詞』にもほぼ同様の詞句がみられる。

110 祝詞では「生井・榮井・津長井の神」と見える。また『神道大辞典』に拠れば、この三神は順に、流水・醴泉・井泉を各々掌り分かち守るとされる。

111 土橋寛：「藤原宮御井歌」の特異性と中臣氏、萬葉集の文学と歴史　土橋寛論文集　上、三六頁、昭和六十三年六月、塙書房。

112 因みに、平安京内裏に於ける御井の位置は豊楽院の西、典薬寮の南である。

113 　御川水祭座摩巫各行レ事。（『延喜式』巻一　神祇一　四時祭上）

114 「(十月上旬)、次各ノ稲實ノト部禰宜ノト部率二造酒童女幷ニ物部ノ人等ヲ祭二六神一ヲ」とある細書に「竈門井山積意加美水ノ神」、井の意加美の名がみえている。（『貞観儀式』巻第三　践祚大嘗祭儀　中）

115 『古事記』には「淤迦美神」と表記され、『日本書紀』では「龗」である。

116 前掲111で、「この『山御井』は三井寺の金堂の傍らにある御井だとするのが『日本書紀通証』以来の通説」であることが触れられている（三六頁）。

117　同上。

118　井泉に関する説話の全てをここに引用するべきではあろうが、紙幅の都合上本文に引用できなかったものを、以下に列挙しておく。『常陸国風土記』「總記」・衣袖漬の井／「茨城郡条」・多余の清井：『播磨国風土記』「揖保郡条」・宗我富の井／「揖保郡条」・流井、酒井、針間井／「讃容郡条」・大の村の御井／「託賀郡条」・都麻の井／「賀毛郡条」・佐々の井。

119　また家持には、同じ越中国司時代雨乞いの長短歌（巻一八―四一二二～三）と、その結果の降雨を賀く歌（巻一八―四一二四）が伝わっている。天皇と同様雨乞いが国司の職務であったのであろうか。また四一二二番歌に「天つ水　仰ぎて そ待つ」という詩句があることを付記しておく。

120　前第Ⅱ節参照。

121　次集二御刀之手上一血、自二手俣一漏出、所レ成神名、訓レ漏云二久伎一。暗淤迦美神。淤以下三字レ音。下效レ此。次暗御津羽神。（『古事記』上巻）

複劒頭垂血、激越為レ神。號曰二暗龗一。次暗山祇。次暗罔象。（『日本書紀』神代上　第五段　一書第六）

伊奘諾尊、抜レ劒斬二軻遇突智一、為二三段一。……一段是為二高龗一。（『日本書紀』神代上　第五段　一書第七）

また『萬葉集』には以下の歌が収められている。

藤原夫人に和へ奉る歌一首

我が岡の　龗に言ひて　降らしめし　雪の砕けし　そこに散りけむ（巻二―一〇四）

122　次於レ尿成神名、彌都波能賣神（『古事記』上巻）

其且レ終之間、臥生二土神埴山姫及水神罔象女一。（『日本書紀』神代上　第五段　一書第一）

一書第三第四もほぼ同様。

123 『古事記』、「日本古典文学大系」、頭注一〇、六〇頁、『日本書紀』、「日本古典文学大系」、頭注二三、八九頁。

124 青木紀元：日本神話の基礎的研究、四～五頁、昭和五十八年五月、風間書房。

125 第Ⅱ節で香久山も水と関係するとした根拠である。

126 於㆓御涙㆒所㆑成神、坐㆓香山之畝尾木本㆒、名㆓泣澤女神㆒。

（『古事記』上巻）

其涙堕而為㆑神。是即畝丘樹下所居之神號㆓啼澤女神㆒矣。

（『日本書紀』神代上　第五段　一書第六）

127 一一一番歌は次の返し歌を持つ。

額田王の和へ奉る歌一首　大和の京より進り入る

古に　恋ふらむ鳥は　ほととぎす　けだしや鳴きし　我が恋ふるごと

（巻二―一一二）

128 『東大寺要録』に拠ると、その始まりは天平勝宝四（七五二）年であるとされている。

129 神道大辞典、一三〇五頁、昭和十三年七月、臨川書店。

130 同様の例を一例だけ掲げておく。「高天原の武神タケミカズチと力くらべをした出雲の軍神タケミナカタをまつる諏訪神社上社の摂社、葛井神社はあきらかに『葛井の池』とよばれる楕円形の池を神体とした社であるが、伝承に、上社で使った一年中の御幣を大晦日の夜にこの池に捨てると、翌朝遠州のさなぎの池に浮かび上がるといい、諏訪の七不思議の一つと称している。この遠州のさなぎの池とは、今日浜松市西方の佐鳴湖とされており、湖畔にある竜雲寺の木宮住職の話では、近くの弁天祠の池の底は諏訪湖の底と通じている、という伝承があるとのことである。（金井典美：湿原祭祀――豊葦原の信仰と文化――、二五頁、昭和五十年十二月、法政大学出版局）」

131 『三代実録』「貞観元（八五九）年正月廿七日条」に、祭神「大己貴神」を祭る記事がある。

132 前登志夫：吉野紀行新版、五九～六〇頁、昭和五十九年三月、角川書店。

133 池田源太：大和三山、一三四頁、昭和四十七年四月、學生社。

134　同上：一一三頁、「お峯山の水取り」と呼ばれる畝傍山口坐神社の代表的祭り。七月二十八、九日に行われる「お峯のデンソソ」に付随する故実、二十八日（現在は二十六日）の早朝宮司が吉野川へ水を汲みに行く行事である。

135　千田稔：吉野風景論――文芸者たちの〈地図〉――、吉野地域における文化的価値の再点検と振興のための調査――昭和五十八年度報告書――、財団法人　環境文化研究所、五八頁、昭和五十九年三月。

136　本文には『古事記』を引用したが『日本書紀』の該当部分を以下に引用しておく。

俯視二井中一、則倒映二人咲之顔一。（『日本書紀』巻第二　神代下　第十段　一書第一一云）

正見三人影、在二於井中一、乃仰視之。（『日本書紀』巻第二　神代下　第十段　一書第二）

137　引木倶侑：水伝承、シリーズ　古代の文学5　伝承と変容、八四頁、昭和五十五年二月、武蔵野書院。

138　松前健：総説、大阪成蹊女子短期大学国文学科研究室編　吉野の文学、五頁、平成四年六月、和泉書院。

139　小松和彦：異人論――民俗社会の心性、二四三頁、昭和六十年七月、青土社。

140　同上論文で小松も「内」と「外」の関係はやはりレヴェルに応じて変化することに触れているが、吉野に託されていた他界の観念もやがて、時代とともにさらに山を越え熊野へと及んでいくことになるのである。

尚、『古事記』『日本書紀』『続日本紀』『祝詞』『風土記』の引用は新旧岩波古典文学大系本に、『三代実録』『日本後紀』『延喜式』『令義解』については吉川弘文館新訂増補国史大系本に、また『律令』は岩波日本思想大系本、『貞観儀式』は現代思潮社版續日本古典全集本を参照した。『萬葉集』については塙書房版『萬葉集』訳文篇からの引用である。

第三章　「見る」ことと「詠む」こと

IV　経験と言葉・詩歌

前章に於いて古代的知覚の典型としての「……見れば……見ゆ」という経験が、そして「見ゆる」ことと一つに歌があることが確認されたのであった。言葉を換えて繰り返せば、「見ゆ」という経験と「詠む」という表現、及び「詠まれた」言葉の間に間隙がなく、それらがむしろ融一している出来事であることが確認されたのであった。そこでみられたようにこうした経験と表現乃至言葉が一なる状況での「見る」を没我の「見る」と呼ぶとするならば、つまりこうした状況は個、即ち主体の発生以前、乃至その十全な自覚以前の状況に於いて可能であるとすれば、いわゆる個の発生、その自覚以後に於いては、経験と表現、即ち言葉の間はどのように関連すると考えるべきなのであろうか。個の発生は既に万葉期にも兆しつつあったことは言及されたとおりである。そこから近世への隔たりは、そして我々までの距離もそれほど遠くはないであろう。

主客の枠に自縄自縛的に縛られ、主体から振り返って「過去化した経験」を表現に齎すことが普通である我々の場合、出来事と言葉との間は必ずしも直ちには一致しない。日常的には両者重なっているように思われようが、通常の表現に於いてすら、言葉によって経験世界を掬い上げ固定し得たと思った途端に、言表の表層から消え失せ、隠されてしまいがちな経験内容があることにもどかしさを感じることがあろう。言葉は「世界の見方[1]（Weltansicht）」と言われ、言葉なくして経験はないのであり、序章でも触れたように我々がなすすべての経験に我々が前もって獲得している世界理解、即ち言葉によってさまざまに分節された世界理解が不可避に関与せざるを得ないということは認めるにしても、上述の身近な経験にあっても言葉は経験に追いついていない、或いは言葉世界は経験世界より貧しいと言うべき衝動を抑えることは出来ないであろう。言葉の限界が露呈していると言われる場面である。言葉は生き物であるという言い方がなされたりするように、言述は一方で、既に意味が定着し共有されている言葉に依存してなされるとともに、他方で、既存の意味を超えてそこに新しい意味を創造し、既成の言葉を乗り越えていくものでもあろう。だが予め用意された既存の、しかも限られた語彙を、構文法という特定の結合規則に則って時間的或いは空間的に一次元的にディスコースとして並べるという手続きを遵守することが言表である限り、宿命的構造的に言葉は経験に追いつくことはあり得ないと言わなければならないであろう。

ところがこれとは全く逆に、言葉の無限な可能性を実感する場面にも我々は出くわすであろう。不十分な言表、極端には文をなしていないある種の感嘆語をそのまま投げ出すだけでもすべてが理解される場合が確かにあることを我々は知っている。我々はそれ自身に限界を持つ言葉を通して、そしてその言葉を通り越して事柄を見、聞くことができるのである。言葉というものはただ何か既にある現実を写すということではなくて、言葉によって我々にとっての現実そのものが成立してくるという、そこに言葉の創造的な働きが開示される場面があるのである。まさに「『世界があること』の不思議さと『言葉があること』の不思議さは等根源的に一つの不思議さ[2]」と言われるべきなのである。

以上のように言葉なくして経験は不可能であるとしても、勿論言葉が直ちに経験であると言うことは出来ない。我々は折に触れて既存的な言葉の世界を打ち破るような、いわば「言語を絶した」出来事を経験するからである。普通はこのような出来事に非日常的に直面しても、既存的言葉によって主客の枠からの何らかの表現が試みられることとなろうが、そうした仕方では既にして言葉を超えたこの事態の全体を表現に齎すことは不可能であると言われねばならない。

序章でも触れたところではあるが、まさにここに詩歌と詩人の存在理由があるのである。既に常に言葉を超えているあるが儘の経験を――それは事の真実層即ち「まこと」に触れる経験、或いは経験自身の純粋な層に触れ得ている経験なのであろうが――既存的言葉を用いつつ既存の枠を打ち破り、直接的に言語化することを生涯の仕事とする人が詩人であり、詩作とはそして詩歌とは、たとえば、客観としての物との交渉によって触発された主観的な感情の表出、そういう主観的自己の立場を脱して、そうした言葉に依って物が物自身を、事が事自身をあらわにしてくるような場を開く営み(3)であるとの定着を与えておこう(4)。あらためて事と言の一致を目指すこと、それは上述したように、いずれかして個或いは主体を離れることに於いてその通路が開かれるのである。ここでの文脈では、個の自覚の成立とともにあらためてこうした営為が必要とされることとなったのであり、いまやこの意味で詩人の存在価値が承認されたと言い得るであろう。

第四章に於いて主題的に採り上げられる芭蕉は以上の意味から十分に詩人であり得よう。先行して言えばそこではこうした営為の典型を芭蕉という一詩人とその作品にみることになるであろう。本論の「見る」という軸に即して言えば、次章では主題は没我の「見る」から、個我の発生を経由したところで、名付けるならば忘我の「見る」として考察されることになるであろう。

神代から現代の我々に到るまでこの国に生きる人々は、言葉一般ではなく日本語という個別の言葉を通して、すべてを経験してきたのであると断言しても過言ではないであろう。「世界の見方」は言葉以前にではなく言葉とともに、言葉によって決定されるのであれば、異なった言葉を持つそれぞれの民族にとって「世界の見方」は同じではないと考えるべきであろう(5)。とすればこの日本語という特殊性と経験の間に何らかの特殊な関係を見出すこともまた可能であるのかもしれない。こうした着目のもと、言語学を覗き見しておくことがこの文脈に於いて有益であろうと思われる。

たとえば山に対面して私が居るという状況を想定してみよう。こういう状況の中で、我々は「私は山を見ている」という表現より、「山が見えている」乃至「(いまここに)山が見える」という表現をとることが多いのではなかろうか。これは日本語としてはまったく自然な言い方である。

深入りは厳に慎まれねばならないが身近かな言語学によれば、例としてあげた英語にみられるように多くの言葉はSVOという語順のもとに構成される。それに対し日本語はSOVという語順をとることが普通とされ(6)、その上しばしばその主語が省略されるのである。或いはそれを省略とはみず、そもそも日本語の文には主語というものが存在せず、すべて述語格であると唱える説がある(7)。述語が主語を分立し、さらにその主語を含めて述語となりうるという構造を日本語にみるものである。これらの説を受けて最近、日本語は「何かについて述べる」のではなく、「端的に述べる」言葉であると主張されたり、(8)日本語はその出来事を全体として捉え、そこに関与する個体〈特に〈動作主〉として行動する〈人間〉〉があってもそれを全体の内に含め、いわばそこに埋没させるような形で表現を構成する傾向があるとの仮説の提出をみたりする。(9)極めて大雑把ではあるが以上が日本語に即しての経験と言語を巡る最近の論考である。その着目点は日本語の持つ独自の構造と日本人の経験構造に集中し、言語構造と経験乃至意識構造との直接するあり方の把握を目指そうとするものと思われる。本論にとっても魅力的ではあるが、それらを定説として引き受けるには慎重であらねばならないであろう。日本語の表現はこうした普通の散文に於いてさえ、表現形式そのものが経験する事態に直接するにより適しているとは言えないであろうか。

再度「(ここに) 山が見えている」という例に戻らねばならない。このように「(現に) 見えている」と言う経験は、「私は見ます、……」とはじめからSVを言う経験の仕方とは明らかに異なると思われる。この「見えている」という表現は意志的、意識的に「見よう」とする以前に「見える」「見え」ている事をその儘表しているのではなかろうか。或いは「私は見る」という意識のあり方の基礎にもっと直接に「……が見える」というあり方があると考えるべきなのであろうか。そのとき、現に、ここにという場が自然に開かれる出来事として事態は全体的であろうことが、特に本論が関心する視点から、言い添えられてよいであろう。この表現は「過去化した経験」として反省される直前の状態、或いはまさに意識が山を山として向こうに摑まんとする直前に、山が「見え・現れ」ているそのことがその儘に表現に齎されている、そういう表現たり得ているものと思われる。ここではそういう解釈が可能なのではなかろうか。このように考える通路が、他国語は知らず、日本語の表現には潜んでいると言うことができよう。(10)それは日本語を母国語としてその中で育まれてきた「……見れば……見ゆ」以来の自然

観を引き継ぐものであり、それが本義に固有の風土性、歴史性と言われるものなのであろう。(11)(12)

註

1 W・v・フンボルト：言語と精神――カヴィ語研究序説、亀山健吉訳、九四頁、昭和五十九年十二月、法政大学出版局、Wilhelm von Humboldts' Gesammelte Schriften.Hrsg.v.der Koiglich Preussischen Akademie der Wissenschaften.Bd.VII.1.Halfte、Photomechanischer Nachdruck:Berlin 1968、s.60。

2 上田閑照：西田幾多郎を読む、三六九頁、平成三年十一月、岩波書店。

3 大峯顯はその論文「西田哲学と詩」（アルケー関西哲学会年報 no.4、一七頁、平成八年六月）に於いてハイデッガーの詩の概念を解説し「ハイデガーは『芸術作品の根源』の中で、芸術の本質は詩（Dichtung）であると言っている。ここでハイデガーが『詩』と言うのは、絵画や音楽や彫刻などと並ぶ芸術の一領域としての詩（Poesie）のことではなく、あらゆる芸術を芸術たらしめているPoesieの本質のことである。そういう本質的な意味での詩とは、ハイデガーによれば、存在するものが初めて存在するものとしてあらわになるような、そういう一つの開かれた空間を作り出すいとなみに他ならない。それは言い換えるならば、言葉の領域そのものを開くいとなみである」と言う。

4 こうした定義はいわゆる抒情詩とか叙景詩とかの区分の以前であり、こうした区分を無効にするものともなるであろう。

5 こうした考え方はまた「サピア・ウォーフの仮説」として知られるところでもあろう。たとえば、E・サピア、B・L・ウォーフ他著、文化人類学と言語学、池上嘉彦訳、昭和四十五年五月、弘文堂、等を参照されたし。

6 この語順をとるものとして日本語の他にトルコ語、ペルシャ語、タミール語等がある。また膠着語という観点からは韓国語と同じ種類に分類される。（膠着語とは言語の形態的類型の一であり、語の文法的機能を、語幹と接辞との結合連続によって示す言語の謂である。）

7　有名な事と言とを同一視して「言うこと」の根本にあるのは「心」であり、その「心」が発動して言葉になるとする「言語過程説」を作り上げた時枝文法がそれである（時枝誠記：国語学原論、昭和十六年十二月、国語学原論続篇、昭和三十年六月、岩波書店）。

また三上章はこの時枝文法を発展させ同じく日本語は「述語一本建」であるとし、その構造を普通言われているS＋P（主語－述語）構造ではなく、T＋P（題目－述語）構造であると説明している（三上章：象は鼻が長い、昭和三十五年六月、日本語の論理、昭和三十八年三月等、くろしお出版）。

8　雨宮民雄：現実への階梯――自己同一者・自己組織系・場所・無定立態――、現代哲学の冒険7　場所、岩波書店。

9　池上嘉彦：詩学と文化記号論、二七七～二七九頁、昭和五十八年八月、筑摩書房、引用は講談社学術文庫版によった。

10　こうした日本語の表現の可能性という問題に関して若干の考察が以下の拙稿でなされたことを付記しておく。（日常言語・詩的言語・学的言語――風景と認識（4）――、日本建築学会大会学術講演梗概集、一一九一～二頁、平成三年九月、知覚・認識・言語――風景と認識（1）――、八三三～六頁、日本建築学会近畿支部研究発表集、平成二年五月）。

11　第一章総序で言われたように、本論は「風景」の本質としての「風景なるもの」を探索しているが、その限りでこの主題は普遍的な事象として限定されるべきものであろうが、ここでみられるような意味での風土性、歴史性の拘束を逃れることはできず、総序註4で指摘されたように、こうした普遍と個別は解釈学的循環構造のうちにあることを、ここでもあらためて確認するよう促されよう。

12　本論の主題「風景なるもの」を究極に導く純粋経験の哲学が詩歌について触れている個所を一ヶ所引用しておくこととする。「我々の歴史的世界においての事物そのものが、芸術的直感的に詩となるのである。時間的出来事がそのまま直に絶対的平面に映してみられる立場が詩的直観の立場である（歴史的世界の形成作用としての藝術的創作、哲学論文集四、西田幾多郎全集　第十巻（第三刷）、二四六頁、昭和五十四年七月、岩波書店）。」

V　風景観と歌枕

表現された風景のなかには対象物と化し、そのことによっていわゆる風景観として共有に齎されるのはよいが、その反面まったく元の意味を失い形骸化してしまう風景がある。本節ではそうしたものの一例として歌枕の風景を採りあげるものである。若干の考察を加えるなかに論旨は次章へと連結されるであろう。

早速その歌枕についての定着が必要であろう。歌枕の語義については既に定説とされてよいと思われるものがある。その説によれば歌枕とは『能因歌枕』(1)などによっても顕著であるように、先ず「作歌便覧」とでも言うべきものであったものが、次にその便覧の「歌語一般」を示すようになり、最後に現在の用法でもある「歌語の中の地名」のみを示すようになったということである。(2)鎌倉時代に成立した『古事談』には、「歌枕ヲ見ルト称シテ関東へ発向セリ」(3)、或いは『歌枕見テマキレ』トテ、陸奥守ニ任ゼラル」(4)という記事が見えるが、ここに言われている歌枕は狭義の歌枕、即ち我々にも親しい「名所歌枕」以外の何物でもないであろう。そしてこの説を補足するかたちで、歌枕を自然的事物事象(土地・地名)と人事的事物事象を一語の中に凝縮せしめたものと定義し、更に古今集的表現の確立の中にこそ成り立ち得るものであることを強調する説(5)や、それに対し、大嘗会の際に奏上される和歌の分析に基づいて、その発生を大嘗会に於ける地方の朝廷へ忠誠を誓う儀礼としての歌謡や、国々の「所々名」の伝統の内に求め、その限りで発生の時点では、歴史的な風土性がその根底に存在したに違いなく、ただ様々にあったであろう風土の多様性に美的選択が加えられ、その風土が持つ「そのものらしさ」が求められた結果、古今以降の実地の景観を見ることなしに詠まれた題詠のなかで歌枕の本意が定められたとする説が続く(6)。要するに歌枕とは「歌に詠まれた地名・名所」の謂である。特定の概念なり特定の人事的事象が結合されたものとしての場所が歌枕というものによって名指されているとして大過ないのである。これら地名は既にしてそれ「らしい」名所であり、必ずしも実地に見られて詠まれることは要らないのである。

こうした名所歌枕の代表として第Ⅲ節で詳しく考察された「吉野」を採りあげることがここでも最も適当であると思われる。歌枕が和歌に詠み込まれる際、しばしば特定のある景物と取り合わされる傾向があると説かれている(7)とおり、現在に於いても花といえば吉野、吉野といえば花と言われるほど有名な桜の名所として、吉野には桜が取り合わされているのである。ところが第Ⅲ節に於いてみてきた吉野はとうてい花と結びつくものではなかったのではないか。吉野が歌に詠まれたのは、

み吉野の　吉野の鮎　鮎こそは　島傍も良き　え苦しゑ　水葱の下　芹の下　吾は苦しゑ　（『日本書紀』歌謡一二六）

が最初であると思われる。そしてこの歌以降第Ⅲ節で引用した諸歌が歌われるのであるが、そこでみられた吉野は悉く川と水に結びつくものであったと言われてよいものと思われる。その水がいつの間にか花にとって代わら

れるのである。そうした事情をここでも極々乱暴に『八代集』の最初と最後、即ち『古今和歌集』と『新古今和歌集』の時代の詩歌に限ってもみておくべきであろう。それは言うまでもなく吉野観の変遷、即ち吉野の風景の変遷であろうからである。変遷という言葉を使うのは以下にみるように水が直接花にとって代わられるのではなく、いくつかの取り合わせを経る中で花に収斂していくからである。

古今集の時代になると、萬葉集の時代、即ち奈良時代以前にはほとんど主題となっていなかった吉野山が詠まれるようになる。萬葉の吉野と古今以後の吉野は場所が異なることが大きな原因となろうが、(8)そこに詠まれる吉野は、霞の吉野であり、雪の吉野であり、隠棲幽居の地としての吉野なのである。

み吉野の山のあなたに宿も哉世のうき時にかくれがにせむ　（『古今和歌集』巻一八・雑歌下・九五〇）
もろこしの吉野の山にこもるともをくれむと思我ならなくに　時平　（『古今和歌集』巻一九・雑体・一〇四九）
春霞たてるやいづこみ吉野のよしのの山に雪はふりつつ　よみ人しらず　（『古今和歌集』巻一・春歌上・三）
夕されば衣手さむしみ吉野のよしのの山にみ雪ふるらし　（『古今和歌集』巻六・冬歌・三一七）
ふるさとはよしのの山しちかければ一日もみゆきふらぬ日はなし　（『古今和歌集』巻六・冬歌・三二一）
み吉野の山べにさけるさくら花雪かとのみぞあやまたれける　友則　（『古今和歌集』巻一・春歌上・六〇）

さらに編者貫之に於いての吉野は、一様に雪の吉野山であり、それらはすべて『貫之集』に収められた屏風歌であると言われている。(9)こうして古今集の時代の吉野は雪の吉野へと固定されていくのであろう。友則の歌では雪と見まがう花が登場する。

次に新古今の時代をみてみよう。巻頭歌には奇しくも吉野の歌が配される。

春立つ心をよみ侍りける

み吉野の山は霞みて白雪のふりにし里に春は来にけり　藤原良経

（『新古今集』巻一・春歌上・一）

題知らず

吉野山花やさかりににほふらんふる里きえぬ峰の白雪　藤原家衡

（『新古今集』巻一・春歌上・九二）

これらの歌はふる雪の吉野にふる里（離宮）が重ねられていると解説されているとおりであろうが、特に後者では最早、実景はないものと思われる。ここにも花が登場している。続いて『新古今』にあらためて切出歌として載せられた家持歌と、この時代の代表的歌人の歌をみれば、

承元四年九月止〻之

ふるさとに花はちりつゝみ吉野の山の桜はまださかずけり　家持

（『新古今集』巻二・春歌下・一九七九）

吉野山花や散るらむ天の川雲の堤をくづす白浪　俊成

（『右大臣家百首』）

吉野山高き桜の咲きそめて色たちまさる峯の白雲　定家

（『拾遺愚草』）

の如くである。ここに到ってはっきりと吉野と桜の取り合わせが固定されるのである。取り合わせはついには、

よしの野山はいづくぞと人たづね侍らば、ただ花にはよし野・紅葉には立田をよむ事と思ひ侍りてよむばかりにて、伊勢やらん日向やらん、しらずとこたふべき也。いづれの国と才覚はおぼえて用なし。おぼえんとせねども、おのづから覚えらるれば、吉野は大和としる也。

（『正徹物語』）

とまで言われる状況を呈することとなるのである。吉野山の桜を詠む歌の比率は、平安時代中期に至って蔵王堂を中心とする金峰山信仰の発展に伴う吉野修験道の発展に相即して増大していったようではあるが(10)、実際はこの『正徹物語』が語るところであったものと思われる。

萬葉集にみられた地名のうち、この吉野をはじめとする多くのものが平安以降の歌枕表現に用いられている。先述した『能因歌枕』の「国々の所々名」はこうした歌枕や枕詞等を体系化し、作歌の用に共されたその典型例であろう。萬葉の時代に遡れば、それらの場所は実景に即し、それぞれ「生きられ」たものであったであろう。名所としての歌枕はそうした営みの中で固有の情意を獲得して来たものであると思われる。

実地を問題としないとする感覚は、おそらくそれぞれの場所が歌枕として成立した当初から存したものであろ

うが、古今以降の時代に於いては、最早眼前の景よりも観念の世界にある情意のほうが優先したものと考えられるのである。そうした歌が発表されると、それが一つの「型」としてその集団——ここでは宮廷であろう——に共有されることになるのである。このようにして観念の風景は新たな観念の風景を作り上げるのでもあろう。[11]与えられた題に応じて歌を詠む職業歌人や貴族達によって操作され、宮廷的規模での公約数的な認定という過程を経て歌枕は汎国家的な美の典型として定着し、ここでみたようにたとえば花の吉野という風景観が形成されたのである。この意味で風景は公約数的に共有されるのである。本論の問題とする「風景なるもの」のまさに対極に位置する風景ではあるが。

こうした風潮にもかかわらず、他方で逆にこの形骸化し幻影と呼ぶのが相応しい歌枕を実地に訪ねる旅を敢行する人々の登場をみることになるのである。先引の「『歌枕見テマヰレ』トテ、陸奥守ニ任ゼラ」れた藤原実方の行跡が語り伝えられたのを嚆矢として、能因・西行・宗祇、そして芭蕉へと伝わる歌枕巡礼の系譜が生まれてきた。ここではこうした系譜の中の西行を一瞥しておくべきであろう。吉野の桜を詠いあげた歌人で最も著名な存在はこの西行である。西行の吉野を詠った作品は五八首を数えると言うが、[12]先ずそうした歌から数首を引いてみよう。

花歌とてよみ侍りける

吉野山こぞのしほりの道かへてまだ見ぬかたの花をたづねん　（『西行上人集』四一）（『新古今集』巻一・春歌上・八六）

吉野山花のふるさと跡たえてむなしき枝に春風ぞふく　（『新古今集』巻一・春歌下・一四七）

吉野山谷へたなびく白雲は峰の桜の散るにやあるらむ　（『山家集』）

西行の吉野での具体的足取りを辿り得る史料はないが、西行が吉野で草庵生活をしたのは事実といってもよいと思われる。それは以下の歌などに拠って傍証されよう。(13)

国々巡り回りて、春帰りて、吉野の方へまゐらんとしけるに、人の、このほどは何処にか跡とむべきと申しければ
花を見し心昔のあらためて吉野の里に住まんとぞ思ふ　（『山家集』下、『西行家集』一〇七〇）

吉野山やがて出でじと思ふ身を花ちりなばと人や待つらん　（『山家集』上、『西行家集』一〇三六）（『新古今集』巻一七・雑歌中・一六一九）

いまよりは花見ん人に伝へ置かん世を逃れつつ山に住まへと　（『山家集』上、『西行家集』八六）

だいしらず
白河のこずゑを見てぞなぐさむる吉野の山にかよふ心を　（『山家集』上、『西行家集』六九）

引用の個々の歌を検討すべきではあるが、ここでは省略に従うこととする。ここで一点注目すべきは引用歌の大半から一種の臨場感とでも言うべきものが伝わってこないであろうかということである。仮にそのように感じられるとするならば、そのことは、上述した歌枕の形成に結果的には荷担することになりはするものの、新古今

の時代にありながらも実地に歌枕を訪れ、その実景に接するという独自の立場[14]で歌を作るという彼の基本の作歌態度に起因するものであると思われる。ここまで大急ぎで古今集以後の歌枕の扱われ方を概観してきたのであるが、ここにはそれらとは明らかに一線を画するものがあるのである。この点について一歩踏み込んで言えば、この場合実景に臨むか否かが必ずしも問題なのではなく、それよりも萬葉以後西行にしてはじめて吉野の風景の「まこと」に触れ得たということが出来るのではなかろうか。臨場した機会にこそ「まこと」に触れることが多いであろうことは言うまでもないであろうが。

歌枕となる場所は、その初発に於いてなんらかの仕方で人間の感動を誘った地理学的な場所でなければならない。ある特定の場所が歌枕となり得たのは、その場所の雰囲気とでも言うべきものが詩人達に経験され、その経験が自覚されつつ表現されたが故であろう。表現されたものは詩人達相互に或いは一般の他者によって了解され、共有される。いずれにしても歌枕という風景には、上来みてきたような、言ってみれば形式的な共有とここで触れた真の共有を両極端とするその間の全幅があり、それらはさらに歴史を超えて共有され、この伝統は後世の俳諧にまで流通し、ついには俳諧歳時記へとたどり着き、我々も眼にするところとなると思われる。歌枕とは元来和歌の歴史の中で定着してきたものではあるが、俳諧は連歌から出、連歌は和歌に発するものであるから歌枕は俳諧でも名所とされることに変わりはないのである。事実、俳聖と称される松尾芭蕉も「西行の和歌における、宗祇の連歌における、雪舟の絵における、利休が茶における、その貫道するものは一なり（『笈の小文』宝永六年）」として、数度に亘る命を賭しての歌枕探訪の旅を試みたことはつとに知られるところであろう。この引用からも容易に知られるように、この俳人の西行と宗祇[15]に対する傾倒は殊更であった。本節が主題的に考察してきた歌枕吉野へも、西行の跡を追って、二度杖を曳くことになり、その顛末は『野ざらし紀行』[16]『笈の小文』[17]という紀行文のかたちで我々に伝えられているのである。

芭蕉は己を歌枕探訪の旅に誘うものを、「風雅の魔心（『許六を送る詞』元禄六年）」とか、「そぞろ神のものにつきて心を狂は（『おくの細道』元禄七年）」せるものと呼ぶ。そしてこの「風雅の魔心」に誘われて歌枕を訪ね、「都て物の讃・名所等の句は先其場をしるをかんやうとす（向井去来『旅寝論』元禄十二年）」と言い、「古より風雅に情けある人々は、後に笈をかけ、草鞋に足をいため、破笠に霜露をいとふて、をのれが心をせめて、物の実をしる事をよろこべり（『許六を送る詞』）」という言葉を残すのみならず、この言葉を彼は実践するのである。[18]

西行は吉野の風景を愛し「やがて出でじ」と詠んだのであるが、芭蕉も近江湖南の風景に接し「やがて出でじとさへおもいそ（『幻住庵記』）」むのである。こうした事情は、芭蕉の風景として次章以下で考察されることとなるのであるが、それにしても「やがて出でじ」と、西行からその儘引用したとさえ思える一致は、ただ字面だけのこととして「故人に習う」以上のことが、そこに隠されていることが予感されるのである。西行と芭蕉の間にも「貫道する一」なるものがいずれか所在しよう。吉野山と国分山という個別的な地理的場所と、中世と近世という特定の時代を超え貫く、或いはこうした個別性を通底する超歴史的・超地理的な次元がそこに潜んでいるように思われるのである。「歴史といふものの本質には、現在の根底において超歴史的な（或いは永遠な）ものに直面するといふ次元がある[19]」のであり、そして「歴史といふものを本當に捉へたと言へるやうな見方は、歴史のうちでの我々の生き方が、「まこと」の生き方になるといふことと切り離せない。……（中略）……それは歴史的に生きてゐるなかで我々が何か「まこと」といふものに触れ、それに順って生きるといふこと[20]に於いてのみ開かれ得ると思われるからである。それは何ごとかを機縁にして既存的な世界の根本的な深淵に直面するといったまさにその時であろう。普通には、自己の可死性が生の全体に浸み透ってくるような、文字通り不安の経験に直面する場面がその時として挙げられようが、本来我々は、そうした不安に徹し、その限りでまさしく安心に超出しつつする自然との真の出会いに於いてこの世界の深淵の開けを目の当たりにすることが可能であろう。それはまことに確かな（永遠にも通じる）本義の自然の出来事である。まさにそこにこそ本論の言う「風景なるもの」の核心が所在するであろう。そうしてこの意味での自然は歴史の根底にあろうが、しかもなお歴史の根底を統べる自然・風土は、この歴史そのものによって注視すべく選ばれた限りでの自然・風土に他ならないのである。自然は「歴史の中に生きて居た人々の人生というものがすべて背景になっている自然」であり「民族の歴史がこめられた自然[21]」という以外の在り様はないからである。事態は（解釈学的に）循環的である。

日本の故郷と言われる飛鳥に新たに益した藤原京の風景は、それは確かに日本の、大和の、古代の、しかも都市のという何重にも限定された風景であることは否めない。片や次章でみる芭蕉の風景なるものは同じく、日本の、近江の、近世の、こちらは自然の内での庵や堂としての住居の風景である。特殊且つ相対的な歴史と風土に立ち現れた個別の風景は、一言で以て言えば、自然の「まこと」に触れ得た限りで「一」なる「風景なるもの」となるのである。

註

1　能因：能因歌枕、佐々木信綱編、日本歌学大系　第壱巻、昭和三十八年五月、風間書房。
2　中島光風：歌枕原義考證、上世歌学の研究、一八〇～二九六頁、昭和二十年一月、筑摩書房。
3　『古事談』第二、一二七、小林保治校注、古事談　上、一四〇頁、昭和五十六年十一月、現代思潮社。
4　同上、一三二、一四四頁。
5　片桐洋一：歌枕の成立――古今集表現研究の一部として――、國語と國文学、二二一～二三三頁、昭和四十五年四月。
6　佐々木忠慧：歌枕の成立過程、歌枕の世界、七～二九頁、昭和五十四年五月、桜楓社。
7　北住敏夫：名所歌の一考察――東北地方の歌枕について――、古代和歌の諸相、一八五頁、昭和四十六年九月、明治書院。
8　第二章第Ⅲ節、五参照。
9　田中登：古今集歌人の歌枕表現、歌枕を学ぶ人のために、四八頁、平成六年三月、世界思想社。
10　奥村恒哉：歌枕序説、歌枕考、一一～二頁、平成七年二月、筑摩書房。
11　たとえば、「歌枕というものが屏風絵の流布とともに視覚化されながら美的な様式として一般化した（鈴木日出男：歌枕の本性、古代和歌史論、六五三頁、平成二年十月、東京大学出版会）」のであり、「貫之の時代には、屏風絵を通じて各地の名所に親しみ、歌枕というものから実際の景色ではなく、屏風に描かれた絵を思い浮かべた（前掲9、四九頁）」であろう。
12　目崎徳衛：西行の思想史的研究、一五一頁、昭和五十三年十二月、吉川弘文館。
13　目崎徳衛：西行、一八九頁、昭和五十五年三月、吉川弘文館、所収の西行略年譜に拠れば、「久安五（一一四九）年頃高野山に草庵を結び、またしばしば吉野山に入る」とある。『西行物語』等にみえる二度の大峰修行と関わって吉野に滞在した可能性があろうか。
14　『新古今集』の歌枕歌の中ではかえって少ない、実景とそれに接した詠嘆の流露するような絶唱が認められることすでに先学の指摘があ」り、「西行の歌枕歌の中でも、新古今撰者たちの眼にとりわけ新鮮に映ったのは、伝統的歌枕のとりなし方ではなく、また歌枕の有無でもなく、眼前の景に触発された実情の歌のありようであったと思われる（楠橋開：新古今集歌人の歌枕表現　主として新古今集春部巻頭歌・巻軸歌について、歌枕を学ぶ人のために、七五～六頁、平成六年三月、世界思想社）」ことによる。

15　宗祇と芭蕉の歌枕に対する処し方の違いについては、拙稿芭蕉の風景——風景－体験と表現（4）——、日本建築学会学術講演梗概集、一〇八五～六頁、平成五年九月、に於いて考察が試みられた。

16　独りよし野ゝおくにたどりけるに、まことに山ふかく、白雲峯に重り、烟雨谷を埋ンで、山賤の家処々にちひさく、西に木を伐音東にひゞき、院々の鐘の声は心の底にこたふ。むかしより、この山に入て世を忘たる人の、おほくは詩のがれ歌にかくる。いでや、唐土の山といはむも、またむべならずや。……

西上人の草の庵の跡は、奥の院より右の方二町計わけ入ほど、柴人のかよふ道のみわづかに有て、さがしき谷をへだてたる、いとたふとし。彼とくとくの清水は昔にかはらずとみえて、今もとくとくと雫落ける。

露とくとく心みに浮世すゝがばや

（『野ざらし紀行』、『甲子吟行』）

17　弥生半過る程、そゞろにうき立心の花の、我を道引枝折となりて、よしのゝ花におもひ立んとするに、……

乾坤無住同行二人

よし野にて桜見せふぞ檜の木笠

よし野にて我も見せふぞ檜の木笠　万菊丸

……

苔清水
春雨のこしたにつたふ清水哉
よしのゝ花に三日とゞまりて、曙・黄昏のけしきにむかひ、有明の月の哀なるさまなど、心にせまり胸にみちて、あるは摂政公のながめにうばゝれ、西行の枝折にまよひ、かの貞室が「是はこれは」と打なぐりたるに、われいはん言葉もなくていたづらに口をとぢたる、いと口をし。おもひ立たる風流いかめしく侍れども、爰に至りて無興の事なり。
（『笈の小文』）

18 芭蕉をして「心を狂わ」せ「物の実をしる事をよろこべり」と言わしめた何事かは、たとえば場所の雰囲気とでも言われるべきものでもあろうか。「詩人とある土地との出会いを思う時、わたしはいつも、名状しがたい不思議の感にうたれないではいない。人麻呂の石見、西行の吉野は今さら言うにも及ぶまい。土地の精霊に対する独特の鋭い感受性が、詩人を詩人たらしめる少なくとも一つの大きな条件だったのではあるまいか（玉城徹：芭蕉の狂、一八五頁、平成元年三月、角川書店）」と言われるその何事かであろう。或いはゲニウス・ロキ（C・ノルベルグ－シュルツ）として説明される事柄でもあろうか。

19 西谷啓治：歴史について、西谷啓治著作集第二十巻、一〇七頁、平成二年八月、創文社。

20 同上：一〇二頁。

21 西谷啓治：芭蕉について、西谷啓治著作集第二十巻、一二四頁、平成二年八月、創文社。

第四章　芭蕉の風景

Ⅵ 『幻住庵記』にみる風景の構造

一 序

「風景なるもの」を実体として捉えようとするものではなく、現象として、その現れの構造を捉えんとすることが目指されている。序章でも一言した主体と客体のかかわり合いに着目する立場は、たとえば建築学の中でも「景観とは、ある対象（景観対象）をわれわれ人間（景観主体）が見ることによって成立する心的現象である」[1]という定義が採用され始めたように、それ自体で既に有力な観点なのであるが、本論はそうしたかかわり合いとしての「間」を垂直方向へと掘り下げることを目指すものである。

本論が言う「風景なるもの」について、ここでは風景は個人的なものか、集団表象的なものかという側面から、この「風景なるもの」の限定をしておきたい。こうした角度からは、いわゆる風景とはターナーが霧のロンドンを、北斎が富士を発見したという例を挙げて説明されるように、一個人によって発見され、或いは創造されたものが様式的に固定した視覚像[2]のことを指すとされるのが一般的であろう。風景には、個の次元に留まるものと、ある集団に生き生きと共有されるもの、さらには名所として風景視の典型となるものまで様々な層があり得よう。前節ではこのような例として歌枕の風景が省察されたのであった。言うまでもなく一般に流布した風景だけが風景なのではなく、何れの層に於ける風景であれ、上引にみたように全て個人に還元されるべきものであろう。先ずはこのように言われてよい。その事態は本来個人的且つ一回起性のものなのである。本論はこうした意味に於いて様式的に固定する以前の、今、此処に、私という一個人の眼前に拡がる世界の各々の「見え」そのものが即個人の風景になり得るものであり、風景は同等の資格で共有され、いわゆる風景になる可能性があるというところにひとまず投錨し、この初源の且つアノニマスな風景に関心するものである。風景は単なる眼前に拡がる世界、即ち自然的事物・地形の「見え」と言って済ますことのできるものではないが、それでも「見え」という身体所与、即ち「見る」という直接の経験なくして風景はあり得ない。眼に見える風景は、それが眼に見えている限り与えられた事実であり現実なのである。風景は見られるもの、見られてこそ風景になり得るのである。[3]

「見る」という経験が「経験された経験」と「原初の事態としての経験しつつある経験」とに区別され得ることは既に触れたところであるが、この区別された二つの経験の中に「風景なるもの」の立ち現れる場所があるとすれば、この往還のなかに参入することが必要なのである。換言すれば、風景とは視覚と切り離せないなにごとかであり、「見え」とその「見方」、「見る」という経験そのことにかかわるなにごとかであるというところから考察を始めなければならないのである。

我々は我々の置かれた文化的文脈に拘束された見方しかできない。こうした意味以上に「見る」という知覚は断片的な知であることに異論はない。一般に風景に限らず、ものはある相或いは層に於いてのみ人間に与えられ

（見られ）、或いは現れる。人間には、物事はそのように断片的な知として対象的に把握されると言われるが如くである。ところがその断片に過ぎない対象知は、断片でありながら既にして全体を含んでもいる。というのも断片知は断片という意味では未だ不完全な、莫とした自己理解であろうとも、与えられたものはそれで全てである限り、そこから出発する以外にまた途はないのである。即ち、眼前の世界の「見え」そのものが風景になり得るとするならば、その「見え」は断片でありながらその儘全体である他はないのである。

第V節で予告されたようにこの第VI節は一個の詩人としての松尾芭蕉と彼が死に得る場所として、即ち西行に倣って「やがて出でじ」と選んだ、湖南の幻住庵の場所の風景についての考察がなされる。「頼める」風景、或いは身を委ねることの可能な風景とは何か、そこにはどのような構造がみてとれるのか、それが本節の主題である。

風雅一筋として生きた彼には、「人生そのものの根源的形式が即、彼の根源的なる創造の立場」(4)であると言われる如く、生きることがそのまま句作りであったことは周知の事柄に属する。よって彼自身の言葉とともに、正確には彼の弟子によって書き留められた言葉が風景を問う本章の導きとなるであろう。詩人の存在理由は断片から真実を見抜き、言い留めるところになければならないからである。彼にとっての風景とは、そして普遍に「風景なるもの」とは如何なるものなのであろうか。

二　『幻住庵記』より

「おくの細道」行脚を終えた芭蕉は、その後約半年膳所の門弟宅を請われるままに転々としていたが、同じく門弟の菅沼曲水の斡旋により元禄三年四月六日、今の大津市国分にある幻住庵に入ることになる。時に芭蕉四十七歳の初夏であった。その折の消息を書きとどめたものがこの『幻住庵記』である。この『幻住庵記』には幾つかの異本が現存するが、必要箇所はその度に参照することとし、ここでは最も一般的な『猿蓑』所収の『幻住庵記(5)(以下『記』と略表記する場合もある)』に拠るものとする。『記』は形式段落で五段構成、第一段落九文、第二段落二文、第三段落十四文、第四段落六文、そして第五段落が五文で成立している。その内容は、第一段落が、幻住庵の位置と由来、第二段落が入庵に至る来歴、第三段落が庵の場所の風景と庵の様子、第四段落で庵号の揮毫のことと庵住生活が述べられ、第五段落で俳道一筋の自省が開陳され、有名な発句で締め括られる。以下必要な限りの引用をしておく。

石山の奥、岩間のうしろ(6)に山有、國分山と云。そのかみ國分寺の名を傳ふなるべし。麓に細き流を渡りて、翠微に登る事三曲二百歩にして、八幡宮たゝせたまふ。……(二文略)……日比は人の詣ざりければ、いとゞ神さび物しづかなる傍に、住捨し草の戸有。よもぎ・根笹軒をかこみ、屋ねもり壁落て狐狸ふしどを得たり。幻住菴と云。……(二文略)……。〈第一段落〉

……(一文略)……鳰の浮巣の流とゞまるべき芦の一本の陰たのもしく、軒端茨あらため、垣ね結添などして、卯月の初いとかりそめに入し山の、やがて出じとさへおもいそみぬ。〈第二段落〉

さすがに春の名残も遠からず、つゝじ咲残り、山藤松に懸て、時鳥しばしば過る程、宿かし鳥の便さへ有を、木つゝきのつゝくともいとはじなど、そゞろに興じて、魂呉楚東南にはしり、身は瀟湘洞庭に立つ。山は未申にそばだち、人家よきほどに隔り、南薫峯よりおろし、北風海を浸して涼し。日枝の山・比良の高根より、辛崎の松は霞こめて、城有、橋有、釣りたるゝ舟有。笠とりにかよふ木樵の聲、麓の小田に早苗とる歌、蛍飛びかふ夕闇の空に、水鶏の扣音、美景物としてたらずと云事なし。中にも三上山は士峯の俤にかよひて、武蔵野の古き栖もおもひいでられ、田上山に古人をかぞふ。さゝほが嶽・千丈が峯・袴腰といふ山有。黒津の里はいとくろう茂りて、網代守ルにぞとよみけん萬葉集の姿なりけり。猶眺望くまなからむと、後の峯に這のぼり、松の棚作、藁の円座を敷て、猿の腰掛と名付。彼海棠に巣をいとなび、主薄峯に菴を結べる王翁・徐佺が徒にはあらず。唯睡辟山民と成て、孱眼に足をなげ出し、空山に虱を捫て座ス。……(四文略)……。〈第三段落〉

……(六文略)……。〈第四段落〉

かくいへばとて、ひたぶるに閑寂を好み、山野に跡をかくさむとにはあらず。やゝ病身人に倦て、世をいとひし人に似たり。倩年月の移こし拙き身の科をおもふに、ある時は仕官懸命の地をうらやみ、一たびは佛籬祖室の扉に入らむとせしも、たどりなき風雲に身をせめ、花鳥に情を労して、暫く生涯のはかり事とさへなれば、終に無能無才にして此一筋につながる。樂天は五臓の神をやぶり、老杜は痩たり。賢愚文質のひとしからざるも、いづれか幻の栖ならずやと、おもひ捨てふしぬ。〈第五段落〉

先たのむ椎の木も有夏木立

『幻住庵記』は俳文と呼ばれる。俳文とはこのように俳諧を伴った散文を言う。両者は相補って一つの作品となると一般には言われるが、本来は発句を呼び出す序なのである。それはここにみるように、全てが最後の句に収斂している事を確認すれば十分であろう。芭蕉の主眼は最後の句にあるのである。句意は「この幻住庵を、ともかくも頼みとして身を寄せることであるよ。かたわらには頼もしげな椎の大木もあり、夏木立も涼しげである」[7]となろうか。庵は椎の大樹を、そして椎の木の茂る夏木立を頼みとしてそこに建っている。そして彼はこれからの自分の住まいとして、この庵を、そしてこの場所を頼みとしたであろう。そのことには現実的に疑いを差し挟む余地はないが、発句には確かに椎の木の茂る夏木立に、事物である夏木立に対して「頼む」と彼は訴えているのである。[8]眼前に覆う世界としての夏木立の「見え」に。それではこの「見え」に何を頼んだのであろうか。それは端的に死すべき場所、終の栖たらんことを頼んだのである。「頼む」とは、任せること、或いは身を委ねることである。事実「暫残生を養」[9]うべく入庵した芭蕉は、「やがて出じとさへおもいそ」めたのであった。現実には持病の悪化のため約四カ月程で出庵し[10]、その後暫く幻住庵に程近い義仲寺の無名庵に滞在したのであった。そして彼の遺言どおり今も芭蕉はこの義仲寺に眠っている。この事実は彼の「頼み」が成就されたことを証明するものなのでもあろう。

以上、芭蕉は幻住庵と傍らの夏木立の「見え」に終の栖たらんことを「頼ん」だであろう事が確認されたのである。全ての「見え」がそのまま風景と呼ばれるものではないが、芭蕉にはこの夏木立が「頼む」にたる特別のものに「見え」ているのであり、その場面にこそ芭蕉その人の風景があるとし得るのではなかろうか。その時彼は事物を風景として「見た」のである。或いは事物は風景に「成った」のである。つまりこの場合のこの「見え」

こそが風景と呼ばれるなにものかなのであろうとし得るのである。

三 「頼む」ということ

改めてここで「頼む」とは何か、それも木に、場所に、風景に「頼む」とは如何なる事態かが問題とされなければならない。芭蕉は「頼む」ことによって事物の「見え」を風景としたであろうからである。この「頼み」とは人間と事物の間に成立する何事かであり、絶対に他なるものの間に起きた出来事と言われるべき事柄である。この問題にどのような接近が可能であろうか。先ずは「見る」そのことを「頼み」という側面から問い直すべきであろう。「見え」に「頼む」のである限り「頼み」は「見え」なくしてはないからである。

発句に導かれ先ずもって幻住庵の建つその場所に着目してきたのであるが『記』本文に戻って庵の廻りにもその「見る」ことを探ってみる必要があろう。庵は周辺と切り離された夏木立の中という限定の内に自足して在り得よう筈はないからであり、「頼み」は周辺に及ぶものであるかもしれないからである。

入庵直後、彼は大垣の門人に入庵の理由を「あまり静に風景面白候故、是にだまされ[11]」或いは、「餘り風景おかしきところ故、わりなくとどまり候。[12]」と宛てている。[13]ここで彼が言う風景とはさしあたっては「美景物として足らざるなし」と言われたその「物」であろう。それは、日枝の山（比叡山）、比良（山）、辛（唐）崎、（膳所の）城、（瀬田の唐）橋、笠とり（笠取山）、三上山、田上山、ささほが嶽（笹間岳）、千丈が峯（千頭岳）、袴腰山、黒津が第三段落から、また石山、岩間（山）が冒頭第一段落に拾い出せる。これらの内四箇所（比良暮雪、石山秋月、勢多夕照、唐崎夜雨）はこの時代に選定された近江八景の名所である。また列挙された場所はそのほとんどが古来からの歌枕である。[14]これら名指された場所・事物を芭蕉は「見て」いる、そして「見る」ことが即「物として足らざるなし」と言表されたのである。即ち、この言表は幻住庵の成立のための背景として、或いは借景として、挙げられた諸場所が必要不可欠な要素であると言っているのである。つまりこれらの地名の列挙は紛れもなくある「頼み」であり、同時に幻住庵の場所と風景の限定であることが理解されよう。「頼み」とは限定の謂なのであろうか。地図と照合しても確かにこの周りは古くからの歌枕に囲まれ、国分寺が営まれる程の昔から注目された場所であり、近江八景を指呼の内とする意味の重層した場所である。だが歴史的事物が廻りに散在することに、それらによる限定にどれほどの意味があるのであろうか。芭蕉の見た事物と萬葉人が見た事物とは絶対に同じものではない。にもかかわらず、例えばその歴史を己が居場所の根拠となしているとするなら、それは単なる懐古主義であり、軽薄な権威付け若しくは正統性の主張に過ぎないと言わざるを得ない。「頼み」とこの意味での限定は層が異なっているように思われる。即ち「頼み」ということが歴史的事物による限定ではなさそうである。芭蕉にとっての「頼み」の真意は外にあるのであろう。更に彼の言葉に聞いてみなければならない。

『記』の異本の一つに、歌枕の一つ袴腰山について、

「雪かゝる　山や座頭のはかまごし」と古き句に聞侍りしを、常はおかしくもなかりけるに、もし此山に望て言出けるにやとぞ。[15]

との記述がある。歌枕であるから善しとするのであれば、常の「見え」もおかしいとされなければならない。歌に詠まれたことが重要なのではなく、詠まれるそのこと自体が彼にとって重要なのである。詠まれるにはそれだけの理由が必要とされようからである。先の引用では、詠まれたのがこの山を「見る」ことに因ってであるということが面白いのである。ここから敷衍すれば、袴腰山同様列挙された事物は詠ましめるだけの潜在力をもった場所であると考えるべきであろう。

「常はおかしくもなかりける」は我々の「見方」に近い「見方」であろう。それは後述する「物我二つに成[16]」る「見方」である。謂ゆる遠近法的見方[17]である。通常我々はこのような「見方」で、例えば地図を片手に、廻りに拡がる自然の事物を「見る」。このような「見方」は風景を、或いは近江八景と呼ばれるそれらを確かに「見た」ことには決してならないであろう。それはあくまでも「見え」であり、何らかの前もっての知識との照合であり、その一致、不一致を確認するに過ぎない。ところで実際に現地を訪れてみると、ここに挙げられた全景を見遥かす視座が存在しないことに気付かされる。我々による事物の「見え」は風景の断片の場面として独立して存在する。客観的事物の「見え」は繋がらないし、このような「見方」からは「頼む」ということも出てきようがない。

ところが芭蕉に於いてはそれらは一つに統合され幻住庵のある雰囲気を醸し出すものとされている。彼にとっては「愚老不才の身には驕過たる地[18]」であるのであり、「頼む」に十分であるとされているのである。二で予想したとおり、芭蕉が幻住庵に「見た」ものは通常の我々の「見方」からは近づけない「頼み」得るという雰囲気なのではなかろうか。そして幻住庵の場所を統べるのはこの「頼める」という雰囲気なのであり、「頼み」とは謂ゆる「見え」、通常の「見る」からは説明不可能な事柄であると言わねばならないであろう。事実的な歴史と山河大地が、ここでは永遠の事柄と重なっているように思われる。彼の幾度かの歌枕を訪ねる命を賭した長路の旅が思い出される。

四 「古人の求めたるところ」を求むということ

芭蕉は「日々旅にして旅を住みか」(19)として生きた人であった。『おくの細道』を代表とするその旅は名所旧跡、歌枕を訪ねる旅であった。そのことを思えば歌枕が幻住庵の風景成立に缺くことのできない要素であったことも同じ心の為せる業であると理解されよう。そうすると歌枕は幻住庵の構成にのみ必要であったのではないということになる。つまり彼の生涯の見渡しの中で彼にとっての歌枕の意味を問い直す必要が生じるのである。芭蕉がそれらの歌枕に対してどのような態度をとったかということは、結局彼の生き方、即ち俳諧のあり方をそれなりに明らめることになろう筈であり、何よりも歌枕にどのような風景を「見た」かを窺い知ることができようが、本節では彼にとっての歌枕とは、それを見い出した古人のこととして考えてみたいと思う。歌枕は古人によって発見され、歌人たちに共有されたものであり、彼を旅に誘ったのはその歌枕を追体験すること、即ち歌枕の共有にあったからである。芭蕉は歌枕を介して古人に何かを「頼ん」でいるということが予想されているのである。即ち、古人に「頼む」こととして「頼む」ことの一つの定着の途が探られるのである。

貞享元年八月(四十一歳)、芭蕉はいわゆる野ざらしの旅に出たのであるが、その折、杖と「頼ん」だのは、むかしの人の、「千里に旅立ちて、路粮をつつまず、三更月下無可入」といいけむ言葉であった。これは荘子の言葉であった。このように古人への「頼み」は日本の古人のみに留まるものではない。例えば芭蕉の生涯にとっての一大転機であった深川隠栖に際して（延宝十一年、三十七歳）も、錦江の辺の浣花草堂に住し「窓ニハ含ム西嶺千秋ノ雪　門ニハ泊ス東呉万里ノ船」と詠んだ杜甫に、己が住む角（隅）田川河口近く、前に満々たる江水をたたえ、西の方遥かに富士を望む地を重ね自らを泊船堂主と名乗ったという。このような漢詩への典拠は幻住庵入庵に際しても同様であった。その一々を挙げる暇はないが『記』からも二三の例にとどめて示しておけば、第三段落一文は、杜甫から[20]、十文目は黄山谷[21]、十一文目は王安石を典拠としている[22]。このように『記』は言うに及ばず彼の俳文のほとんどは一分の隙もなく古人の裏付けがある。ここに挙げた以外に、蘇東坡あり、白楽天あり、李白、陶潜、寒山、老子、孔子ありである。このような典拠もまた古人への「頼み」と言えよう。

この執拗なまでの古人への「頼み」は何を意味しているのか、また何を「頼む」のであろうか。彼は決して漢詩や和歌の古典をそのまま唯なぞっている訳でも、古人による限定の中に安住するのでもない。それは「かりにも古人の涎をなむる事なかれ[23]」という弟子を戒めた彼の言葉からも明らかである。そうではなく「古人の跡を求めず、古人の求めたるところを求めよ[24]」と言う、その「求めたるところ」は何かという問いに帰結すべきものである。「求めたるところを求めよ」は彼自身によって「風雅に古人の心を探れ[25]」と言い換えられる。風雅に於いて古人の心を探るということは、風雅とは何かを主体的に責め証した風狂の古人の心を探ってそれを追体験せよということである。言うまでもなくこれが「風雅の誠[26]」を責めよと言う芭蕉の言葉の真意である。それではその「古人の求めたるところ」とは何かと言えば、それは彼によって「その貫道するものは一なり[27]」と言われるそのものであろう。古人がそれぞれ見極めた「見えざる」もの、それは過ぎ去りし昔の事ではなく、目前の「見え」の向こう側の「不易」[28]的実在とでも言うような永遠性を持つもの、しかも恣意的ではないなにものかでなければならない。さもなくば何人とも共有され得ないものとして忘れ去られる運命にあるであろうからである。即ちそのなにものかは、隠れつつ常にそこに在りながら通常の「見る」「見られる」という枠の外に在るなにものかとして詩人たちに追い求め続けられているのである。言い換えれば通常の意味了解構造を突き破った仕方でしか「見え」てこないなにものかなのである。それが為に「樂天は五臓の神をやぶり、老杜は痩せ」たのである。彼はその「見えざる」なにものかを古人が「見た」であろうことを確信し、その古人に「頼まん」とする。若しくは古人をも超えその「見えざる」なにものかに直接「頼まん」としているのである。

五　「見立て」ということ

古人への「頼み」とは、さしあたってはこのようなものであると答えることができようが、この問いは新たに、この「見えざる」ものは如何にして「見る」ことができるのかという問いへと展開する。「見えざる」ものを「見る」その仕方としてここでは「見立て」という現象を考えてみたい。この「見立て」の典型として、芭蕉とも関係の深い近江八景が例として最も適当であろう。近江八景とは言うまでもなく瀟湘八景のほぼ等価たる代用品として琵琶湖畔に「見立て」られたものである。それらが芭蕉に拠っても支持されていたことは既にみた通りである。湖畔には歌枕も多く散在し、古来より風光明媚な場所とされていたのであるが近江八景として「見立て」られることによって新たな「見方」、或いは枠組を獲得し、そこに初めて謂わば形態を持つ新たな風景の「見方」が成り立ったと言えよう。

さてこの「見立て」という語であるが、一般的な意味は辞書によると、「似た、別のもので、そのものをたとえること。別のものになぞらえること」とある。[29]要するに、「なぞらえる」「みなす」或いは「写す」意とされるのであるが、語源的な分析に拠ると[30]「見立て」は「見―立て」と分節され、「見」は、マ（目）と同根の眼の力によって物の存在や相違を知る意、「立つ」は自然界の現象や静止している事物の、上方・前方に向かう動きがはっきりと目に見える意。転じて、物が確実に位置を占めて存在する意とされる。結論的に「見立て」とは「見る」ことに於いてなにものかを立ち現すこと、即ち在らしめることに他ならないと言うことができよう。「見る」ことに於いてとは、通常の「見え」に即しつつ、その「見え」を超えてその限定の彼方の「見えざる」なにものかを「見る」ということである。目前の三上山の「見え」に即して、その彼方に遥か彼方の士峯を「見」、近江富士と呼ぶように、或いは泊船堂に浣花草堂を重ねたように。これが「見えざる」ものを「見る」一つの仕方、それが他ならぬ「見立て」であると述べた所以である。要するに単なる「見え」だけを「見て」いるのではなく、見えているものの背景、見えるものの「見えざる」余白を同時に「見て」いると言わねばならない。それは日常的な意味世界から潜んだ意味世界を立ち現すことであるとの言い換えも可能であろうか。先の「不易」的実在と何らかの関連がありそうでもある。

瀟湘八景と近江八景、富士山と三上山というように、絶対に他なるものの間がこのように「見立て」によって連続するものとなり我々にも理解され共有されるのであるが、この「見立て」は、芭蕉も言うように「俤にかよわ」[31]なければ成立しない。俤がかようとは、両者の間に共通の性質なり構造なりを見るとか、単なる譬喩とかいう言葉では言い表せないような近親性を有しているという言い方である。通常の次元を超えたところ、或いは限定に対して言えば無限定なるところへと超出しなければ、不可視的なるものとその表示である可視的なるもの、或いは可視的なる現象とその表示である不可視的なるものが直ちに一なるものとはなし得ない。絶対に他なるものを矛盾なく共に支えるところへ出なければ、自然的事物の「見え」にある意味を重ねることは実際には不可能なことなのではなかろうか。

泊船堂の例を再び引くまでもなく典拠と言われたそのことがそのまま「見立て」なのであり、ここに到って「見立て」と古人への「頼み」とは類似した構造を持つとなし得るのである。歌枕なり漢詩なりに拠ることは、古人の「見立て」に「頼む」ことなのであり、「古人の求めたるところ」とは、古人によって「見立て」られたその限定の彼方にあるなにものかであり、そのなにものかに芭蕉も「頼まん」としたのである。その限定を越える一つの仕方が「見立て」であり「頼み」なのである。このように前節での結論は補足されるであろう。

それでは冒頭からの疑問である、自然的事物としての樹木に「頼む」とは如何に説明されるべきであろうか。ここでは、古人がそこに見い出し「見立て」たもの、そのように古人を媒介とするのではなく、芭蕉自身が直接に夏木立の中の椎の木という景に「見立て」たなにものかに「頼ん」でいるのではないだろうかと言うに止めておく。

六　「見る―見られる」或いは「成る」ということ

「頼み」は「見立て」を根拠とすること、そして「見立て」によって「見えざる」なにものかが、その向こうに確かに「見られ」ていなければならないことが確認された。「見えざる」なにものかは「見立て」られるものとして「見立て」るものとの間に何程かの通底を前提することも既に触れたところである。さらに「見立て」は時間を超えて共有され得るものとして、ある普遍性に裏付けされたものでもあった。「見立て」ということが「AはBの見立てである」というような単なる知識に終わらず普遍性を持つものとして真に共有されるためには、古人と同じものを「見る」という経験そのものが必要とされているのである。古人と同じものを「見る」ということは古人による「見立て」の直前を「見る」ということでなければならない。それが「求めたるところを求めよ」という芭蕉の言葉の真意であった。古人による「見立て」は既にして古人に拠る限定、即ち「古人の跡」に過ぎないからである。「見えざる」ものを「見た」という経験が、ある「見立て」という一つの限定によって表現されているのである。先の言葉で言えば風雅とは何かを主体的に責めあかした古人の心を探って先ずは追体験せよという事、その上直接に「造化にかへれ(32)」という事が言われているのである。

「見立て」を通って事物に「頼み」得るためには限定としての「見立て」の意味を理解するだけでは不十分であり、如何にすればその限定を超えることが可能かが問題となる。そのためには、古人と同じものを通常の「見え」を超えて「見ら」れ得るという追体験可能性とその限定の突破可能性の余白が開いていなければならないのである。言い換えれば通常の「見え」を超えるという次元と、古人の「見立て」を超えるという次元の二重に於いて限定は突破されなければならないのである。

ここに何度か限定という語を使用したのであるが、その限定とは、限られた領域或いは意味場という意味に理解したい。ある「見え」が図として十全に成立するためには、それを支える地平が開かれていなければならず、その開けはある限定なくしてはない。また逆に、限定の背後には限定を限定として在らしめる無限なる別の地平が開かれていなければ、その限定すらもあり得ない[33]。限定を超えるということは絶対の所与の意味を、横にずらすのではなく、垂直に深める方向に変えていくことであるという言い換えが可能であろうか。限界の突破は彼にとっても並大抵のことではなかったに相違ない。彼がその限定の向こうに「見た」ものを、「造化[34]」「乾坤の変[35]」、或いは直截に「物のみへたる光[36]」と様々に言い留めようとしたことからもそれは窺い知れるのである。これらのことを確認した上で、再度彼の言葉に耳を傾けてみよう。これらの論点はここでもまた全て「見る」というそのことの内にその緒がなければならない。

『笈の小文』に「山野海浜の美景に造化の功を見[37]」という一節が見い出される。「美景」、即ち美しい「見え（景）」の中に、或いは向こうに「造化の功」を「見」た、我々の文脈では「見立て」たと言うのである。『荘子』からの引用であろう「造化の功」とは、現在の瞬間的事実ではなく過去と未来を同時に含んでの表現である。人間の主体的な力ではなく、因果関係でもない自然の不可思議な恩寵の力を認めているかにみえる言い方である。先に「不易」的実在と名付けたそれは、ここでは超越的他者とでも呼びたいような自己を超えたなにものかなのである。そのようである「造化」に直接参じ、「造化にしたがひ、造化にかへる[38]」のが風雅であり、「松の事ハ松に習へ[39]」が示しているように、私意を去って「物」に参じることが風雅の根本であると彼は言うのである。

また『蓑虫』の説の跋文では「静にみれば物皆自得す[40]」と言う。静かに「見」れば、「物」は既にして「自得」していると言うのである。これらの言明には明らかに限定の突破がある。彼の言うところは、「見る」という構造を主体の認識した一方的な事実とする事では説明できない事柄に属するであろう。確かに「見る」という行為によって自己対事物という意識は一層深められるであろうし、その延長上に「見立て」という概念も生じることであろう。「見立て」は「見－立て」として自己と事物の関係に於いて成立するなにごとかであろうことは確かではあるが、それは芭蕉自身も戒めているように「物我二つに成」るところにはない。自己と事物の関係はいつでも同時に相互にかかわりあっていなければならない。つまり「見る」「見られる」といった主体から客体へという一方的な関係の中にあるのではなく、あたかも事物を「見る」ことによって、逆に「見られ」ている、そのような総合的な視線の出会いの中にあるとしなければならないのではなかろうか。人間はその事物を「見る」ことに於いて、同時にその物によって、「見られ」ているのであり、「見られる」ことに於いて「見て」いるのである。

「見立て」とは、さらに真に「見る」とは「見る」ものと「見られる」ものとの出会い(41)の中に、常に事物との関係に於いて自己が照らし返されているところに、「見る」そのことを「見て」いるという自覚を基に生まれるものなのではなかろうか。と言うよりもむしろ事物からやって来るものとの交流、あるいはそれを身に受けることと考えなければならないのではなかろうか。事物は「見られる」ことによって、より一層「物」としての実在感をあらわに呈してくる。真に「見られる」ことに於いて事物の方から自ずと立ち現れてくるのである。そうした出来事が「物のみへたる光」として現れるのである。そしてその事物が事物として実在感を露わにするということは、事物の本源の力が人間に向かって開かれてくるということであり、と同時にその事物の内に逆に人間が参入することでもあるのである。そういう主体と客体を超えた現象が真に「見る」ということなのではなかろうか。真に「見る」、即ち「見る－見られる」ことに於いて限定が突破され、「見立て」の根拠が与えられるのである。主体からの一方的、恣意的「見方」では普遍性には到達し得ない。とすれば見る側からではなく見られる側、即ち

「物」の側からの何らかの作用を考えることが先の共有という現象をもうまく説明し得るように思われる。

真に「見る」ということに於いて限定は突破され得ると芭蕉は言っているのである。そして真に「見る」とは私意を去って「物」に参ずる事だと言う。「物に入て」[42]「物」となって、「ものに応」[43]じて「見よ」と言う。自己や主観が私意として否定され、客の方が能動的になり、主が受動に転じている状況に於いて、「ものに応ず」るという次元が初めて開かれると言うべきであろうか。「物に入て」とか「ものに応ず」と彼が言うときの「物」は「物皆自得す」る「物」であり、物来たって我を照らす「物」なのである。自己を去って、こちらが放下し尽くすところに自己を超えたものが「物のみへたる光」として我を照らし、呼びかけてくる。この「光」は単なる物の客観ではないことは既に明らかであろう。或いは逆に「光」の中に「物」が「見える」のである。この場合の「物」は現実の「見え」の中にあるありふれた「物」でありながら既に尋常の「物」ではない。「作られた自然としての存在物ではない。造化、乾坤のなかに位置をしめる個物、全体の中における特殊である。あはれに消え去る変の中に、不変が光る。或ひは不変が変に於いて光りかがやく[44]」ものとして我に来たるのである。芭蕉は、この「光(景)」という具体的な知覚の中に「物」と「自己」とを二つながら貫流している大きな「乾坤の変」の働きそのものを、概念化以前の未分化な根源としての「造化」を確かに「見」届けたのである。「造化にしたがひ」「造化」とともにある「物」を、概念化によって固定することなく限定を突破し得たのである。

到り得た境は永遠の現在として、自己にも事物にも属さないところであり、絶対に他なる両者を矛盾なく共に統べる無限定なる場所なのである。「心の気分と外の出来事とが二つの事柄である以前のところで事態が語り出されてゐる。或は、そういふ「場」が開示されてゐる[45]」のである。そこに於いては「物」と「我」とは既にして

「一」なるものなのである。

この境に達したとき例えば「しみいる」(46)という語が句として命を吹き込まれ自と他の弁別を超えて響くものとなり、まるで両立しそうもない性質を複合して底の知れない深さの感じを生み出し得たのである。そういう体験に於いて生れてくる句を芭蕉は「私意にかけてする句」(47)に対して、「成る句」(48)と言う。「する」は「為す」と同様、主体的な力が伴う作意、或いは「私意」と切り離せない。これに対し「成る」は世界の背後からの不可思議な力、即ち「造化」の現れとして日常の因果を超越した言い方である。「成る」は因果で説明できる「生まる」でもまたないのである。真に「見る」とは一瞬を「見る」のではなく「乾坤の変」が立ち現れているこの「成る」時間を「見て」いるのであると言い得るのである。

自己を超えたなにものかを、彼はそれをまた「風」と呼び自らをそれに「任せ」るのである。自己の意志を超えて無限定へと「片雲の風」(49)に誘われるまま「旅を栖」(50)としたのであった。即ちこの「風」に「頼ん」だのである。そしてこの「風」が自己に現はれたものが風雅というものの本来の、また極めて芭蕉的な姿でもあろう。「旅を栖」とする事は人間が身体の居場所としての空間的限定を超えて、無限定の中へ出て行く事に他ならない。このようにして限定は超えられたのである。彼の生き方と句作りは表裏すると冒頭に述べた所以である。

七　芭蕉の「見た」風景

以上の考察から芭蕉に即して風景なるものを定義すれば、風景とは彼を無限定へと誘った無限定なるものとしての「風」の「景（ひかり）」と言うことが可能となろう。彼は純粋にその「景」を「見」得たのである。その「景」は幻住庵の場を統べているそのもの、あらゆる現象を在らしめているそのものである。端的にそれは死を「頼める」という場所の雰囲気に他ならない。逆に言えば真に「見る」ための契機が「頼める」という気分であり、それと一なるものとしての「頼み」得る場所の雰囲気なのである。場を統べる「頼める」雰囲気が我なき我として在る芭蕉に呼応したのである。自己を超えたものが「物のみへたる光」として芭蕉を照らし彼に呼びかけ、彼はそれに「頼む」と「応じた」のである。日常性の裂け目からその「景」を垣間見た時、椎の木は椎の木に、夏木立は夏木立に「成り」彼の前に立ち現れたのである。事物としての木がそこにありの儘に現前してくるのである。それぞれの山が山に川が川に「成る」のである。場所の自己限定である。認識の対象としての事物から天地山水を背景にし、物我両境にわたっての事物が出てくるのである。列挙された山なり橋なりの要素が要素として、しかも一なるものとして「見返し」てくるのである。部分が部分であると同時に常に全体の「見渡し」の中に生きてくるのである。その時その全体が幻住庵に即しつつ幻住庵を超え湖南の、近江の風景と「成る」のである。風景と「なす」のではなく、風景に「成る」のである。これは先の句が「成る」ということと別なことではない。その事態が真なる事態であるときその風景は普遍性をもち風景視が成立し、共有化される可能性を開くのである。近江を統べる「頼め」る雰囲気を芭蕉は、改めて「見―立て」たのである。その時近江が近江と「成り」、行く春が惜しまれるものと「成った」のである。その時近江は死に場所の資格を獲得し彼の遺言は成就されたと言い得るのである。

主体的な認識としての「見る」ではなく、むしろ自ずから然るものとして風景を在らしめているのが「見る」

ことなのである。一般的には、眼に見えるものは視覚所与として謂ゆる風景を構成する要素としての単なる自然の事物に過ぎないとされよう。例えば意味世界構成の質料とも言うべき与件の如くに。ところが本論は、通常視覚所与として我々に与えられると説明される当のそのもの、即ち眼に見えているものを風景という現象全体の眼に見える部分としての現れとして考察してきたのである。椎の木がその具体性を、つまり実在感を露にしたとき、そこに風景なるものが現象するのであるということが縷々説明されたのである。眼に見えている椎の木は、そこに現象している風景の一要素ではある。そうでありながらもなお、椎の木という「物」に即するその具体性こそが風景なるものを在らしめる焦点とでも言うべきものとして在り続けなければならないのであった。「見られ」なければ風景はないのである。つまり風景の直中に居る、その場面に居合わすことが前提されていなければならないのである。そこで言われる「物」は何も特別なものではなく現実の「見え」の中にあるありふれた「物」である。「見る」はそのように事物に即し、それを契機にその向こうを「見る」ということであった。事物の背景のなにものかの語りかけに聴従することに於いて初めて事物そのものを「見」定めることが可能になるのである。

芭蕉に導かれ、自己と事物の間のかかわり、即ち真に「見る」ことの構造が以上のように説明されたのである。そこから我々の私意の方向とは逆方向での「物」との出会いの中に風景が現れる、その出会いに於いて風景に「成る」という説明もまた可能になったのである。

我々はこれで、真相を言い止めたと言い得るのであろうか。考察は「頼み」を介して「見る」ことを軸としてなされてきたのであるが、真に「見る」そのことはさらに「見る－見られる」関係の成立する場の開け、その可能性に支えられていなければならないと考えるべきではなかろうか。場の開けこそが風景を統べるのである。「見る－見られる」関係とはここでは「頼む」ということであるとしてよい。無限定なる場の開けに於いて「頼む」ということが現象したのである。通常の「見え」が風景なるものと「成る」のはその「景」に「頼ん」でいる自己を見い出すことによってであった。それはとりもなおさず「景」を「見る」という経験に発する。その経験に於いて「頼める」という雰囲気に包まれ、統べられて、それへの「頼み」の気分の中に織り込まれている自己をありありと見い出し、芭蕉は端的に「頼む」と言い留めたのである。その気分こそが自己であり、そのように現象している我に自己同一するのである。自己も事物もそこから反省的に表象されて立てられるに過ぎない。「頼み」は既にして当時の湖南の風景の中に在ったと言わねばならない。とすれば風景なるものは常に既に在るとしなければならない。「頼める」という雰囲気であり気分が幻住庵の或いは大津の場所であり風景そのものであったのである。

八　結

我々の日常世界は一方的な自己から事物へとかかわって行く世界である。事物は「見られる」ものとして在る世界である。ここに謂ゆる風景、遠近法的景観が成立するのでもあろう。ところが芭蕉の「見た」風景はこのようなものではなかったのである。我々の眼前に「見られる」ものとして拡がる同じその世界はまた、自己と事物が真に「見る」ことに於いて出会う可能性に開かれている世界でもあったのである。「見る－見られる」関係が成立する場が開かれ、そのかかわりの構造が常に既に保証されているのである。風景は風景に「成り」得るのである。そのためには真なる意味に於いて、その要素である山が山に「成る」こと、即ち事物がありありと現前してくることが必要であったが、そういう地平が開かれ得ることが芭蕉によって確認されたのである。彼の言葉と句は彼が「古人の求めたるところを求め」たように、我々にとって風景への通路を開くものであると言い得ようか。彼がそのような無限定なる地平へと超出し得たのも絶対の所与の意味を変えていくことが出来るような意味の枠を投企し得たからであった。そしてそれは所与の意味枠の「以前」から始め直し得る可能性に元々開かれているということに他ならないのである。そのような地平層の厚みが共有ということの根拠でもあり風景を統べるものなのである。風景を統べるものは無限定なるものとしての場の開けなのである。これを見届ける眼がなければ風景なるものは断じて存在しないのである。

註

1 岡島達雄他：町並みのイメージ分析――日本の伝統的町並みにおける空間特性（その1）――、日本建築学会計画系論文報告集第三七九号、一二三頁、昭和六十二年九月。
2 増田友也：建築のある風景、日刊建設通信、昭和三十九年七月、なおこの論者は、この共有された視覚像のことを〈風景視〉と術語づけ、風景とはこの風景視とその客体である事物的自然とのかかわり合いに関する事柄であると云えようとする。
3 ある集団とは、ここでは例えば利休と茶人達というように、歴史的文化的に志を同じくする集団の謂である。
4 西谷啓治：芭蕉における「狂」、西谷啓治著作集第二十巻、一四〇頁、平成二年八月、創文社。
5 杉浦正一郎他　校注：芭蕉文集　日本古典文学大系46、一七六〜一八九頁、昭和三十四年十月、岩波書店。

6 「奥」とか「うしろ」は、異本では「前」「しりへ」と使われている。このような空間に関する用語は同じ頃書かれた『酒落堂記』に出てくる「袖」「いだく」「肩」「髪」などの身体に即して空間をいう用法（その意味では本節で云う「見立て」ではあるが）と共にして、次節で考察されるであろう。

7 富山奏校注：芭蕉文集　新潮日本古典集成17、一七〇頁、昭和五十三年三月、新潮社。

8 源氏物語「椎本」巻に、「たちよらむ蔭と頼みし椎が本むなしき床となりにけるかな」とあり、また源三位頼政が官位昇進の願をこめて作ったと伝える歌（『平家物語』巻第四）に、「のぼるべきたよりなき身は木のもとにしゐをひろひて世をわたるかな」ともあって、椎の木を「頼む蔭」というふうに観念していたことが窺える。

9 前掲書5、三八五頁、『如行宛書簡』（元禄三年四月十日付）。

10 同上、三八五頁には、「拙者義　山庵秋至り候ては雲霧痛候而、病気にさはり候故、追付出庵いたし、名月過にはいづ方へなりとも風にまかせ可ㇾ申と存候。（牧童宛　元禄三年七月十七日付）」という書簡もみえている。

11 同上、三八五頁。

12 同上、三八六頁、『此筋・千川宛書簡』（元禄三年四月十日付）。

13 芭蕉の喜びようが尋常ではなかったことは、次の書簡によっても知られるところである（萩原恭男校注：芭蕉書簡集、一一二頁、一一四頁、昭和五十一年一月、岩波書店）。

中々に山の奥こそと無外之風雲弥貴ク覚候。（乙州宛　元禄三年六月二十五日付）

爰元、山の閑凉、西南にむしろしかせ、猿の腰かけに月を嘯、椎の木陰に嗒焉吹虚の気を養ひ、無何有の心の楽、年々の夏はかならず此山にこそと、八幡宮ちかいも同じく、且は極楽の種にや。（曲水宛　元禄三年六月三十日付）

14 近江八景の内残りの四箇所（粟津晴嵐、矢橋帰帆、三井晩鐘、堅田落雁）の内粟津以外は、同時期の他の俳文『酒落堂記』『堅田十六夜之辨』に登場するのであるが、芭蕉の近江八景と歌枕への対し方に関しては、特に歌枕に関しては既に第

Ⅴ節でも触れたところではあるが、補節として第Ⅷ節を用意する。

15　前掲書5、一八八頁、芭蕉文考（杉氏某編、享和元年奥書、写本）所収。

16　服部土芳：『赤雙紙』、南信一、三冊子總釈、一一四頁、昭和三十九年、風間書房。

「松の事ハ松に習へ、竹の事ハ竹に習へ」と師の詞のありしも、「私意をはなれよ」といふ事也。此「習へ」といふ所を己がまゝにとりて、終に習ハざるなり。「習へ」といふハ、物に入てその微の顕れて情感るや句と成ル所也。たとへ、ものあらはにいひ出ても、そのものより自然に出る情にあらざれば、物我二つに成りて、その情誠に不レ至。私意のなす作意也。

17　例えば生は絶えず自己のパースペクティヴから解釈を行なっているのであって、真理をめざしているのではないというニーチェの遠近法主義による。

18　前掲書5、三八五頁。

19　萩原恭男校注、おくの細道、九頁、昭和五十四年一月、岩波書店。

20　「登岳陽楼」　昔聞洞庭水　今上岳陽楼　呉楚東南拆　乾坤日夜浮

21　「題潜峯閣」　徐老海棠巣上　王翁主簿峯菴

22　『詩人玉屑』（巻十七・王安石）　青山捫虱坐　黄鳥挾書眠

23　前掲書16、九九頁。

師の風雅に、万代不易有、一時の変化有。この二つに究り、其本一つ也。その一といふハ風雅の誠也。不易を知らざれバ実にしれるにあらず。不易といふハ、新古によらず、変化流行にもかゝわらず、誠によく立ちたるすがた也。代々の哥をみるに、代々其変化あり。また新古にもわたらず、今見る所むかしみしに不レ替、哀成ルうた多し。是まづ不易と心得べし。また、千変万化する物ハ自然の理也。変化にうつらざれバ風あらたまらず。是に押しうつらずと云は、一端の流行に口質時を得たるばかりにて、その誠を責ざるゆへ也。せめず心をこらさゞる者、誠の変化をしるといふ事なし。ただ人にあやかりてゆくのみ也。せむるものハその地に足をすへがたく、一歩自然に進む理也。行末いく千変万化する共、誠の変化ハみな師の俳諧也。「かりにも古人の涎をなむる事なかれ。四時の押うつるごとく物あらたまる、皆かくのごとし」共いへり。

24　前掲書7：『許六離別の詞』(元禄六年)、二三二頁。

25　前掲書16、一一〇頁。

常風雅にいるものハ、おもふ心の色物と成りて、句姿定るものなれバ、取物自然にして子細なし。心の色うるハしからざれば外に言葉を工む。是則常に誠を勤めざる心の俗也。誠を勉るといふハ、風雅に古人の心を探り、近くハ師の心よく知ルべし。

26　前掲書16、九九頁。

師のいはく、「乾坤の変ハ風雅のたね也」といへり。しづか成ル物ハ不変のすがた也。動る物ハ変なり。時として留ざれバとゞまらず。止るといふハ、見とめ聞とむる也。飛花落葉の散りみだるゝも、その中にして見とめ聞とめざれば、をさまると、その活キたる物だに消て跡なし。また句作りに師の詞有。「物のみへたる光、いまだ心にきへざる中にいひとむべし」。又、「趣向を句ふりに振出すといふ事有」。是みなその境に入って、物のさめざるうちに取てすがたを究る教也。句作リに成ルとすると有。内をつねに勤てものに応ずれバ、その心の色句と成ル。内を常に勉ざるものハ、ならざる故に私意にかけてする也。

27　前掲書5：『笈の小文』、六三頁。

西行の和歌における、宗祇の連歌における、雪舟の絵における、利休が茶における、その貫道するものは一なり。しかも風雅におけるもの、造化にしたがひて四時を友とす。見るところ花にあらずといふことなし。思ふところ月にあらずといふことなし。像、花にあらざる時は夷狄にひとし。心、花にあらざる時は鳥獣に類す。夷狄を出で、鳥獣を離れて、造化にしたがひ、造化にかへれとなり。

28　芭蕉の俳論の鍵語である。謂ゆる「不易流行説」として有名である。なおこの「不易流行」説については、田中喬：人間と都市　歴史と理想から場所へ、建築家の世界　住居・自然・都市、三四七頁、平成四年四月、ナカニシヤ出版、にこの点に関連する論が展開されている。
29 日本国語大辞典、昭和五十年一月、小学館。
31 前掲書5、『幻住庵記』。
32 前掲27。
33 ここに述べられた地平の考え方は上田閑照：場所　二重世界内存在、平成四年九月、弘文堂、生きるということ、平成三年五月、人文書院、をその基礎としている。
34 前掲27。
35 前掲26。
36 同上。
37 前掲書7：『笈の小文』、八三頁。
38 前掲27。
39 前掲16。
40 前掲書5、一四七頁。
41 哲学的には我汝の問題として扱われるべき問題でもある。
42 前掲16。
43 前掲26。
44 唐木順三：千利休、一七九頁、昭和三十八年五月、筑摩書房。
45 西谷啓治：空と即、西谷啓治著作集　第十三巻、一二〇頁、昭和六十二年十月、創文社。
46 有名な「閑さや岩にしみ入蝉の聲」である。

47　前掲24。

48　同上。

49　前掲書19、九頁。

50　同上。

Ⅶ 『洒落堂記』にみる風景の構造

一　序

第Ⅵ節では『幻住庵記』に即しつつ、死に得る場所として彼が選んだ幻住庵という庵のある場所の風景が考察された。そうした風景が如何に現象し、如何に意識されるのか、その構造の解明が試みられたのであった。「頼み」或いは「見立て」という象徴作用に着目し、それを軸として、風景が風景に「成る」ということ、そしてそれは「見る―見られる」構造として、謂ゆる物我一如の境に於いて自覚的に開かれるものであると解釈されたのであった。即ちそれは、意識的な側面からの考察であるとし得ようが、この第Ⅶ節はその身体的なる側面を、或いは身体的主体が「生き」る風景の在り方を主題とするものである。「風景なるもの」はなにものかに於いて現れるもの、その現れに第Ⅵ節で捨象しておいた身体という契機が如何に関与するのか、また自覚化されるのかを明らかにせんとするものである。論の展開の中で身体の意味は経験の内なる立場としての生身の身体へと深められるであろう。先述の「見る―見られる」構造を支え、また起動する重要な契機として生身の身体というものが眼差されるのである。身体を問うということはまた、第Ⅵ節の「頼む」ということに身体がどのように参与しているのかを問うことともなるであろう。「風景なるもの」の経験主体は単に精神的なものでも、身体的なものでもなく、心身を共に備えた自覚する人間主体である他はないからであり、この意味に於いて第Ⅶ節と第Ⅵ節は相補的な関係を有することとなるであろう。本第Ⅶ節はこうした眼差しのもと、『洒落堂記』に即しつつ、膳所（御膳の浦）という場所の風景と、その構造が考察されるのである。

二　『洒落堂記』より

幻住庵入庵の直前、元禄三年三月中旬から下旬にかけて湖南に滞在中の芭蕉は、同地（膳所）の医師であり近江蕉門の一人であった濱田珍夕（または珍碩、のち洒堂と号す）の居、即ち洒落堂に遊んだ。その折に珍夕に草し与えたのがこの『洒落堂記』(1)（濱田洒堂・水田正秀編『白馬』（元禄十五年刊）所収）である。ここで本文を便宜上前段八文、後段六文からなる二段構成の文章であるとする。前段は堂の由来と結構を述べると共に、主人の風流心への讃美と挨拶の意を表す。後段ではこの堂から眺望できる事物の列挙に拠って堂の佳境の描写を行い、それと堂主の関係を言い、〈四方より〉の句を最後に添える。次にその全文を引く。

山は静にして性をやしなひ、水はうごひて情を慰す。静動二の間にしてすみかを得る者有。濱田氏珍夕といへり。目に佳境を盡し、口に風雅を唱へて、濁りをすまし、塵をあらふが故に洒落堂といふ。門に戒幡を掛て、「分別の門内に入事をゆるさず」と書り。彼宗鑑が客におしゆるざれ歌に一等くはへてをかし。且それ簡にして方丈なるもの二間、休・紹二氏の侘を次て、しかも其のりを見ず。木を植、石をならべて、かりのたはぶれとなす。

抑おものの浦は勢多・唐崎を左右の袖のごとくし、海を抱て三上山に向ふ。海は琵琶のかたちに似たれば、松のひゞき波をしらぶ。日えの山・比良の高根をなゝめに見て、音羽・石山を肩のあたりになむ置り。長柄の花を髪にかざして、鏡山は月をよそふ。淡粧濃抹の日々にかはれるがごとし。心匠の風雲も亦是に習ふ成べし。

四方より花吹入てにほの波　ばせを

「風景なるもの」と建築的空間に関心する立場から、またそうした観点からこの俳文を読み込めば如何なることが顕かとなって来るのであろうか。つまり本節はこれらの作品を文学作品として味読するのではなく、洒落堂(2)と名付けられた建物のある場所の記述であり、その風景の記述であり、また「風景なるもの」の生まの経験の表現であると捉えるものである。(3)これらの作品は当然ながらこのような読み込みの可能性を開いてもいるであろう。『幻住庵記』と同様『洒落堂記』にも何らかの仕方で「風景なるもの」の描写がなされているという点には疑問がなかろう。例えばある論者は『洒落堂記』後半部を『抑』以下の後半部には、名所や山々の名を列挙して、琵琶湖をとりまく美しい景観が、擬人的に巧みに表現されている(4)」と解説する。

「風景なるもの」はある特定の場所の風景としてでしか在り得ない。先ずは、その場所という側面から、即ち両

『記』ともに湖南の特定のある場所の限定のための記述であるとして考えよう。前者は死すべき場所としての庵の場所の、後者は洒落堂という堂の敷地としてのおものの浦という場所を限定するための記述である。そしてこれらの記述はそのまま「風景なるもの」の記述でもあることが予想されているのである。限定の仕方は両『記』の性格に従って異なっていると考えられるが[5]、概ねそれらの場所を取り巻くように散在している名所や山々によってなされている。

早速『洒落堂記』後段に即しつつ考察を始めよう。最初に限定のためにここに挙げられた地名、山名の位置関係を整理しておこう（附図参照）。おものの浦、浦とは普通用いられず浜と用いられ、陪膳浜と表記される場合が多い。もちろん古来よりの歌枕でもある。膳所の古名であり近江八景[6]「粟津晴嵐」で有名な粟津の浜を指すものである[7]。即ち膳所城南部琵琶湖西岸の地名である。ここに堂形式の建物が琵琶湖に開かれた形で建てられていたのであろう。勢多（瀬田）はこのおものの浦より湖岸（瀬田川）に沿って南南東に約三キロメートル、「瀬田夕照」で有名な唐橋を渡った東岸の一帯を指す。唐崎はおものの浦より北北西、即ち正反対の方向に湖面を隔てて約七キロメートル、同じく「唐崎夜雨」で有名な場所である[8]。三上山、標高四二七メートル、美しい山容を持ち近江富士と呼ばれる。おものの浦から湖を隔てて約一五キロメートル東北東に位置する。日えの山、言わずと知れた比叡山である。その頂である大比叡ヶ岳、標高八四八・一メートルはおものの浦から西北約一〇キロメートルに位置する。比良の高根、「比良暮雪」の比良山である。比叡山から北に連なる山系が比良山系と呼ばれる。その山系の和邇川以北を総称するものであり比良山という独立峰はない。この時代にあっては第二峰である蓬莱山、標高一一七四・三メートル一帯を比良山と呼称したようである。おものの浦からほぼ真北約二五キロメートルに位

洒落堂周辺図

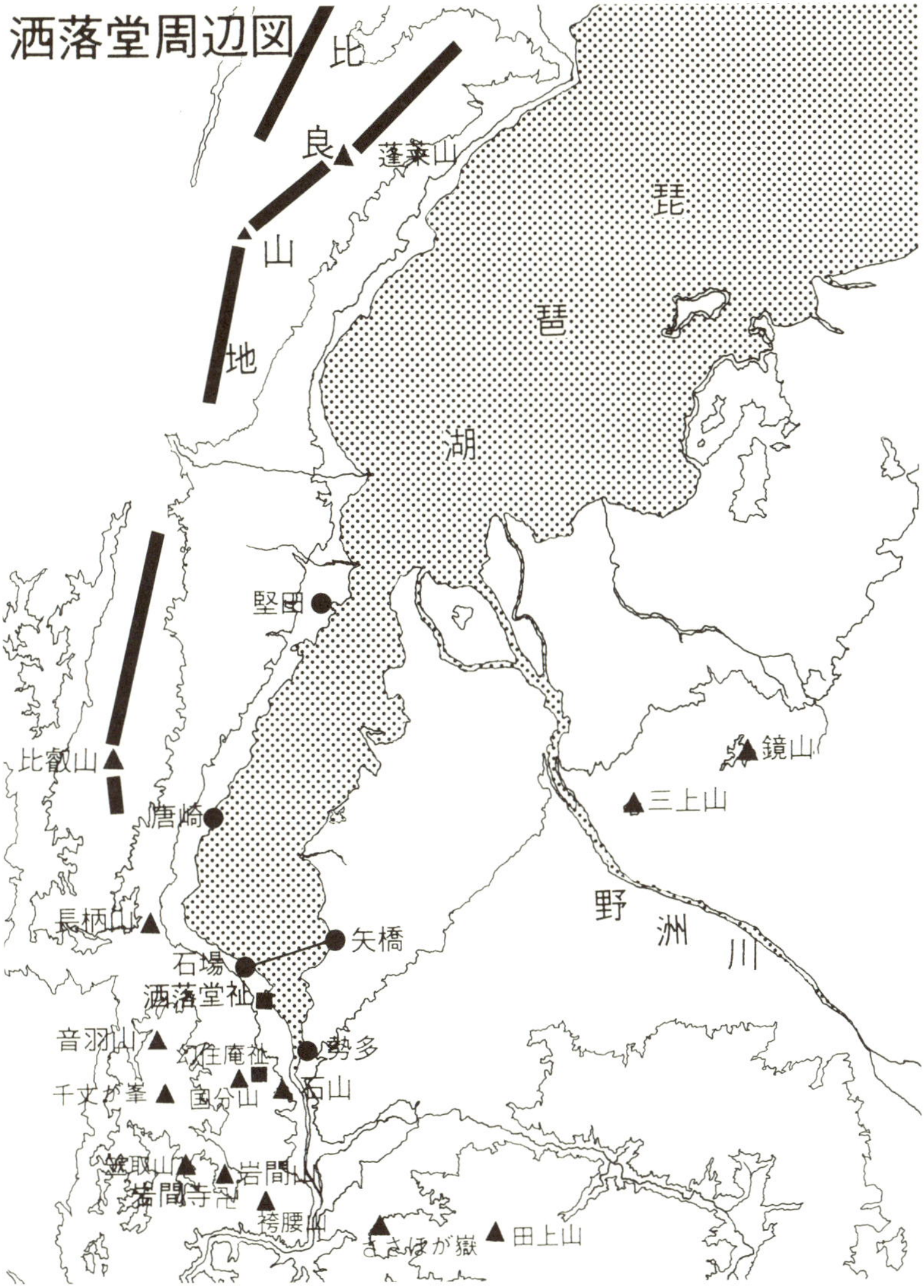
比
良
山
地
蓬莱山
琵
琶
湖
堅田
比叡山
唐崎
長柄山
矢橋
石場
洒落堂祉
野
洲
川
鏡山
三上山
音羽山
幻住庵祉
勢多
千丈が峯
国分山
石山
笠取山
岩間山
岩間寺
袴腰山
さざほが嶽
田上山

置する。音羽山、歌枕として有名である。おものの浦から西南西約四キロメートル、京都市山科区に位置する標高五九三・四メートルの山である。石山、「石山秋月」の石山である。瀬田川西岸石山寺のある小丘を含めた広域地名。この小丘は標高一八六・三メートル、同じくほぼ真南約四キロメートルに位置する。長柄山、園城寺（三井寺）の後方（西）にある山で、桜の名所、長等山と表記する。西北西約六キロメートルに位置する。最後の鏡山、標高三八四・八メートル、雨乞岳竜王山の別名であり、古来からの歌枕、月の名所とされている。おものの浦からは東北に約一八キロメートルに位置するのである。

三　そこに「見られた」もの

列挙された事物の位置関係は以上の如くである。位置関係は堂趾を中心に、そこからの方位と距離を以て位置づけられた。だがこれは地図上の確認に過ぎない。単なる位置関係のためであればこのような記述をするのが適当であろう。ところがこのような記述は観念的なものであり、実際の「見え」とは無縁のものでしかない。そこにあるのは身体から切り離された意識が構成した位置関係という関係だけであり、対象化された風景すらもそこにはない。それらの事物は未だ「見られ」ていないからである。勿論芭蕉はこのような記述をするものではないが、彼がこれらの事物をどのように「見た」かを問う前に、事物を通してそこに何が「見られた」のかと「見る」ということとそのことを問い直す必要があるのである。

「見る」という行為は眼という一器官を通して行われることは言うまでもない。眼を肉体、即ち身体と切り離して考察することは我々には無意味である。「風景なるもの」は「見る」という直接の経験なくしてはないからである。我々がこれらの名指された事物を「見る」ためには、我々の身体を堂趾に置くことが先ず要請されているのである。はたして堂趾からはどのように「見える」のであろう。そこからは地図からも容易に予測されることであるが、鏡山のみ三上山に隠されその姿を「見る」ことができない。これを唯一の例外として他の事物は全てこの洒落堂から「見る」ことが可能である。(9)

名指された事物は方位で言えば一六方位中八方位に過ぎない、が名指される事物が三上山のように点的である場合はむしろ例外的であり、名指された場所はそれぞれ横に幅を持っている。その三上山の場合でも頂は確かに点として指示されるが、実際の山は山全体として我々の視野に対して幅を持つ、つまり中心からある角度を有して視野を占めていなければならない。そのことを考慮すると全周に亘って、全景が尽くされていると言えるのである。この堂の場所を原点として放射状に視線が放射され、視線のぶつかったところにある際立つ事物が名指されているのである。西から北にかけては比叡・比良山系が衝立のように立ちはだかるのである。また、三上山の方向に伊吹山があるが、その伊吹から鈴鹿にかけての山々が遠くに霞みながらも北から東の限界を表示するであろう。視線はぶつかると言うより、対象物を見つけて安堵するかに感じられるのである。このように全周に亘って視線は山によって遮られる。芭蕉の主眼が限定にあるとするならば列挙された事物は全て山であるとしても強ち間違いではないであろう。そうして実際、名指された山々はその全てが連続しているわけではないが視覚には連続して意識され、あたかも盆地であるかのように囲繞感・有限性を表示し、一つの地平を構成しているのである。全周にある全ての名指された事物、その全てによって洒落堂の場所が限定され位置づけられているのである。

これらをして芭蕉は、洒落堂は「佳境」なくしてはないと言うのである。洒落堂という限定されるべき内なる場所は、それを取り巻く外なるものによって限定される。限定とは有限を言うことである。有限であるとは即ちそこにある拡がりがあるということに他ならない。限定によって場所は拡がりを保証されるのである。つまり洒落堂の限定は内なる有限な場所としての湖南の限定でもあるのである。内・外はこのように相互に規定するものなのであろう。場所は他との関係に於いて場所となり得ているのである。そしてここでは第一にこの有限性が「見られた」のである。以上の考察から芭蕉の経験した洒落堂の「風景なるもの」は、彼がそれを意識していたかどうかに拘らず先ず以て拡がり感・領域感として与えられていると言えそうである。それは拡がりの雰囲気と呼ぶことも可能であろう。ここに「生きられた」風景への通路がありそうである。

四 「見る」ということ

とりあえず我々は肉体としての身体のあるこの場所から廻りを「見た」のであるが、三でみたようにそこで「見られた」ものは対象物そのものではなく拡がり感を与えるものとしての対象物までの、方位と、距離即ち遠近と言うべきであろう。それではその方位と遠近は「見る」ことに於いてどのように分節されるのであろうか。通常、意識は直接対象物へと向かうものであるとされる。その時身体は普通意識されないが、その身体こそが「見る」ということの成立する場を開くものであり、「見る」そのことを限界づけている当のものなのであるということを、以下身体の意味の掘り下げの中に確認しておこう。

肉体としての身体を持つ我々は一定の時には、この世界の中のある一点に必然的に位置づけられていて、同時に二以上の場所にはあり得ないのであり、二以上の地点から同時に世界を「見る」ことはできない。このように身体は先ず視点を固定する。視点が固定されているということは、固定された視点と「見られる」べきものとの間に遮るものが介在する場合、「見られる」べきものは鏡山のように明らかに「見えない」と言われなければならない。視点の固定はこのように「見る」ものと「見られる」ものとの位置関係という問題を引き起こす。次に、『洒落堂記』に於いて名指された事物を同時に一挙に「見る」ことは、堂に視点を置く身体的主体からは決してできない。それらを「見る」ためには当然首を廻すという身体の動作が必要とされる。その場合でも名指された事物は継時的に「見られる」に過ぎないのではあるが。この事実はつまり、我々の視野に限りがあるということを明示するものに他ならない。世界は視点である身体を通して常にこのように遠近法的に我々の視覚に現れるのである。遠いものは小さく、近いものは大きく「見える」のであり、遠過ぎるもの、即ち視力の限界を遠方に超えて在るものは最早「見えない」のである。また逆に、近過ぎるもの、即ち近方に限界を超えてもまた「見えない」のである。つまり「見る」ためには我と「見られる」ものとの間に、焦点を結ぶに適当な距離がなければならないのである。この意味に於いて「見る」とは我とものとの間、即ち距離・遠近を「見る」と言い得るのである。そしてそこに「見える」限りという有限が現れるのである。「見る」ことに関わるこれらの限界は、肉体的に「見る」事として眼という器官の能力の限界に逢着するのである。即ち距離・遠近は身体の能力の有限という可能性に帰せられるべきなのである。

それでは方位の分節は如何であろうか。ここまで「見る」ということは、その視野が一定の中心を持ち、有限であることが言われた。それはその中心こそが身体であり、世界全体がそこから拡がっていくように我々の視覚に現れるということを意味するのであるが、そこでの身体は未だ点的な、或いは眼という器官の能力という域を超えるものではなかった。ところが我々の身体は当然ながらある嵩と形態を有し、移動できるものでもある。この意味に於いて、我々の身体は行為の原点であり出発点なのであると言えるのであるが、この事実が左右、上下、前後、或いは内外のような区別も身体を前提しなければならないことを意味するのであろう。身体が位置を持ち、方向を持つが故に、左右があり上下があるのであり、身体に内外があるが故にものにも内外があるのである。このような区別を考えるのは身体的な主体としての我々の意識なのではあるが、このような区別が生じるのはそもそも我々が身体を有するからであるに他ならず、それとの類比によって自ずと生まれる根源的区分であろう(10)。その時上に漠然と言われた視野に対して視線の方向が言われ得るのである。「見え」としての空間の異方性、異質性、不連続性は全て身体に帰せられなければならない。方位の分節はこのように身体の異方性に帰せられるべき事柄であることが確認されよう。

「見る」ということはこのように身体によって限界づけられ、基礎づけられているのだが、「見る」ことに於ける身体の意味はこれに留まるものではない。「見る」ということはまた「見える」か「見えない」かの問題でもあるのである。この問題は既に若干触れたように、「見られる」ものと我との間に遮るものが介在するか否かの問題であり位置関係のそれであり、視力、視野という身体の一部である肉眼の能力に関わる問題であった。つまり「見える」「見えない」はこのように視点である身体が前提されていて初めて生じて来る問題なのであるが、この「見える」「見えない」の問題は、しかるべき手続きをとればものが我々に現れて来得るかどうかの問題なのでもある。視力・視野の限界を超えていようが、何かに隠されていようが「見えない」ものはそこには存在しないとされる。ところが、例えばその場から「見え」なくても移動すれば「見え」得るものもやはり「見える」と言われ、「見えな」くとも在ると断言されるという事実がある。しかるべき手続きとはここでは端的に、「見える」位置へと我々の身体が移動する、或いは頭を回転させるということである。『幻住庵記』でも芭蕉は、「猶眺望くまなからむと、後の峯に這のぼ[11]」るのである。この事実は移動しさえすれば「見る」ことができるという確信にその根拠を置くものであり、この確信は身体の移動可能性[12]に基づくものである。『洒落堂記』に鏡山が言われることの内にはこのような確信が含まれているのであろう。

ものには「見える」ところと「見えない」ところとがあるが、ものとものとの多様なかかわりからなる我々の周辺世界は「見る」主体である我々にとって常に地平なのであり、すべてが顕在化されているのではないという考え方は今や一般的であろう。要するに「見え」ているものが世界の全てであるのではなく、「見える」ものだけが「見る」を成立させているのでもない。「見る」ということの内には「見えない」ものをも同時に「見る」ということまでを含むものでなければならないであろう。「見えない」という仕方で「見えない」ものは既に「見られ」ているのである。「見え」とは有限なものに過ぎず、その有限には必ずその彼方としての、そしてその有限を支えるものとしての無限がなければならないからである[13]。「見る」ということはこの「見えない」ということの確信の内にあるのである。即ち有限を通して無限を「見る」のであり、無限はまた有限なくしてはない。「見えない」ものを「見る」ためにはまた有限が「見られ」ていなければならないのである。身体を移動させれば「見える」ということは、身体に即して新たな有限性を「見る」ということを意味するものなのであり、それはとりもなおさず移動可能性をも含んだ身体の有限性を反照することに他ならないのである。

五　「右」「左」ということ

「見る」ことの諸層について考察してきたのであるが、それでは芭蕉自身はこの洒落堂の、湖南の風景をどのように経験し、「見た」のであろうか。さらにそれはどのような表現によって書き留められているのであろうか。彼に拠って「生きられた」風景とその「見方」を求めて『洒落堂記』を詳しく検討しなければならない。

先に引用しておいたように一般に、彼の用いた修辞法は擬人法であるとされている。言うまでもなく擬人法とは人でないものを人に譬えて言う方法であるが、この擬人法が云々されるのは彼が『洒落堂記』という作品を纏めあげる段階に於いてであるか、或いは文学的な関心によってこれを分析するときであろう。この擬人法については後述するが、ここではむしろ擬人法という修辞法の以前が問題とされなければならない。それは擬人法という修辞法によって表現に齎される以前に何らかのかたちで先ず「見られ」ていなければ表現という問題そのものが起こり得ないからである。先ず「見られ」ているのである。そして芭蕉がどのように「見た」かが問題なのである。[14]世界の中に在り、生身の肉眼で「見る」限り、彼が遠近法を知っているか否かに拘らず芭蕉にも世界は遠近法的に現れていなければならない筈であろう。であるならば、ここまでの考察では彼の視点を漠然と洒落堂としてきたのであるが、厳密に彼の視点が特定されるべきであろう。その緒は『洒落堂記』後段にある。代表的口語訳を引いておこう。

そもそもこの御膳の浦は、勢多を右に唐崎を左にして左右の袖のようにし、湖をその両袖の中に抱いて、対岸の三上山に相対している。その湖は琵琶の形に似ているので、松風も波音もさながら音楽のようである。比叡山や比良山を斜めの方向に仰ぎ、音羽山や石山をすぐうしろ、ちょうど肩のあたりに置いている。春は長柄山の花を髪の飾りとし、秋は鏡山にのぼる月を鏡として粧う。蘇東坡が西湖の景を美人にたとえて賞したように、ある時は薄化粧の趣があり、ある時は濃く化粧した趣があって、しかもそれが日々にかわるのである。これを眺める堂主珍夕の心の工夫も、景に従って日々に変転自在なのであろう。(15)

後段第一文、第三文、及び第四文が問題となろう。第四文は視点確定の材料とはなし得ないが、後述の別の問題を含むものである。端的に第一文と第三文の記述を満足する場所があればそこが芭蕉の居た場所であると特定されるであろう。その第三文から検討していこう。なるほど比叡山・比良山を「なゝめに見」、音羽山・石山を「肩のあたりになむ置」くとの表現が妥当する位置にこの「おものの浦」は位置しているように思われる。続けて第一文をみてみれば、ここでの主語は「おものの浦」であり、述語は言うまでもなく「向ふ」である。第三文には主語が見当たらないが、「湖」を主語とする第二文の挿入と考えるべきであろうから主語は第一文の「おものの浦」とするのが適当であろう。つまりこの「おものの浦」は比叡山や比良山を斜めの方向に仰ぎ、音羽山や石山をすぐ後ろ、ちょうど両の肩のあたりに置いて、三上山に相対していると記されているのである。この記述はその位置関係からして正当であると思われる。「おものの浦」から、そしておそらく洒落堂の座敷から三上山を望んだであろう。ここまでの分析からは何等矛盾らしきものは見当たらない。芭蕉の視点を「おものの浦」と断定することが適当であるように思われもするのであるが、それ以前に答えるべき二三の問題があると思われる。それは先ず、主語「おものの浦」と「なゝめに見」たり、「肩のあたりになむ置」いたり、また「袖のごとくし」、「抱く」、「向ふ」の主体が一致するものであるのかという問題である。それにしても風景の記述が身体の部位で、またその姿勢や動作を表す動詞で以てされることが注目される。例えば「肩」とはどのような具体性を持って言われているのであろうか。「肩のあたりに置く」とは「おものの浦」の肩ということを示しているのであろうか。それとも「見る」主体としての芭蕉その人が自己の身体である肩越しに「見る」ということを示しているのであろうか。(16)(17)

さてこのような表現について、「北方の湖岸を膳所の前面と見て、南方の山の位置を言ったもの。(18)」という解説がある。この解説に従うならば、「おものの浦」に「前」「後ろ」の区別、即ち方向性があることになる。芭蕉が建物にその「前」、「後ろ」を意識していたことは他の俳文(19)によって知られる。同じ琵琶湖に舟を浮かべて月見に興じた折のことである。湖上から門人宅を訪れ、その湖側をして「うしろ」と記しているのである。

それでは「おものの浦」の場合はどうであろうか。単に湖に面するといえばそれほどの方向性は出てこないと思われるが、はっきりと「向ふ」という語を用いてその方向性が表現されている。このように表現されるとき、「おものの浦」は湖側がその前面でなければならない。湖側がその前面であるからこそ「向ふ」とも、「抱く」とも言えるのである。そうでなければ「海を抱て」という表現が理解し得ないものになる。ところがこのように「おものの浦」の前後を決定したとたんそこに大きな矛盾が発生するのである。それは四で詳述した位置関係である。

湖側をその前方としたとき「勢多」は「右」に、「唐崎」は「左」に位置するのであって、その逆ではない。「左」「右」が逆なのである。芭蕉の表記は確かに「勢多・唐崎を左右の袖のごとくし」であり、「勢多・唐崎を右左の袖のごとくし」でも「唐崎・勢多を左右の袖のごとくし」でもない。芭蕉は言葉の調子即ち語呂の問題を重要視するが、[20]上述した前者のように事実に合致するように記述し、それを「みぎひだり」と読むとすれば如何であろうか。それでも芭蕉本人が選んだ表現に比べると耳障りが悪いようにも思われる。「分別の門内に入事ゆるさず」という警告が聞こえてきそうでもあるが、もう少し分別臭い考察を続けてみなければならない。先引の口語訳では事実と矛盾しないように訳されてはいるが、それは事実に反しないだけであって芭蕉の意図からは遠いものであるのかもしれない。

ここでこの「おものの浦」という名称が一般的でなかった事を思い出したい。芭蕉は「浜」ではなく「浦」と「見た」のであった。辞典に拠ると「浦」とは「海・湖・池などの湾曲して陸地に入り込んだ所。[21]」或いは「内湾に限らず一般に海の陸によったところ、つまり『海の末』の意であろう。[22]」とされている。湾曲がその第一義であり、水域の方を指すものであるという事である。勿論それと同時に湾頭の地名をも指す事が多いのである。その限り洒落堂のある「おものの浦」という言い方もまた正しくはある。そして堂のある岸側からもその湾曲を意識する事は可能であろうが、「勢多」「唐崎」「おものの浦」は先に確認した通りほぼ一直線上にあり「抱く」という表現にはやや違和感を感じもする。「浦」を「浦」と意識するのはむしろ「浦」に対面する場合の方が適当なのではなかろうか。「浦」は対岸からも、湖上からも確認できる。「左」「右」を矛盾なく説明し、かつこの「浦」全体を「見」渡せる視点は「浦」に対面する湖側になければならないであろう。例えばその視点を現近江大橋の東の袂やや南方にとり、腕を上げ抱き込む姿勢をとったとき初めて「おもの浦は勢多・唐崎を左右の袖のごとくし、海を抱て」までの記述が十全なものとして納得できるものとなる。その時「袖」とは先の「肩」と同じく、「袖」越しに、或いは「袖」の位置に「見る」という事になろうか。「浦」から湖ではなく、湖側から「浦」を「見る」のでなければならない。先にも示したように芭蕉は何度か湖上での舟遊びを楽しんだようでもあり、矢橋から石場への渡しを利用もしたであろうから芭蕉がこの「おもの浦」を湖側から「見た」という可能性を否定することはできない。

先述のように三上山に「向ふ」視点は洒落堂のある岸側になければならず、「左」「右」の矛盾を解くには湖側になければならない。そしてその場合の「見る」主体は、先ずは芭蕉でなければならないとすれば、この一見混乱とも思えるこの記述はどのように説明されるべきなのであろうか。ここでも本論は、湖から「見た」記憶が紛れ込んだに過ぎないのであるとか、所詮は虚構に過ぎないとかいう立場を否定する。芭蕉の視点を特定する事がこの五の目的であったが、以上みてきたように彼の視点は洒落堂という一つの固定した視点からではなく、複数の視点の混在、或いはその重層と考えなければならないのである。実はその根拠は当の芭蕉によって、他ならぬ『洒落堂記』そのものに示されているのである。それは末尾を飾る他ならぬ、

四方より花吹入てにほの波

という発句である。第Ⅵ節でも触れられたように俳文の主眼は最後の発句になければならないからである。この

発句には第三句を「鳰のうみ」という別案が『芭蕉翁発句集』『一葉集』にあることはよく知られたことでもあろうが、この発句の視点は端的に「四方より花吹入」る、その中心、即ち湖にあることに疑問の余地はないのである。俳文に於いて発句と地の文章が相呼応するものであるならば、例えば句に引き寄せられたと解されてもよいが、分別を超えて逆に「勢多・唐崎を左右の袖のごとくし、海を抱て」でなければならないのである。分別あるものにとっては矛盾でしかないのであるが、分別を超えたものにとっては、この矛盾は矛盾の儘、最早矛盾ではないのである。(23) ここに人間本来の視覚の秘密が潜んでいるように思われもする。この問題のさらに詳しい考察のために七を用意しよう。

一般に擬人法だとされるのはこのように身体部位や、動詞を多用する表現に根拠を求めているのであろう。さらにまた「洒落堂の佳境を描写するのに、人の身を飾るがごとく表現して、『肩に置く』『髪にかざす』『粧ふ』『淡粧農抹』と言った。感動を表白する芭蕉の文体の一種(24)」と解説されたりもするのであるがここでの表現はそのように単なる修辞法の問題とされるべきでもないし、感情移入によるものの人格化であるという説明でも未だしである。芭蕉の表現は譬喩なり、感情移入なりの以前の事柄なのである。そのような説明を採らずしかも原文に忠実に従う限り「髪にかざす」「粧ふ」の主体は「おものの浦」以外にはあり得ず、この節のもう一つの疑問であった主語と主体の問題には、主体は「おものの浦」でありつつ芭蕉でもあるという両義的な事態であるとしなければならないのである。

六　「前」「後ろ」ということ

『洒落堂記』の「左」「右」という矛盾を解決するために視点の多重化という考え方を提示したのであるが、芭蕉の遺したものの中には他にもこのように考えざるを得ないものがある。それは同じ湖南の風景を記述する例の『幻住庵記』の冒頭、庵のあった国分山の位置の記述の件である。『幻住庵記』に数種の草稿と目される異本が遺されている事は既に紹介したところであるが、特にこの箇所は芭蕉の空間把握を示すものとして興味深いものがある。一般に流布した『猿簑』所収のものから列挙すれば、

石山の奥、岩間のうしろに山有、國分山と云[25]。
石山を前にあてて、岩間山のしりへにたてり[26]。
石山を前にみて、岩間山のしりへに立り[27]。
石山の後にして、音羽山につゞけり[28]。

とこのようになる。国分山の位置は石山の西北西、岩間山の北北東、音羽山の東南東に当たっている。我々に一番とおりのよい表現は四番目の例であろう。それは視点が石山の東側、即ち瀬田川沿いに特定できる事に拠るのであろう。その視点から遠近法的に近い順に事実通り石山、国分山、音羽山と並ぶからである。書簡にも同様の

例がみられる。

此度住ム處ハ石山の後長良山之前、國分山と[29]……。

この例では音羽山に代わって長良（柄）山が言われるが、その音羽山と長等山は逢坂に隔てられつつも一繋がりの山塊として比叡山に連なっていくことより、この同じ視点から長柄山の前に石山はあると言われるべきなのである。通常であれば、このように限定すべき場所から距離をとりそれを固定した視点から視野に収めながら他との関係を言うであろう。ところが他の三例にはこのような固定した視点はないと言わねばならない。この三例の内、二例目と三例目は全く同様であるが、ここでも先の「おものの浦」で生じたと同様主体の問題が持ち上がる。「あて」たり「み」たりするのは国分山の庵にいる芭蕉であり、国分山そのものでなければならない。石山を「前に」する限りその主体の前面は石山の方向、即ち東でなければならないのである。次に「しりへ」とは尻の方向であるが、国分山の尻の方向には岩間山はなく、記述通りそれは岩間山にとっての尻の方向、即ち岩間山の「後ろ」でなければならない。つまり、「しりへ」と言える視点は岩間山の南、例えば岩間寺の辺りになければならないのである。ここでもまた複数の視点からの「見え」が一つの文に混在すると言わざるを得ない。最後に『猿簑』の例に戻れば、その視点は石山の東にあると同時に岩間山の南にもなければならないのである。[30]

「左」「右」の問いはこのように自然に「前」「後ろ」の問いへと移行する。『洒落堂記』の口語訳の訳者は原文にないにも拘らず「うしろ」という言葉を用いていた。この言葉なしには十全に意味が伝わらないとの判断がそこにはある。そこに明らかに「前」「後ろ」ということが意識されているのである。それは身体の異方性に始まる根源的区分が「前」「後ろ」の分節から始まることの一つの証となろう。このように方位の分節が身体に基づくものである限り、訳者は無意識にでも自己の身体をそこに置いたであろう。本論は先の「左」「右」の問題に際して実際に身体をそこに置いたのであったが、少なくともそういう事態を想像する事が必要となろう。即ち世界の中に在るということへと視点が転換されているのである。ここでの想像とは現在居る場所以外の場所での身体的遠近法を思い浮かべることである。このように位置関係は自分の身体で少なくとも可能性の形で画ける限りに於いて理解されているのである。

　こうして「前」「後ろ」の問題は最後に視点の問題、その多重化、即ち視線の多重の問題へと収斂して行く。ここに本論の言う「風景なるもの」の構造を解く重要な鍵があると考えられる。今訳者に於ける想像ということを述べたのであるがそのような特殊な場合に限らず、我々は遠近法的な一点からの「見え」の中にのみ生きているのではない。先に考察した如く、我々はものを同時に多くの視点から、「見えない」ものをも含めて「見て」いるのであるということが芭蕉の二つの『記』の解釈から言われ得るであろう。『幻住庵記』も『洒落堂記』もこのように一見論理的でない記述を採ることによって、一点から捉えられない対象の現実感を捉えているのである。「風景なるもの」はこのように身体に即した時初めて「見る」ことが可能となるものなのである。世界の中に自ずから在る自在な我はこのような記述によって自分の居る場所を改めて、しかも初めて真に見い出すのでもあろうか。

七　「見る」ことと「見られる」こと

視点の在りどころの考察に伴って「見る」ことに於ける身体の意味の恢復がなされたのである。「見る」ことは世界の中に在る確かな身体を取り戻すことによって「見る」主体の地位を取り返したのである。そこでの身体の意味は視点の在りどころとして、異方性の根拠として、また移動可能性として多層的であった。それらに裏打ちされてその視点は世界の中に散在すると論は進んで来たのであったが、身体の意味は未だここに尽きるものではない。この七はその「見る」主体と「見る」ことが身体に於いて如何なる関係にあるかを考察するものである。

ここに意識としての我と身体としての我は再び本来の一なるもの、即ち心身一如となし得るのであるが、それは「見る」主体としての意識する我は同時に、一方では身体としての我として「見られ」るものであるという忘却されていた地位の取り戻しを意味するものでもある。身体としての我は「見える」ものである限りまた「見られ」ているものでもある。つまり「見る」主体は「見られ」得るもの、即ち「見える」ものである。換言すれば、先にも述べたように視線だけが世界に存在するのではなく、視線を持った肉体としての身体が存在することであり、その身体が「見える」ものであるのは、「見る」ことと「見られる」ことが同一の場所で成立することなのである。些か逆説的にも聞こえようが、実存哲学が教えるように他者認識に必要なものは我の身体の方なのである。我の身体が「見られる」ことに於いて我は他者を確認するのである。言うまでもなくここでの他者は人間に限られたものではない。「見る」という事はなにものかに「見られ」ているという事の自覚に始まると言ってよいのである。つまり湖南の風景を「見る」芭蕉は、その「風景なるもの」に「見られ」ていなければならないのである。ただ主体的、対象的に「見る」のではなく、列挙された山々から、或いはそれらの山々の無限の彼方から「見られ」ていたのである。[32]芭蕉がこの洒落堂に先ず「見た」ものは有限であると先述したのであるが、そこで言われた有限とは単なる領域感などではなく実はこの無限遠からの自らを「見る」視線による限定なのである。そしてこの視線の主は芭蕉その人以外ではまたあり得ない。少なくとも芭蕉に、この自らを「見る」視線の自覚が兆していないならば、両『記』にみた矛盾的表現は理解不能と言われねばならないであろうからである。このように視線は往還するものなのであり、それが先に身体の有限性の反照と言われたことなのである。

なにものかを「見る」という事はなにものかを「見て」いる自己を「見る」という事、即ち自覚の事柄なのである。自覚的経験は場所に於いての経験であり、逆にそれ自体場所を開く経験なのである。つまりこの視線に於いて初めて自己と自己の居る場所が見い出され、その時にこそ「風景なるもの」が十全に現れるのであろうと思われる。視点の移動やその重層化は身体に基づく有限を根拠に可能とされたのであるが、先にもみたように有限が有限であるためにはそれを包んでいる無限定なるものが前提されていなければならないのである。無限とは文字どおり限定されざるもの、我々の通常の経験を超えて把まえられないとしか言い様の無いものなのではあるが、その無限の彼方は「見る」主体である我の足下へと還り来る視線の、謂わば反転する場所として、また主体の場所と呼ばれる権利を有するのである。視線の往還が言われ得る限り、我の足下はこのように無限の彼方に重なっていると言われるべきであろう。それでは自己が「見られ」るとか、視線の往還とは如何なる事態を言うのであろうか。それは端的に既に幾度か触れた自覚の事柄なのである。自己が「見られ」るとは、ここでは自己の身体が「見られ」ていることと極言しよう。その時の身体とは生身の、そしてある姿勢を作ってものに働きかけるその身体である。例えば芭蕉は生身の身体のある姿勢を伴って「おものの浦」を「見た」のである。その刹那、「おものの浦」に芭蕉自身が「抱く」姿勢で働きかける身体として「見られ」ていたのである。そうしてそれが「抱く」という言葉に発せられることとして自覚されたのである。

我々は身体を道具として自己に対立するものに働きかけているとする考え方があるが、生身の身体の働きかけとしての行為が対象を形成する作用そのものに於いて対象を現し出す時、その行為とは即ち「見る」そのことなのである。つまり我々はその働きかけに於いて身体の構造図式[33]とでも言うべきものを自覚的に事物に読みとっているのである。ものが我々に拠って把握されるということはものの側から言えば、その以前に我々の身体に対してものが自己を表現していると言われるべきであろう。ものが自己自身を構成化し行くのである。その時の表現の仕方が我々の身体の構造図式によっているのである。ものは潜在的に身体構図を潜ませていると言うべきであろうか、それとももののの内に知覚作用が兆すとでも言うべきであろうか。何れにせよ内から働く自己の生身の身体を内からではなく外から知るのである。再度換言すれば、ものに映された自己を「見る」となろう。これが往還する視線の構造であり、この視線こそが真の人間的経験を支える極めて自覚的な視覚なのである。そして身体の構造図式は既に例示したように端的に動詞によって表される。即ち「抱く」「あてる」「向ふ」等々という動作とその姿勢という形式に於いて生身の自己の身体が現れているのである。そのような仕方でものから、さらには場所から迫られることの自覚が訪れるのである。約言すれば、無限遠から自らを「見る」視線とは自らが働きかける生身の身体のその姿勢として先ず把まれ、それが自覚に齎された時上記の動詞として言葉に発せられるのである。「風景なるもの」の記述に身体、動作に関する語、即ち動詞が使われる理由はここになければならないのであり単なる擬人法とするだけでは不十分なのである。擬人法の根拠は身体の世界への働きかけにこそあるからである。それ以上に、「風景なるもの」の記述にはそれが「生きられ」た風景であればあるほど、身体の姿勢と動作を表す語が用いられるべきなのである。

直観的と呼ばれる知覚、或いは雰囲気知覚のような身体的認識はこのように自らの内に世界全体を先行的に潜在的にであれ表現する不可分なものを持つものなのである。身体による世界の把握はとりあえず不完全ともされようが、全てはここに既に与えられていて、また全てがここから始まらざるを得ない限り最も根源的なものなのでもある。この中に全体が潜在的であれ映し込まれているのである。意識より先に身体が理解していると言われるべきであろうか。このように身体は謂わば意識の根源であり、意識を限局するものでありつつ意識を支え養うものなのである。本論は以上のように身体の意味の最奥に視線の往還の根拠として身体を考えるものであるが、そこに言われる身体は抽象的な身体などではなく、心身一如なる自己の生身のこの身体を据えるべきであろうと考えるものである。そのような生身の身体を据えてこそ、「見る」ことが「見られる」ことに於いて、視線の前方に拡がる「風景なるもの」を現前させているということが理解されるのである。そしてそこでは「見る」ことで「見られ」ている我と「見られ」ていることで「見て」いる風景との間には齟齬も断絶もないのである。(34)

八 「行て帰る心の味」ということ

なにものかを「見る」ということは、なにものかに働きかけている自己を「見る」以外ではない事が確かめられたのであるが、次にこのような考察が芭蕉によって「生きられ」た風景から乖離するものではないという事が示されねばならない。周知のように芭蕉自身は自らの考え方、ものの「見」方を書き残してはいないが、彼の言説は何人かの高弟によって書き留められ、我々もその恩恵に浴す事ができるのである。ここではその中でも最も信頼の置けるものとされている伊賀の門人服部土芳の手になる『三冊子』の最後の巻「わすれみづ」(35)の一節が参考になる。早速その一節を引いておこう。

発句の事ハ行て帰る心の味也。たとへバ、山里ハ万歳遅し梅の花、といふ類也。山里ハ万歳遅し、といゝはなして、梅は咲りといふ心のごとくに、行てかへるの心、発句也。(36)

我々が注目するのはこの冒頭第一文である。師芭蕉のこの言葉を受けるかたちで以下その土芳流の解釈が行われている、というところに大方の説の一致をみる。そしてある論者が説くように残念ながらその解釈は「発句の本質から導き出された言葉としてではなく、取合わせによる俳句の方法と受け取ったところに、土芳の不十分な理解を暴露(37)」するものに過ぎないものであるとされている。本論もこの見方に同意するものであり、冒頭の言葉の意味は以下の土芳の解釈とは切り離して考えるべきであろう。この論者が示したように芭蕉の言葉は発句の方法ではなくその本質を言うものであろう。生きることが、そのまま句作りであった彼にとっては発句の本質とは即ち芭蕉その人の生の本質、つまり彼の生き方を示すものである。それはまた本論の言う、ものの「見方」を示すものでもあらねばならない。

「行て帰る心の味」とは気分の流動が先づ一方に流れ、次でまた逆に流れかへって、その交錯の際に感じられる味はひである。(38)

これが問題の芭蕉の言葉の代表的解釈である。ここに言われた「気分の流動」とは微妙な色合いを零さない詩的な言い方ではあるが煎じ詰めれば意識の流れを示すものとすることが許されよう。であるから芭蕉のこの言葉の意味は即ち意識の往還のことであると解釈されているも同然である。意識の往還とは既に縷々みたように自己の生身の身体に基づいた視線の往還の謂に他ならないのである。つまり視点の移動と、往還する視線を芭蕉はこう表現したのであると解釈できるのである。

さらにこの「行て帰る心の味」という言葉はまた発句の本質を言うものでもあった筈である。制作という表現行為に重心を移せば、芭蕉のこの言葉はまた、往還する視線は例えば、「我」が「物」の中に入って行きながら「物」の働きを誘い出すように現象するのであるとの言い換えを可能にするものであるように思われる。が、既にここでの表現とは発句に関する限りのものでも、芭蕉に限られた特殊な事柄でもない。表現とはそのように狭いものではなく、我々のものへの働きかけとしての行為そのものが既に表現なのであるという立場が在り得ようからである。姿勢という観点から七でみたように、ものに働きかけるという行為はものを我とし、我をものとし、内を外にし、外を内にする努力なのである。このような努力に於いて我々は理解を得ているのであるが、それは制作という働きかけに於いて顕著であろう。我は我の外にものを作ることによって、自らの知らない自己の内面を作られたものに於いて形成する。作られたものは我に対して元々独立な客観的事物であるが、我はそのものに於いて自己を「見る」のである。行為はあらゆるものの有が宿る対象性の地平を創るものであり、意識そのものの生産なのでもある。我がものの中に没入し我が無になる時、ものは自らを表現するものとなる。即ちものは自己表現的であると言われるのである。これが我と世界との境がなくなっていると言われるべき物我一如の状態、即ち第VI節でも触れた「物我二つに成」らざる境なのであり、芭蕉の表現の在り処でもあったのでもある。そしてそこが同時に「生きられ」た風景の在り処でもあるのである。「風景なるもの」を意識する我は、我なき我とも言うべき透明な我として、或いは身体から抜け出して己が世界の中で果てしなく拡がり、時間の中で果てしなく生成しつつあり、また生成してきた世界を眼前に見出すのである。

意識は身体の内に閉じこめられて在るのではなく、身体の内に在りつつ身体を外から包むものであると言われるべきであろうか。或いは、意識はものの外にあるのではなく、むしろものそのものの根本的な在り方が意識なのであるとの言い方の方がより正確なのであろうか。何れにせよ意識は世界に包まれつつ世界を包むものなのである。このような説明に於いて、先述の視点の重層化と視線の往還の意味が真の人間的経験を支える視覚として十全に理解され得るものとなり得たのである。

九　結

いわゆる風景とは何であるかというような問に直面する時、我々はほぼ自動的に対象化された視覚像のみを思い浮かべ、且つそれのみを問題にする傾向を有するものであるがそれだけでは「風景なるもの」に到り着くことは不可能である。このように言えば「風景なるもの」は何か特殊なものとの感を覚えもしようが、そうではなくそれは我々に当たり前のことなのである。湖南の風景は芭蕉だけのものではなく我々にも肉迫する現象なのである。現象の彼方に在るのではなく、すぐ眼の前のものそのもの、最も直接に、例えば気分とか雰囲気とかと言われるものとして我々に触れてきているそのもの、それが「風景なるもの」なのである。「風景なるもの」はこのような曖昧な言葉でこそ十全に言われるものでもあろうから、風景そのものではなく、「風景なるもの」の現れの構造を少しでも説明に齎すことが芭蕉に即して「見る」というそのことの着目の内で本節で試みられたのであり、その考察の中で心身一如なる生身の自己の身体で「見る」というそのことへ注目すべきことが言われたのである。そしてその全人的なるところ、即ち心身一如なる「我」として物我一如の境に、そして「見る－見られる」「見る－見える」そのことの内に、即ち視線の往還する場所の開けにこそ、その場所から迫られる仕方で風景なるものが確かに現象している事が確認されたのであった。(39)

註

1　杉浦正一郎他　校注：芭蕉文集、日本古典文学大系46、一七三〜一七四頁、昭和三十四年十月、岩波書店。

2　洒落堂は現存しないが、その位置は現大津市中庄一丁目、戒琳庵の場所という。そのすぐ西隣、即ち湖側に、故山元春挙画伯の別荘である芦花浅水荘があるが、その庭からの眺望が、洒落堂の眺めに等しいと考えられている（竹内将人）。この比定地を確実にする、或いは異を唱える物的証拠は現時点では発見されていない。本論は元禄四年が辛未の歳であり、その歳の十月二十五日に膳所に洪水のあった事実［膳所資料三］と、「未のとしの大水に吾艸の戸も浮ばかりなりけるを」の前書きを持つ〈高水や荒たる中の郭公〉という珍碩の一句をその傍証の一として挙げておく。

3　本論はどれほど構成的であろうと完全な創作、虚構とは考えない。あくまでもある現実の「見え」に基づいた記述であるとする。虚構であろうとそのように構成することがより生々しく「風景なるもの」を我々に齎すのであればそれでよいという考え方に基づくものである。

4　壇上正孝：洒落堂記、芭蕉講座　第五巻　俳文・紀行文・日記の鑑賞、四二頁、昭和六十年二月、有精堂出版。

5　両『記』の比較は次節でなされるであろう。

6　近江八景と芭蕉の関係も前註と同様第Ⅷ節で考察されるであろう。

7　『東海道名所図会』（寛政九年刊）に、「膳所はもと粟津野陪膳浜なるべし」、「陪膳浜：粟津の浜をいふなるべし」とある。元々このように広い範囲を言うものであったが、膳所城築城（慶長六年）時にその北部が取られ、嘉永年間の膳所城下図（竹内将人写）に、膳所城南端の堀より篠津川と呼ばれる小川までの約三〇〇メートル程の湖岸に北から稲荷浜、陪膳浜との表記が見える。

8　〈唐崎の松は花より朧にて〉という発句は湖水眺望と題され、例えば膳所近辺から湖を隔てて詠まれたものであろうとされるようにその一本松は大津、膳所からも見遥かせたであろう。

9　現在では例に漏れず、その幾つかは建造物に隠されて堂祉からは望めない。

10　このような区分は「外的に現れるものは方向づけられた領野の中にある（E・フッサール）」という現象学的身体論では一般的な考え方である。

11　前掲書1：『幻住庵記』、一八五頁。

12　E・フッサールのIch kannなる私の運動感覚的可能性を指すものである。またこのような考え方の建築的展開には玉腰芳夫：建築的場所、とりわけその大地性について、日本建築学会大会研究協議会別刷、昭和五十九年十月がある。

13　第VI節と同様、この世界の二重性の考え方は上田閑照：場所　二重世界内存在、平成四年九月、弘文堂等に基づく。

14　それは我々に近しい遠近法的な「見方」と彼の「見方」がどこまで重なるものであり、どれほど異なっているのかという問いを立てることを促すものとなるであろう。数世紀前の芭蕉という一個人に拠って「生きられた」風景なるものがこのように議論の対象となり得るということは、現代の我々にもその共有の可能性が開かれているということに他ならない。ではその可能性はどのように我々に齎されるのであろうかという問いをも惹き起こすこととなろう。

15　村松友次：洒落堂記、松尾芭蕉集　日本古典文学全集41、四九七～四九八頁、昭和四十七年六月、小学館、また前掲書4同頁にも同氏によりほぼ同様の訳が為されている。

16　芭蕉の発句の中に肩を詠み込んだものに〈かげろふの我肩にたつ紙子哉〉（「伊達衣」元禄二年）がある。

17　カッシラーは、幾つかの言語の考察を通して「空間的『方位決定』の表現、つまり『前』と『後』、『上』と『下』を指す単語は、自分の身体を見る見方からとられるのがつねである。人間の嗒幹と四肢こそ、他のすべての空間的区分が間接に転写される座標系なのである」と言う（シンボル形式の哲学［一］、生松敬三・木田元訳、二六一～三頁、平成元年二月、同［二］、木田元訳、一八四頁、平成三年九月、岩波書店）。

18　富山奏校注：芭蕉文集、新潮日本古典集成、一六五頁、昭和五十三年三月、新潮社。

19　望月の残興なをやまず、二三子いさめて舟を堅田の浦にはす。その日申の時ばかりに、何某茂兵衛成秀といふ人の家のうしろにゐたる。「堅田十六夜之辨」『堅田集』表記は前掲書1、一九三～一九四頁に従った。この成秀宅は同じ堅田に現存する居初氏住宅と同様な形式を持つものではなかったかと推定される。

20　『去来抄』「修行」の部に去来の言葉として「句に語路といふ物あり。句走りの事なり。語路は盤上を玉の走るがごとし。滞りなきをよしとす。また、柳糸の風に吹かるるごとし。優をとりたる、よし。ただ、溝水の泥土に流るるがごとく、行当り行当りなづみたるを嫌ふなり。」と収められているが、芭蕉自身の言葉としてよいとされている。発句の事として書かれているが言葉の芸術である限り俳文にも同様の注意が払われたものとする。井本農一他　校注・訳：芭蕉文集　去来抄、完訳　日本の古典55、三七六頁、平成元年四月、小学館。

21　岩波古語辞典補訂版、平成三年一月、岩波書店。

22　楠原佑介他：古代地名語源辞典、昭和五十六年九月、東京堂出版。

23　芭蕉自身が分別を嫌ったことは、他にも「無分別の場に句作あることを思ふべし（『祖翁壁書』）」等からも知られるところである。また西谷啓治は作句という制作行為と、無分別という矛盾した関係について「詩が如何に直接経験の表現として、無分別なまた無心なところを含まねばならないとしても、それは表現であり、従って制作である。そしてその限り、それは分別を含む努力である。分別を排除する努力も分別の力による。直接経験に詩としての形を與へるのも一種の分別の働きである（柳のしなへ、西谷啓治著作集　第二十巻、一七〇頁、平成二年八月、創文社）」と論じている。

24　前掲18。

25　「幻住庵記」『猿蓑』去来・凡兆撰（元禄四年刊）、表記は前掲書1に従う。

26　「幻住庵ノ賦」『和漢文操』各務支考撰（享保十二年刊）、表記は前掲書1に従う。

27　「国分山幻住庵記」、表記は芭蕉全図譜、平成四年十一月、岩波書店に拠る。同書作品番号二四五。

28 「真蹟草稿断簡」、表記は同上。同書作品番号二四三。

29 「近藤如行宛書簡」元禄三年四月十日附、前掲書1、三八五頁。

30 前掲書1、一八四頁の頭注には「奥」も「後」と同意であると解釈されているが本論の立場からは誤りであると言わざるを得ない。また同注に「笠井清氏は、これを中国の「山ハ南ヲ陽ト為ス」の見方から、大まかに山の南方にある地を「前」、北方にある地を「後」といったとする（連歌俳諧研究、十二号「幻住庵記私註」）」との説が紹介されるがこの説も十分なものとはなし難い。

31 市川浩は『精神としての身体』、昭和五十年三月、勁草書房、第一章に於いて身体の意味をその捉えられ方から整理している。

32 ここではM・M＝ポンティに倣って画家A・マルシャンの「森のなかで、私は幾度も私が森を見ているのではないと感じた。樹が私を見つめ、私に語りかけているように感じた日もある……。」という言述を引用しておこう（眼と精神、滝浦静雄・木田元訳、二六六頁、昭和四十一年十一月、みすず書房）。

33 M・M＝ポンティのSchema corporelに近い考え方ではあるが、本論では自己の生身の身体の姿勢を言うための語として用いている。

34 第Ⅵ節で言われた「見る‐見られる」構造はこのように身体をその根拠として十全なものとなるのである。

35 「わすれみづ」は「黒冊子」と呼ばれる事もある。

36 服部土芳：わすれみづ、三冊子、南信一、三冊子總釈、三二七〜三三一頁、昭和三十九年十月、風間書房。

37 山本健吉：「行きて帰る心の味ひ」——俳句における二律背反——、日本古典鑑賞講座18 芭蕉、四四三頁、昭和三十三年十月、角川書店。

38 能勢朝次：三冊子評釋、三二〇頁、昭和二十九年六月、三省堂出版（名著刊行会、昭和四十五年五月再版本に拠る）。

39　田中喬は以下の論考のなかで本節が問題とした人間本来の視覚の秘密を、“two-fold lines of vision”、“poly-fold points of sight”、“two-fold world”、“mutual-crossing lines of sight”、という四つの造語を駆使して明快に説明する。本節もこれより多大なる示唆を得るものである（The Enbodiment of Linear Perspective Drawing、Proceeding of 6th ICECGDG、Aug、1994、Tokyo、JAPAN）。

Ⅷ　芭蕉と近江

一　序

第Ⅵ節及び第Ⅶ節の考察を通して、芭蕉が近江をどのように「生き」たか、そして芭蕉を通して「風景なるもの」の輪郭が未だぼんやりとながらも描かれたのであった。歌枕に彼がいかに関わったかは第Ⅴ節で省察されたところであるが、続く二では、その歌枕と大きく重なり、彼をして「美景物としてたらずと云事なし」と言わしめたものの一部としての近江八景に彼がどのように関わったのかということが主題となる。それに続く三では『幻住庵記』の推敲過程を追いかけるなかでこれら「美景」がいかに扱われているかということが、第Ⅵ節、第Ⅶ節に関して補足的に考察されるのである。芭蕉の風景観を知る上での基礎的考察であるとも言えようか。

二　近江八景と芭蕉

考察に先立って近江八景と瀟湘八景について触れておかねばならない。近江八景とは例えば広重の版画、即ち「近江八景図」を通して現代の我々にも親しいものである。それらは「瀟湘八景図」という中国の山水画を実際の日本の景色の中に「見立て」たもの、それを再び画にしたものであることは周知の事柄であろう。瀟湘八景とは北宋十一世紀の画人宋迪によって選定されたと言われている。本家中国を始めとし、韓国、台湾そして我国で八景図は支持されていることからして八景図とは東洋画の画題としての理想の風景を表していると言えようか。その瀟湘とは広西省に源を発した湘江が、途中で瀟江を合わせて湖南省を北に流れ洞庭湖に注ぐ、その下流流域一帯を指すのだという。そこには幅広い緩やかな河の流れがあり、湖にはいくつもの島があり、広い州があり、山や丘陵がありで、もともと風光佳境の地として有名なところであった。その一々を例示する暇はないが、古来から詩に詠まれ伝説の舞台となったところであり、芭蕉もこの眼にしたこともない瀟湘を十分意識していたであろうことは『幻住庵記』の記述（後出）からも十分伺える。そのように何世紀にも亘って親しまれてきた大自然の中から宋迪が八つの見所を選び出して画にしたものが「瀟湘八景図」と呼ばれるものである。洞庭秋月・漁村夕照・山市晴嵐・遠浦帰帆・煙寺晩鐘・瀟湘夜雨・平沙落雁・江天暮雪がその八景の画題の全てである。

これに対し日本版の八景図の代表が近江八景である。日本で洞庭湖に比肩できるのは琵琶湖しかないという意味に於いて、また京に近いという意味に於いても当然と言えば当然であろう。その八景を同様に列挙すると、石山秋月・瀬田夕照・粟津晴嵐・八橋帰帆・三井晩鐘・唐崎夜雨・堅田落雁・比良暮雪である。瀟湘八景と同様に場所と事象が組み合わされているのであるが、瀟湘八景の場所は一般名詞であるに対し我が近江では具体的な地名が固有名詞として選び出されこれが事象と結び付けられているところに最大の相違点を見い出せよう。この近江八景は当初から現行のものと一致するものでは勿論なく、現在の近江八景に定着するまでにはある程度の時間と絞り込みの歴史が必要であったのである。近江八景の模索に要した時間は「瀟湘八景図」の流行とほぼ平行して室町から桃山にかけてであると言われている。現在の形で史料的に確認できるのは江戸初期の公家三藐院近衛信伊（一五六五〜一六一四）による画幅（園城寺円満院蔵）であると言う。(1) 八景の見立ての最も早い一例としては蘭曲「近江八景」（中世の曲舞）が挙げられる。(2) ここには八景は鏡山秋月・□□夕照・比良晴嵐・堅田帰帆・比叡晩鐘・□□夜雨・唐崎落雁・真野暮雪として現れ、先行型として興味深いものがある。信伊の選定の時にも未だ、三上山秋月・石山晩鐘・三井落雁の初案があったとも言われている。(3)(4) このように八景は大津ないし膳所を中心として、その周辺から選定されていたことを示すものであり、このことはまた選者の認識空間がこの範囲であったことを示すものでもあろう。いずれにせよそのような歴史を経て定着した近江八景は、いわゆる風景の典型とされているものである。固定された八景は「近江八景図」として流布し、先にも触れたように我々にも近しいものとなったのである。宋迪は数ある瀟湘の風景の見方を八つに絞り込んだ。要するに「見方」そのものを発見しそれを画に表現したのである。それに対した近江八景の選者達は「瀟湘八景図」から教わった見方を適用してそのような風景を探したのである。即ち数ある湖南の風景そのものを八つに絞り込んだと言うことができよう。ここに地名が固有名詞化される必然性があったのである。が、このような見方で、さらにはその見方で選ばれた景色の画を通して風景なるものを真に「見る」ことが可能なのであろうか。以上を確認した上で、早速に『幻住庵記』に戻ってみよう。ここでも必要な限りの引用をしておかねばならない。

石山の奥、岩間のうしろに山有、國分山と云。……（中略）……そゞろに興じて、魂呉楚東南にはしり、身は瀟湘洞庭に立つ。山は未申にそばだち、人家よきほどに隔り、南薫峯よりおろし、北風海を浸して涼し。「日枝の山・比良の高根より、辛崎の松は霞こめて、城有、橋有、釣りたるゝ舟有。」笠とりにかよふ木樵の聲、麓の小田に早苗とる歌、蛍飛びかふ夕闇の空に、水鷄の扣音、美景物としてたらずと云事なし。中にも三上山は……（後略）。

（『猿蓑』「幻住庵記」去来・凡兆編　元禄三年）

これが幻住庵の周辺の記述である。「美景物としてたらずと云事なし」とは即ち、ここに挙げられた「物」を幻住庵の成立の為の必要条件と言わんばかりである。引用文には現行の近江八景の内の四景が登場している。傍線（・の傍点はそれ以前のものとの対応を示す）を施した、石山・比良・辛崎・（瀬田の唐）橋がそれである。引用の括弧に相当する部分が「比えの山・ひらの高ねより辛崎の松は霞こめて、膳所の城はこのまにかゝやき、勢多の橋は粟津の松ばらにつゞきて夕日の光をのこす。」とある別稿（『幻住庵の賦』）が現存する。つまり『記』の推敲過程(5)に八景中計五景を数えることができるのである。残る三景を彼の俳文に探してみるならば、

望月の残興なをやまず、二三子いさめて舟を堅田の浦にはす。……（中略）……かねてきく仲の穐の望の日、月浮御堂にさしむかふを鏡山といふとかや。……（後略）。

（「堅田十六夜之辨」元禄四年）

があり、三井に関しても次の有名な発句に詠まれているが、矢橋だけは彼の文章から見い出すことができない。
それでは発句に八景のそれぞれを求めてみよう。

石山の石にたばしるあられ哉　（『麻生』元禄三年）
名月はふたつ過ても瀬田の月　（『西の雲』元禄四年）
五月雨にかくれぬものや瀬田の橋　（『曠野』貞享五年・元禄元年）
四方より花吹入て鳰の海　（『卯辰集』元禄三年）
三井寺の門たゝかばやけふの月　（『西の雲』元禄四年）
辛崎の松は花より朦にて　（『甲子吟行』貞享二年）
鎖あけて月さし入よ浮み堂　（『笈日記』元禄四年）
病雁の夜さむに落て旅ね哉　（『猿蓑』元禄三年）
比良みかみ雪指シわたせ鷺の橋　（『翁草』元禄三年）

第一句は石山、二句と三句は瀬田、四句は強いて言えば粟津、五句は三井、六句は唐崎、七句と八句は堅田、そして最後に比良が詠まれている。これらは湖南滞在中の全ての句中から抜き出したものである。四句目を強いて粟津としたのは、この句が詠まれた酒落堂がこの粟津辺りであるとされることに因る。また七句、八句には直接に堅田という地名こそ詠まれてはいないが、第七句は浮御堂が堅田を代表するものとして、また第八句には落雁が詠み込まれているという意味に於いてこれらに対応ありとしたものである（・の傍点はそれを示す）。ところがどのように無理をしてもやはり矢橋を詠み込んだとでき得るものは発見し得ない。

ことし琵琶湖の月見むとて、しばらく木曾寺に旅寐して、膳所・松本の人々を催すに、乙州は酒を携へて、泉川に三日の名を傳へ、正秀は茶を包みて、信樂に一夜の夢を醒ます。……（中略）……さゞ波や、打出の濱の名にし負ふ、鏡の山もこなたにさし向かひ、日枝は横川の杉につらなりて、比良の高根は、雁をも數へつべし。後に音羽の峯高く、石山の鐘は粟津の嵐に冴えて、そこに楓橋の霜も置きぬらん。矢橋の歸帆は、今宵をもてなすに似たるべし。

名月や湖水に浮かぶ七小町

されば我が朝の紫式部は、石山に源氏の俤を寫し、唐國の蘇居士は、西湖に越女のよそほひを譬ふ。……（中略）……實にもそ和漢の名蹤なりけらし。さて松本に船をさし寄せて、茶店の欄干に心を放てば、目はよし蓬莱の水を隔てず。……（中略）……猶はた傾く月の名殘には、辛崎の松もひとりや立てる。古き都の名もゆかしければ、尾花川の明ぼのをこそと、千那・尚白を驚かしぬれば、夜ははや五更に過ぎぬべし。……（後略）。

（「月見ノ賦」『和漢文操』元禄四年）

ここには確かに矢橋が登場しているのであるが、実はこの『賦』は芭蕉の弟子各務支考による偽作の疑いが最も濃いとされているものである。文学者がどのような根拠でそのように結論するかは措くとして、我々の観点からも芭蕉自身の手によるものでないことの傍証は挙げられそうである。先ず最初に言えることはその矢橋がしかも近江八景の一としての矢橋帰帆とそのままの形で登場していることである。また粟津も嵐と組み合わされて、石山もまた信伊初案の石山晩鐘の形で登場している。これに対して芭蕉は、時間的にも当然近江八景を知っていた筈にも拘らず先の引用の俳文に於いても発句に於いても八景をそのままなぞることはしていないのである。次に、この『賦』に直接その影響があるとは言わないまでも元禄二年刊の『京羽二重織留』の「大津八景（南湖秋月・尾花夕照・小関晴嵐・松本帰帆・関寺晩鐘・近松夜雨・打出落雁・逢坂暮雪）」との関連がありそうに思われる（傍線が付された部分がその対応を示す）。大津八景の作者は不明であるが近江八景と比較すると、近江八景が南湖と呼ばれるある程度広い領域からの選定であったのに対し、大津というより限定された狭い範囲からその八景が選ばれていることが特徴的である。逢坂越え、小関越えの街道、沿道の関寺・近松寺の伽藍、松本浦の水運、尾花川の漁猟というより生活に密着した中からの選定である。江戸時代にあって大津という場所は東国と西国を結ぶ交通の要衝であった。その賑わいを身に体した土地鑑のある空間認識、或いは領域感の為せる業、或いは全く逆に土地鑑がないが故に既存の枠に依存した「見方」であると言うことができよう。この二点からだけでも空間、場所の把え方、或いは場所と事象の組み合わせの扱い方が芭蕉自身のそれとは異なっていると結論することが可能であると思われる。『賦』の作者は余りに把え方が小さい、さらに、ある枠に引きずられ過ぎて鋭さがないと言わねばならないであろう。要するに文考は湖南から選ばれた両八景を、場所と事象の結合そのものをも含めてその儘に受け入れ、その枠の中で風景なるものを見ているに過ぎないのである。

確かに「瀟湘八景図」を湖南に強制的に当てはめるならばという条件付きであれば近江八景も十分に納得し得

るが、近江八景が風景の典型であるというのであれば疑義を差し挟まざるを得ない。それは芭蕉が「見た」風景でも「見よう」としたそれでもないのみならず、我々にとってもそれらを以てそれこそが風景であると断言してしまうにはやはり幾分かの躊躇を禁じ得ないのである。

それでは芭蕉はそれらの場所に何を「見た」のであろうか、或いは「見よう」としたのであろうか。両八景に挙げられた場所と、それらと重なりつつ『幻住庵記』に列挙された場所とはそもそもどのような場所なのであろう。そして芭蕉が矢橋に触れないのはまた如何なる理由によるものであろうか。その矢橋をも含め近江八景も大津八景もその全てが、確かに庵周辺から指呼の内に望めるのである。件んの近江八景は庵周辺の小高い場所から定めたのではなかろうかと疑わせるに十分である。庵周辺から、膳所、大津の辺りから北を見れば、先にも触れた南湖として琵琶湖が区切られる周りで湖面は切れて見える。その背景には比良山系が衝立のように立ちはだかり琵琶湖はそこまでのように「見え」るのである。そこを限りとして、その限られた領域にこれらの場所の全てが点在している。八景選者の眼前に拡がる「見え」と芭蕉のそれが異なっているのではない。全ては「見方」の問題なのである。風景の選定基準、風景へのかかわり方の構造そのものに根本的相違があると考えるのが適当であると思われる。また点在するそれらの場所場所は既にして均質でも等価でもない。我々は均質な場所というものを体験することはできない。通常我々はそれを意識しようがしまいがある一定の意味の枠の中で物事を「見て」いる、若しくは「見て」いるつもりになっているのである。点在する諸場所は歌枕であり古来からの聖地として他の場所から際だっていたのである。そして人間は知らず知らずその枠の中でそれらとかかわっているのである。現近江八景の内、石山、瀬田、粟津、唐崎、比良は歌枕である。初案をも含めそれ以前の八景に於いては三上山、鏡山、真野が歌枕とされている。大津八景では関寺、打出、逢坂が古来からの歌枕である。[6] 彼が矢橋に触れないのは矢橋が萬葉に詠われた例はあるものの歌枕ではないからであろうか。そうではないであろう。彼が歌枕を訪ねて長路の旅に出たことはよく知られているところだが彼は歌枕を無反省に受け入れたのではなく、彼が歌枕に求めたのは真に「見る」ということであったのではなかったのか。『三冊子』にみるように「古人の跡を求める」ことではなく「古人の求めたるところを求」めるために旅に出たのである。彼が「古人の求めたるところ」としての歌枕を訪う旅の中から得たことは心の気分と、外の出来事とが二つの事柄である以前のところで事態を語り出すということであったのである。そもそもある場所が歌枕として成立するには場所そのものが人を魅きつける力を持っているという譬喩的な言い方が可能であろうが、そのような場所が現象し、それが風景となって立ち現れるその場面を芭蕉は「見た」のである。そこへの案内を他ならぬ古人に求めたのである。このような「見方」で風景にかかわる芭蕉にとっては、表面的な「見立て」に過ぎない近江八景をその儘受け入れられる筈はないのである。即ち近江八景ということ自体を受け入れていないのである。当然固定された場所と事象の組み合わせも無視することになる。芭蕉のこの「見方」は近江八景の新しい解釈をしたなどということでは断じてない。近江八景という枠も歌枕という枠も突き抜けたところに彼の眼は届いているのである。だからこそ「魂呉楚東南にはしり、身は瀟湘洞庭に立つ」と言い得るのであり、実際眼にすることのなかった風景を「見る」ことができるのである。それは近江八景の向こうに瀟湘八景を「見て」いるということではなく湖南の風景の向こう側を、或いはその向こうに瀟湘を詠んだ漢詩の作者の体験そのものを「見て」いるのである。以上のことは既存の枠に無反省に凭り掛かっては「風景」も「風景なるもの」もないということを示唆するものであろう。

『幻住庵記』に挙げられた諸場所とその風景はそのようなものとして「見られ」ているのである。そしてこのようなかかわりに於いて、またこのかかわりを支える場に於いて、それぞれの場所が場所となり、それぞれの場所は部分としての場所でありながら全体となるのである。そこに近江の風景が立ち現れ、惜しまれるものとなり、

行春を近江の人とをしみける　（『猿蓑』元禄三年）

と言い止められるのである。

三　『幻住庵記』推敲と芭蕉

ここまで縷々みてきたように、芭蕉は庵を取り巻く山々や名所、景物によって庵の場所とその風景を限定し且つ表現したのであったが、それら庵を取り巻くものものに彼は如何に対応したのかを草稿段階から『幻住庵記』として成稿に至るまでの推敲の過程の中でみてみようというのがこの節の主たる目的である。この目的のためにはまた、同じ湖南の風景を表現した『酒落堂記』も参照されるであろう。

芭蕉は延宝八（一六八〇）年から元禄六（一六九三）年にかけて住居に関する多くの俳文を書き残している。列挙してみれば、『柴の戸』、『閑居の箴』、『湖仙亭記』、『十八楼の記』、『雛の家』、『木啄の庵』、『酒落堂記』、『幻住庵記』、『落柿舎の記』、『阿弥陀坊』、『栖去の弁』、『芭蕉を移す詞』、『閉関の説』等々の如くである。論者はここに一

連の系列があると言い、更にその理由として住居への関心が芭蕉の生活の中心であったからであるとする。(7) 詳しい考察が加えられなければならないが、確かにそれらの俳文を一瞥するだけでも記述は、自分の住居の有様だけでなく、住み方とか他人の住居にも及ぶものであり、芭蕉の住居に対する関心は浅くはないと結論できそうである。このような一連の住まいに関する俳文の中でもこの『幻住庵記』は特筆すべきものである。それはこの『幻住庵記』が、芭蕉の生前に自らの意志によって公表された唯一のものであり、初の俳文集のためにと用意されたものであるからである。そのために公表に至るまでに数次の改稿が行われ、現在定稿に至るまでの八種の稿が確認されている。それらの稿は論者によって、A最初期草案断簡、B初期草案、C初稿、D再稿草案断簡、E再稿一、二、F定稿一、二、三と整理される。(8) 我々に最も近しいのは、F定稿三即ち『猿蓑』（去来・凡兆編　元禄四年刊）所収のものである。ここでもその『猿蓑』版『幻住庵記』に定位しよう。

重複を厭わず再度繰り返しておけば、定稿である『幻住庵記』は形式段落で五段構成、第一段落九文、第二段落二文、第三段落十四文、第四段落六文、そして第五段落が五文で成立している。その内容は、第一段落が幻住庵の位置と由来、第二段落が入庵に至る来歴、第三段落が庵の場所の風景と庵の様子、第四段落で庵号の揮毫のことと安住生活が述べられ、第五段落で俳道一筋の自省が開帳され、有名な発句〈先たのむ椎の木も有夏木立〉で締め括られる。我々の関心は先述したように庵の場所と風景にある、即ち主題は第三段落にあるのである。その箇所をここでも『猿蓑』から引用しておこう。

山は未申にそばだち、人家よきほどに隔り、南薫峯よりおろし、北風海を浸して涼し。日枝の山・比良の高根より、辛崎の松は霞こめて、城有、橋有、釣りたるゝ舟有。笠とりにかよふ木樵の聲、麓の小田に早苗とる歌、蛍飛びかふ夕闇の空に、水鷄の扣音、美景物としてたらずと云事なし。中にも三上山は士峯の俤にかよひて、武蔵野の古き栖もおもひいでられ、田上山に古人をかぞふ。さゝほが嶽・千丈が峯・袴腰といふ山有。黒津の里はいとくろう茂りて、網代守ルにぞとよみけん萬葉集の姿なりけり。猶眺望くまなからむと、後の峯に這のぼり、松の棚作、藁の円座を敷て、猿の腰掛と名付。

（F定稿）

定稿としてこのように記述された部分の変遷を執筆順に以下に示そう。（／は句点を示し／／は一文省略を、括弧内は添削前、下線部は添削語の字句を示す。なお表記は、『猿簑』所収版のみ日本古典文学大系本「芭蕉文集」により、以下は新日本古典文学大系本「芭蕉七部集」に従った。）

朝なゆふな四方を（見）めくりて猶くまなきなかめ（を求んと）にあかす後山の翠微に土をならして台となしたはふれに猿の腰かけと名付／／比えの山比良の高根より辛崎の松は霞（にみえて）をこめて膳所の城日にかゝやきて水に（うつる）移ふ夕栄画ルかことし／三上山いとちかく其形富士に（似たれは）かよひてむさしのゝ旧庵もおもはさるに（も）はあらす／沖の嶋竹生嶋ははるかにしてあるひはかくれあるひはあらはる／勢田の橋は粟津の松原につゝきて手のとゝく程なり／石部山水口の駅をみやりて旅愁千里の人をあはれみ矢橋のわたり海津の舟に波のあやふきをかなしふ／東に岩間寺笠とりにかよふ道有てたえず柴人のゆきかふ／田上山にむか（ひて）へは猿丸か塚は更にて常信悪相の草の庵の跡なつかし／牛の尾日野山は未申の方にあた（り）れり／かの方丈の昔をしのふといへとも此地は（その地に）かれに増らんや

発句なし。

（B初期草案『芭蕉翁手鑑』）

まことに清陰翠微の佳境湖水北に湛て比えの山比良の高根より海の四面みな名高き処々筆の力たらされはつくさす／／猶くまなきなかめにあかてうしろの峰に這登り松を伐て棚となし藤かつらをもてからけまとひ藁の円坐を敷て猿の腰懸と名付／／若狭の境いせの山美濃地はる〳〵と見やりて伊吹か嵩天をさそふ／近くは膳所の城辛崎の松は絵にかけるか如し／勢田の橋はなみ木のするゑにかけわたされて夕照を待／笹保か嶽は田上につゝきて、千丈か峯袴腰なといふ山有／／三上山は士峯のおもかけにかよひてむさし野の旧庵もおもひ出さるにはあらす／日に涼み月に腰懸且は柴拾ときの休らひともなしぬ

先たのむ椎の木もあり夏木立

頓て死ぬけしきも見えず蝉の声

（C初稿『芭蕉文考』）

比えの山ひらの高ねより辛崎の松は霞こめて膳所の城このまにかゝやき勢多の橋は粟津の松原につゝきて夕日の光をのこす／三上山は士峯の俤にかよひてむさしのゝ古きすみかもおもひいてられ田上山に古人をしたふ／さゝほか嶽千丈か峯はかまこしといふ山有／かさとり山に笠はなくて黒津の里人の色や黒かりけむとおかし／猶眺望くまなからむと後の峯に這のほり松の棚作藁の円座を敷て猿のこしかけと名付。

発句なし。

（E再稿一『米沢家本真跡巻子』）

このように平均して七、八文で自らの「住まう」こと或いは「死ぬ」ことを支えている幻住庵の場所の風景を言い表そうとしているのである。そしてそれはこの分量の文字の中の十指に余る地名によってである。それらは全て近江八景の一であり、古来からの歌枕であったのである。即ち謂ゆる名所と呼ばれる名高きものであったのである。芭蕉はそれらによって幻住庵という庵の限定を行なったのである。それらによる限定は単なる手段などではなく、既に述べてきたように「美景物としてたらずと云事なし」と言われるそのものとして、即ち己が住む庵の成立根拠として必要缺くべからざる表現なのであろう。芭蕉本人がこの『幻住庵記』執筆中意見を求めるために高弟去来に宛てた次のような書簡が伝わっている。一部のみ引用しておこう。

蝸牛蓑虫の栖を離と云て、行衛なき方、流労無住終に一庵を得る心なれバ、前段行脚共に皆居所にかゝり候。

（向井去来宛書簡　元禄三年七・八月頃筆）

これは引用を省いた第二段落、入庵に至る来歴を言う部分に関するものである。ここで芭蕉は庵の限定、つまり住まう場所としての「居所」の形容に人生の事柄が相応しいとの考え方を示しているのである。人生の事柄なくして場所はないということなのであろう。それと同様、この第三段落に於いても「住まう」場所を表現するために列挙されたもののものは人生の事柄に劣らず相応しいのである。

先ず定稿に至って捨てられてしまうものに着目してみよう。それはB初期草案では沖の嶋、竹生嶋、粟津、石部山、水口、矢橋、岩間山、日野山である。それらの中で岩間山のみ段を変えて扱われる。また粟津は松原としてC初稿に「なみ木」と手直しがされ、E再稿一では再び復活するのではあるが定稿ではやはり捨てられる。この二つ以外は既にC初稿に於いて捨てられているのである。そのC初稿に於いては若狭、いせ、美濃、伊吹が新たに言われるがそれもE再稿一までは続かない。またB初期草案に登場するそれ以外のもの即ち、日枝、比良、辛崎、膳所、三上山、勢多、田上山は、C初稿に於いてささほが嶽、千丈が峯、袴腰を合わせてこの時点で既に固定され定稿へと繋がるのである。ここに登場するもののものは幻住庵という場所をより正確に位置づけ、説明するために選ばれたものであるということに疑いはない。にも拘わらず実際にはこのように捨て去られるものと、新たに加えられるものとの差が生じているのである。まさにここに作者である芭蕉のものの「見方」が表されているのではなかろうか。勿論推敲の原動力は制作の事柄として、芭蕉の場合所謂「風雅の心」に基づくものなのではあろうが、ここではその問題には触れず残された文章の推敲の過程に彼の「見方」の変化を跡づけようとするものである。

幻住庵にはF定稿で言われるもののものを「見渡す」視坐がないということは既に指摘したところであるが、それはある一地点からという意味であり、庵周辺を移動すれば、それぞれは個々には「見え」るのであった。「猶眺望くまなからむと、後の峯に這のぼ」ればいいのである。ところがどのようにしても「見え」ないものがある。それが概ね推敲の中で捨て去られたものであるらしい。例えば竹生嶋は湖上遥か約五十キロメートルの遠方にあり、「あるひはかくれあるひはあらはる」と言われても俄に信用できるものではない。また水口は幻住庵の真東に位置するものの、間にある山々に遮られて「見る」ことは不可能である。それ以上に確実なのは、C初稿に言われる若狭の境であり、伊勢の山であり、美濃の地であろう。伊吹山は気象の条件さえ整えば幻住庵から確認できるが、伊勢も美濃も湖南を限界づけている山々の向こう側であり、それを肉眼で「見る」ことは絶対に不可能である。またこれまでに触れていないものについては芭蕉の個人的な思惑があったものと推定される。矢橋についてはニにみた通りであり、日野山については、勿論「見え」ないし、詳説は省略するが鴨長明の『方丈記』を相当に意識していたことによるものであろう。このように消えたものは「見え」ないものと言うことが可能なのである。

次に初期草案から定稿に至るまで数次の推敲を経てもなお生き残ったものもの、或いは追加されたもののについては如何であろうか。先ず最初に気付くことは初期草稿に於ける景物の表現のあり方が「画ルかことし」であるとか「手のとゝく程なり」という表現にみられるように、より具体的・写生的であるということである。経験に基づいて「見た」ままに描写しようと努めているかに読みとれるのである。「くまなきなかめを求」め、「土をならして台とな」すという行動を実践し、己が身体を「むけ」るという身体動作を伴い、積極的に「見」ようという意志が感じとれるのである。それは「見る」という動詞がここでは「見めくり」「みえて」「みやり」と三度使用されることからも窺い知れるのである。ところがC初稿に於いては「見る」という動詞は「見やりて」の一度きりの使用となり、E再稿一ではそれも姿を消し、F定稿へと至るのである。既に述べたように捨てられたものは「見え」ないものであったが、それに引き換え追加されたものは実際に庵から「見え」る山々なのである。

「見え」ないものでする代わりに、近くの「見え」るもので以て庵の限定を補強しようとしたのであろう。が、それらは既に「見る」とは言われず「ある」として扱われているのである。推敲に伴いこのように「見方」が変わってきているのである。F定稿では最早何も「見て」はいない、即ち「見る」という直接性が完全に消され、「見る」までもなく「ある」ということの確信の下で記述がなされていると言えるであろう。その確信は聴覚的に齎されているのかもしれない。「見る」ことに代わって「聲」「歌」「音」という字句の多用がそれを裏付けるものであるのかもしれない。初期段階に於いては、写生的表現と観念的表現が混在し何らか齟齬をきたしているような感を否めなかったのであるが定稿に至ってそれは解消されているようである。一般には、ここに到って既に「見る」ことを離れ、観念化し尽くしてしまっていると言われるべき状態であるかも知れない。だがこれまでの考察によって『幻住庵記』は、まことに「見る」こととして、深化した「見る」という意味に於いて庵の現実を物したものであるとの断定が可能となるのである。

またこの俳文の最後を締め括る発句についてもその推敲過程をみてみると、先に示したようにB初期草案には発句がみられない。次のC初稿には定稿に於いて採用された〈先たのむ椎の木も有夏木立〉と並んで〈頓て死ぬけしきも見えず蟬の声〉が置かれる。E再稿一に至って一時両句ともに姿を消すが定稿に至って〈先たのむ〉の一句によって『幻住庵記』が締め括られることが確定するのである。

ここではこの〈頓て死ぬ〉の一句の意味と二句一連の如く並べ置かれることの意味が問われねばならない。やはりここでも、ほぼ同じ時期に、ほぼ同じ湖南の風景を主題とした『酒落堂記』を参照するのが有効であろう。両『記』の比較に於いて『幻住庵記』が逆照射されることが期待されているのである。この『酒落堂記』は幻住庵に入庵の数カ月前、膳所の門弟浜田珍夕の住宅である酒落堂に遊んだ折に物されたものであることは既に触れたところであるが、酒落堂は幻住庵の北約四キロメートルの湖岸に位置したものとされているのである。早速その後半部をみてみよう。

抑おものの浦は勢多・唐崎を左右の袖のごとくし、海を抱て三上山に向ふ。海は琵琶のかたちに似たれば、松のひゞき波をしらぶ。日えの山・比良の高根をなゝめに見て、音羽・石山を肩のあたりになむ置り。長柄の花を髪にかざして、鏡山は月をよそふ。淡粧濃抹の日々にかはれるがごとし。心匠の風雲も亦是に習ふ成べし。

四方より花吹き入てにほの波

『幻住庵記』と同様『酒落堂記』もほぼ等しい湖南の風景が描写されているという点に疑問はなかろう。前者は死すべき場所としての庵の場所の、後者は酒落堂という堂の敷地としてのおものの浦という場所を限定するための記述である。場所限定のためのこれらの記述はそのまま風景なるものの記述となっているのである。限定の仕方は以下にみるように両『記』の性格に従って異なっていると考えられるが、概ねそれらの場所を取り巻くように散在している名所や山々によってなされている。省略した前半部に、この堂の由来と結構が言われるとともに主人の生きざまの讃美と挨拶の意が表され、〈四方より〉の発句で結ばれるのである。両『記』ともこのように人生のこと、場所のことが二つながらに語られる。両者は切り離しては在り得ないのであろう。このように二つの俳文は形式・内容ともに著しい近接をみせ、重ね合わせて考察することの根拠を与えているのである。

空間把握、場所限定という側面から両『記』を比較すれば次のように言えるであろう。定稿である『幻住庵記』に限ればその視点、即ち居場所が特定できないと言わざるを得なかった。そこでの表現は何らか観念的であり、当然ながら構成的であった。上来みてきたようにむしろ聴覚的な把握がなされていると考えられるものであった。つまり「ある」という確信のもと、既に「見て」はいないものによって限定がなされていると言えるに対し、ここでは詳しく考察する暇はないが、『洒落堂記』では現実に堂から確実に「見え」るものによって、即ち現実に「見る」ことによって限定が行われていると言えるであろう。第Ⅷ節でみた往還する視線等々の複雑な視覚構造はここでは一時括弧に入れて、ただ一点視線の、或いは意識の方向という点に絞って両『記』の大きな相違点を挙げてみよう。

括弧づけられた限りで、『洒落堂記』に於ける視点の特定が可能となる。つまり『洒落堂記』では堂の、ある位置に固定した視点があり、そこから遠心的に視線を放射することによって、即ち未だ内ならざる場所から外ならざる外を、堂の一点から放射する視線に於いて「見る」ことによって、そこに「見え」るものものがはじめて外なるものとして限定づけられ、その限定が反転して初めて内なる場所としての堂の場所が限定づけられると言えるのである。それを遠心的限定と仮に名付けるならば、『幻住庵記』では外なるものものの庵への集摂による一重の限定、これも仮に言うなら求心的限定と言うことができるであろう。このような違いが何に由来するのかは本論の問うところではないが、「堂」と「庵」という建築形式の違いによるものであるのかもしれない。それはさておき両者とも内なる場所の限定をその目的として草されたと言えるが内なる場所は外なる場所なくしてはあり得ない。内・外は互いに照応し合い、且つ両義的でもなければならない。限定は限定の彼方なくしてはまたないのである。限定された場は閉じた場ではなく、明るく開けた場でなければならない。即ち地平の彼方の四方から桜花を運ぶ風の吹き込む余地がそこに開かれていなければならないのである。そうでなければ世界の静寂を聴くことは叶わない。詩人たる芭蕉はこのように地平の彼方を確と見据えていたのであろう。ある論者の言うように「芸術的構成から言えば「先たのむ」一句だけの方がよい」(9)のかも知れないが、このように解釈する時、〈頓て死ぬ〉という発句が〈先たのむ〉と並べて置かれねばならなかったことの理由が理解されるかもしれない。

註

1　柴田實：近江八景、滋賀県名勝調査報告　第一冊、八〜十一頁、昭和十二年三月、滋賀県。

2　大津市：新修大津市史　中世　第二巻、五〇九〜五一三頁、昭和五十四年十月、大津市、及び同　近世前期　第三巻、七〜八頁。

3　芳賀徹：風景の比較文化史——「瀟湘八景」と「近江八景」、比較文学研究50、一二〜三頁、昭和六十一年十一月、東大比較文学会。

4　便宜のため、以下に諸八景図の対応を示す。

瀟湘八景

洞庭秋月・漁村夕照・山市晴嵐・遠浦帰帆

煙寺晩鐘・瀟湘夜雨・平沙落雁・江天暮雪

近江八景

石山秋月・瀬田夕照・粟津晴嵐・八橋帰帆

三井晩鐘・唐崎夜雨・堅田落雁・比良暮雪

初案

三上山秋月・　　・　　・

石山晩鐘・　　・三井落雁・

蘭曲

鏡山秋月・□□夕照・比良晴嵐・堅田帰帆

比叡晩鐘・□□夜雨・唐崎落雁・真野暮雪

大津八景

南湖秋月・尾花夕照・小関晴嵐・松本帰帆

関寺晩鐘・近松夜雨・打出落雁・逢坂暮雪

5 本節の序で述べたように『幻住庵記』の推敲過程は次の三で考察されるであろう。

6 片桐洋一:歌枕歌ことば辞典、昭和五十八年十二月、角川書店、及び森本茂:校注歌枕大観　近江篇、昭和五十九年三月、大学堂書店。

7 赤羽学:俳文、芭蕉講座　第二巻　表現、一六二〜三頁、昭和五十七年十一月、有精堂出版。

8　白石悌三：幻住庵記の諸本、芭蕉七部集、新日本古典文学大系70、五八四〜六〇〇頁、平成二年三月、岩波書店。

9　横沢三郎：幻住庵記、校本芭蕉全集　第六巻、四七四頁　頭注五、昭和三十七年十一月、角川書店。

尚、発句と書簡、『洒落堂記』の表記は岩波古典文学大系本によった。但し「月見の賦」のみ穎原退蔵編註　芭蕉文集（昭和十五年十一月、岩波文庫）によった。

第五章　自然・人間／風景なるもの

IX　人は風景に住まう

「見る」という経験に即しそれを主軸として第四章までの考察がなされてきた。各章の考察を通して、とりわけそこに「見られ」ていたものは、風景要素としての山、水であった。それらの山、水は、単にいわゆる視覚によってのみ「見られ」ていたのではなく、さらにはそうした感覚的な軸では括りきれない「願い」や「祈り」ということの中に、或いは「たのみ」の中に「見られ」ていたのであった。「見る」ことは「知る」ことの根底の仕方である。としても「見る」ことをその主軸とする「風景なるもの」は単にいわゆる知の事柄ではなく、同時にいわゆる情意の事柄でもあったことがいまあらためて確認されるのである。経験もいわゆる知情意の全幅に於いて成就するものである。こうした全幅を見定めつつ、ここでは「見る」ことと、これら「見る」ことに収まりきらない「祈り」や「たのみ」等を包括できる生の位相が求められるべきであろう。そのとき上述のいわゆる視覚に収まらない他の感覚の様態についても、以下では触覚についてのみ触れられることになろうが、この位相に関連して言及されるべきであろう。その位相は、端的に、「住む」ことと言い定められてよいであろう。「住まう」のは人が住まうのであり、人生を生きる人が風景に住まうのである。以下での論述のために、人はわけても風景の中の家に住むのであると言い添えておこう。以下では特に第二章からならぬ、第四章から連続する論旨に限って、自己が自己を「見る」乃至「知る」ということを、自覚の問題として主題的に扱うなかに、こうした位相を求めよう。

こうした論考は、「見る」ことと「言う」こと、「詠う」こととが密接する様態を粗描した第三章第Ⅳ節と呼応して、本論の構成の全体化へ向けて、有意味な論考であろう。本章は論を結ぶために用意された章であるが、結語に先立ってこの節に於けるこうした考察が挿入されなければならない。これらは第四章に引き続き芭蕉を材料として考察される。

上述した趣旨のもと、冬ごもりという特殊な「住まう」例を最初に挙げよう。そこに「見られ」るのはさしあたり山であり、さらに特殊に「画かれた山」である場合も含まれる。

千川亭に遊びて

折〳〵に伊吹をみては冬ごもり

（『後の旅』元禄四年）

「やがて出じとさへおもひそ」めた幻住庵を出、江戸への帰路大垣の千川亭に招かれた折の句である。ここに詠み込まれた山は伊吹山であるが、その伊吹山は芭蕉に拠って先立って次のように把握されている。

斜嶺亭　戸をひらけばにしに山あり。伊吹といふ。花にもよらず、雪にもよらず、只これ孤山の徳あり。

其のまゝに月もたのまじいぶき山

（『笈日記』元禄二年）

こちらはおくのほそ道の旅の直後、大垣滞在中門弟斜嶺の住居からの吟である。伊吹山は近江と美濃を分つ山であり、その標高一三三七メートル、関西の山としては高く、山容はまた一種の風情がある。この山への注目は『古事記』に遡り歌枕として定着している。前文に於いても芭蕉は伊吹山を孤山と定義している。孤山とは他の山と連ならない独立した山の謂であり、その亭然として抜きんでた山のよさを孤山の徳と言うのである。『幻住庵記』では「伊吹が嵩天をささ（さ）ふ」と記されている。ともあれ先の句に於ける「冬ごもり」にかかわる山は雪の孤山であったであろう。冬ごもりにかかわる山として、この文脈で次の句を重ねてみれば、論旨に厚みが加わるであろう。

平仲といふものゝ宅にて

屏風には山を繪書て冬籠

（『芭蕉翁全伝』元禄二年）

元禄二年十一月、大垣から上野へ里帰りした折のもの、すぐ前の句の直後のものである。冒頭の句では、籠もり居るその閉じた状態が西空の伊吹を「見る」ことによって「折〳〵に」破り開かれることが詠われていよう。それに対しこの句の意味は「風雅の士は、屏風に山を画いて、それに囲まれ世俗をよそに冬籠りしていることだ」(1)ということであろう。つまり先の句とは逆に、設いとしての屏風に囲われて籠もり居るのであるが、しかもなお画かれた山と対面することとして、そのような特異な仕方で開かれつついることが言われていると先ずは読むべきであろう。

「冬ごもり」と言われる行為は、これらの句の詠まれた場所ではいわゆる雪国に於けるほど厳しいものではない筈である。それにしても寒さの中、その活動量は少なからず縮小するという生の一極限ではあり得よう。これが先に住むことの特殊な事態であるとされた所以である。春を待望し、じっと籠もり居るその状態に於いて、その精神は鈍麻するのではなく、逆により鋭敏に研ぎ澄まされているであろう。鋭敏な精神を持つ人とその人のその場面を支える設いとして、ここでは現実の山ならざる、山を画いた屏風がいわば擬似的にであろう「見られる」べきものとされているのである。この場合「内」「外」という領域の違いにも、現実の山であるか否かにも拘わらず、そこにそのような仕方で「見られる」山があることが重要なのである。

更にもう一句引いてみよう。山から、山の絵の屏風の設いから柱へと冬ごもりのモチーフは移る。

冬篭りまたよりそはん此はしら　　（『曠野』元禄元年）

幾つかの旅を終え久しぶりの江戸深川芭蕉庵での吟である。この数カ月後、春を待って再び「ほそ道」への旅に出るのであるが、それまでの束の間の休息の時を、この芭蕉庵で過ごすのである。この芭蕉庵の「柱」に「よりそ」った経験がいずれか変換されて、後日幻住庵の椎の「木」に「たのむ」経験に映されていると言えば、飛躍した解釈に過ぎようか。だがこうした解釈が可能であるなら、解釈を延長して、この句に於ける「はしら」と「冬篭もり」の関係はまた、先の句の「山」と「冬ごもり」との関係にもいずれか移されていると言うことも可能とならねばならない。

この句と白居易の『閑居賦』の中の句「閑居マタ此柱ニ倚ル」との関連が云々されてもいるが、「はしら」の意味、或いは「はしら」に倚り添うことの意味は何も中国に探るまでもないのである。我国での「はしら」の登場は「天柱」として遠く国生み神話にまで遡れるが、この節での本論の主題としての「住まう」ことに直接する「はしら」の端的な表現は平安物語文学に於いて見られるであろう。しばらくの間迂回する考察を挿入してみよう。

つねにより居給へるに、東おもて柱を人にゆづる心地し給ふも哀にて、いまはとて宿かれぬとも馴きつつ真木の柱よ我を忘るな

（『源氏物語』「真木柱巻」）

「住まう」場所を去ることが、常に倚り掛かっていた「はしら」を人に譲ることに等しいことが言われている。「はしら」は単に外面的に倚り掛かるだけのものではなく自己の生の拠るべき場所、根拠ともなり得ていることが、そして「はしら」に倚り添うことに拠って自己を確保していることが看取されよう。ここでは『源氏物語』を引いたが同様の記述は『枕草子』にも見られるほどそれは普遍的な観念であったのである。この観念の萌芽は既に『萬葉集』に見い出せるようである。

真木柱讃めて造れる殿の如いませ母刀自面変りせず　（『萬葉集』巻二十―四三四二）

前段は新室寿がひという習俗のことであるという。「はしら」を詞で以て讃めることに拠って久遠を願うのであり、願うことに於いて久遠なる生存の場所が開かれるのである。(2) 謂ゆる呪術的言霊信仰である。「言う」ことにこのように呪術的意味があるように「見る」ことにも呪術的意味があることは既にみてきたところである。(3) 本論の見方からして「山」を、「木」を「見」、「はしら」を「言う」ことに共通するのは空間的次元としてのその垂直性であろう。この共通性の根拠は天と地の間に生きる人にあって、それらが天と地を繋ぐものと観念されることにあるのであろうか。「伊吹山は嵩天をさそ（さ）ふ」といわれていたのである。民俗学的、宗教学的にも説明されるべき主題であろう。

「山」を「見る」ということの意味を求めて木、柱に主題を展開してこの文脈で再度古代まで遡ったのであるが、これらの事例はいずれも、人間存在の、その存在の世界への真摯な働きかけであることに違いはない。文脈を返して芭蕉に於いて、しばらくあとで立ち入る論点を先取りして言えば、そうした場合「山」を「見る」ことによって、また「木」に「たのむ」というかたちをとり、「はしら」に「よりそ」うというあり方によって翻って自己の確認が、即ち自己が自己を知るということが成立しているものと考えられよう。加えて言えばこうした「山」を「見る」ことなどのなかに自己を「見る」ということが成立する場面は、芭蕉に即して言えば、「住まう」場所に於いてであるように思われる。その場所は住居、即ち家という空間に集約もされ得よう。「家」とは、ここでは先ず世界の中に確保された「住み」場所であるとしておこう。そしてそこは「外」なる空間からなんらか境界によって守られた、安らげる、或いは「(居) 心地」のいい自己固有の場所というさしあたり常識的な意味に於いて捉えておこう。

論点を移してここに言われた家空間の内部に於けるかような「(居) 心地」のよさを端的に且つ的確に言い留めたと思われる一句を、やはり湖南に於ける芭蕉の句の中から引用してみよう。

ひやひやと壁をふまへて昼寝哉　(『笈日記』支考編　元禄七年)

この昼寝と句作りの舞台は、『芭蕉翁行状記(路通)』の前文には、「文月十日も過て、……又伊賀方へ心ざし、道すがらなれば此かへるさにも粟津の庵に立寄、しばらくやすらひ給ふ。残暑の心を」とあり、粟津の無名庵であったことになっているが、ここでは大方の意見に従って『笈日記』の「その後、大津の木節亭にあそぶとて」という前書きにより、大津の医師である弟子の望月木節の家(木節亭)であるとする。元禄七年六月廿一日、その木節亭にて、芭蕉、木節、惟然、支考が寄って四吟連歌が巻かれた。その発句が、

秋ちかき心の寄や四畳半　(『鳥之道』玄梅編　元禄七年)

である。恐らく芭蕉逗留の為に用意された部屋は、この四畳半であったとして大過なかろう。芭蕉はこの四畳半

で午睡を貪ったのであろう。(4) 文学者に耳を傾けてみれば、季題は「昼寝」ではなく、「ひやひや」で秋であると言う。また句意は、ごろんと仰向けになり、足を壁にもたらせ、暑気のけだるさの中に、物思いにふけりながら昼寝をしている。そしてその足裏に感ずるひやひやとした感触に、残暑の中にも初秋の訪れをしみじみと思っているというのである。暑気のけだるさの中に、足裏に伝わる壁に冷気を意識し秋の訪れを感じるのはやはり鋭い詩心なくしてはよくしあたわざる所、しかも「軽み」の上に立った味うべき佳句であると、(5) 大略このように言われている。こうした解説に導かれながらも、我々は我々の立場からの解釈を加えなければならない。

午睡を貪る場所は居心地がよい場所であるに相違ない、それ以上に寝るという行為の成立のためには、全く無防備に安らいで居られる場所であることが不可欠である。すぐ前に推定したように、その場所は大津の木節亭の四畳半なのであろう。勿論その部屋はそれぞれの「もの」(建築材)によって構成され、設えられてはいよう、それは具体的には壁によってであり、柱によってであり、床によってである。そしてかかる午睡のための構成はそれに留まるものではないのである。庭も、山も、そしてこの場合、大津という水辺の場所までも含めてその全体が、天地の間の居処として、午睡を保証するためにその場所を開いていると考えるべきであろう。それは世界の局所として、天地の間の「今」であり、「ここ」なのである。そのような開けの中で足裏の感触、即ち触覚を通して「他(外)」との直接交渉が成立するのである。(6) 我々の言葉で言えば、そこで初めてこの四畳半という空間の本来の意味に出会い得るのである。生身の身体の契機に拠って、臥して午睡する人自体は、この広さの座敷の空間に拡張しているとも言われてよいであろう。その出会いの中心的な気分は端的に「ひやひや」という語句に現れている。この言葉は、この句の主題である昼寝という出来事の場の相態を示していると同時に、足が感じる壁の冷たさから秋の気配を示しているとも言えるが、自然界のその現象が現象してくる「場」と、またこの場合先ずは足を通してであろうその現象してくる「仕方」の全体が一つのものとして「ひやひや」という気分（「心地」・「境地」）に集約され表現されているのである。

このように考えるべき理由は、この句に於いて「自」「他」が少なからず融合していると思われることによる。〈ひやひや〉の句に於いては「自」が「他」と一体となる通路が足の裏と背中なのである。身体的部位としてのそれらを通路として「場」が開いたのであるとも言えようか。ともあれ、〈ひやひや〉の句をはじめとして上来この節に引いた句には、程度の差こそあれなんらか「自」と「他」が融合しているような、そういう「境地」とも言うべきようなところが開かれていると思われる。

あらためてここでの「境地」とは何なのであろうか。真っ先に連想されるのは、些か唐突ではあろうが宗教に、特に禅仏教に於いて言われる、かの「悟りの境地」に近いものでもあろうか。禅と言えば、例えば、肇法師の「天地と我と同根、万物と我と一体(7)」という言葉が思い起こされる。しかしながらこの文脈で禅仏教云々にこだわるべきではない。直ちに引き返してみれば、「松の事は忩に習へ、竹の事は竹に習へ」の言葉が芭蕉にあったことも思い出される。言うまでもないがその意味は、私意のなす作意を離れ、私心を虚しくして物に行き、物に入り、物のまこと、物の真実を知れということである。そういう「物我一如」の「境地」で句作りをせよということである。両者の親密性は、芭蕉が禅を確かに知っていたと言われる事実からはむしろ当然とされるであろう。

普通には「自」は「自」であり「他」は絶対的に「他」である筈である。壁はあくまで壁であり、畳はあくまで畳であり、我はあくまで我である以外にはない。がこの「境地」に於いては、四畳半に寝転がる「自」としての我が、個人的意識の殻から抜け出て「他」としての壁と一体となり、融合し、我の中に壁を感じ、我が壁になるのであり、背中が自らの体重を支えつつ、直接に畳と一体となることが可能なのであろう。それは「ひやひや」という場に於いて「ひやひや」に包まれて我を忘れて寝転がるという、詩人的脱我体験に由ってはじめて可能になるのであると先ずは言われてよい。個人的な我の意識が破れて外界との同化が生ずる時、その破れた我の中に身体を通して畳や壁が、そして自然が溶け込んでくるのである。その時我自身は、壁であり、畳であり、四畳半であり、木節亭であり、さらに言えば山水の地大津なのである。ここでは芭蕉は「内（自）」にあって「外（他）」であるとも言い得るし、芭蕉に於いて「内（自）」と「外（他）」が相互に浸透し合うとも言い得よう。

要点は芭蕉の言葉では「造化にしたがひ造化に帰る」こと、即ち我を忘れることの実践であり、本論の言葉では「経験された経験」から「経験しつつある経験」への立ち戻りなのである。こうしたところへ立ち戻りつつも逆にそこから翻ってはじめて、あらためて言葉が詩として発せられるのである、言葉としての言葉が発せられるのである。そしてこの翻りの刹那に、「自」と「他」が分離して意識されはじめ、また同時に「我」は「我」としてはじめて確認されるのである。両者の過程は往還する。こうした往還の例としてさらに次の句を紹介しておこう。場面は部屋から外にも拡がっている。芭蕉によって表現された、端的に内外未分の「風景なるもの」である。

山も庭もうごき入るるや夏坐敷

（『雪まろげ』曾良編　元禄二年）

「秋鴉主人の佳景に対す」と題されたこの句は、みちのくは那須黒羽の城代家老屋敷での佳景に接しての詠みである。芭蕉によって表現に齎されたこの言表に於いて、その根底の「心地」、「境地」が見え隠れしつつ表現され、そのかぎりで直に我々の心にも伝わってこよう。

詩人は一個の人間である。根底の「境地」はその人をそこにあらしめるものである。その人をそこにあらしめるものに触れることによって、その人は自己を知り得たのである。(8)こうした事態こそが本義の自覚なのである。とすればこうした事態は詩作の、或いは宗教の特権なのではないと言われねばならない。先に触覚を「根源的な身体性(9)」と捉える考え方を援用したが、「見る」こと、つまり視覚もなおそれに連続して何ほどか同等の資格を有すると考えられよう。その場合「壁」と「山」は、何ほどか同等に扱われてよいのである。そこには知覚されるものとの距離のない接触という身体感覚に齎される経験と、ある程度の距離を措いて「見る」という視覚的経験に発動されるそれという違いはあるが、それらによって共にそれぞれのものが在るという確信を齎すものであり、この確信が翻って自己が在るという自覚を齎すのであるからである。この定位は通常の相対的な定位ではなく、世界と自己との根源的関わりに於ける自己の根拠としての絶対的「ここ」なる場所を開く、「ここ」に在る自己の確認としての定位なのである。こうした出来事は根底の場に触れてこその出来事である。折〳〵に部屋を開いて伊吹を「見る」人は、そこに自己をしかと確認しながら十全に「冬ごもり」という生を生き得るのである。そこにも部屋の開けとともにそうした場の開けが垣間見られようからである。先に「山」を「見る」ことの中に「自己」を「見る」と言われたそのことはこうしたそれらをあらしめる場の深層に還って、そうした層位によって補完されるのである。

人間存在なればこそこのような「境地」が開かれ得るとすれば、そうしたところは文字通り平穏に安んじて居られるところであり、先に家に即してさしあたり見たいわゆる常識的な意味を越えて、本義に「(居) 心地」のいいところでなければならない。そうした「(居) 心地」のよさは先述したとおり、住まう「場所」としてのいわゆる家空間に具体的に集約され代表されるであろう。芭蕉には「住まう」場所に関する記述、俳文が多くみられ、そこに一連の系列があり、それは芭蕉の一定点に「住まう」ことへの関心の高さを示すものであるという説があることは第Ⅷ節に既に紹介したところである。この点について再述することはしない、ここで新たな論点が導入されなければならない。そのようでありながらも芭蕉その人はこの家空間を否定して生きた人ではなかったのか。人口に膾炙した、

月日は百代の過客にして、行きかふ年も又旅人也。舟の上に生涯をうかべ馬のくちをとらえて老をむかふる物は、日々旅にして、旅を栖とす。古人も多く旅に死せるあり。予もいづれの年よりか、片雲の風にさそはれて、漂泊の思ひやまず、海浜にさすらへ、去年の秋江上の破屋に蜘の古巣をはらひて、……

(『奥の細道』)

或いは、「乾坤無住 (『笈の小文』)」というのが彼の生を貫く一所不住 (在) の精神ではなかったのか。彼が選び、そして歩いた生き方は、人生を仮の宿りとして一つ處に住まないこと、即ち旅であり漂泊であった筈である。それは或いは目的、理由なく虚空に漂う遊戯とも言えようか。この世を或いは人生を旅人として歩くということは、自己を捨て去ること、或いは放下として一種の「行」「道」としてある、それは極めて仏教的な「無常」或いは

「無住」の実践であろう。世間に住せず、さらには究竟には涅槃にさえも住しないというのが仏教根本の立場であると言われ解されるが、「無住」とは『金剛経』の「応無所住　而生其心」という句によるのでもあろうか。事に於いて処に於いて、一切著すること無くして行じ、住する所無くしてしかもその心を生ずること、そしてその心は何物にもとらわれ無き心である。そのような心は境に従い、縁に従う自由無礙なる「境地」に於いてでしか成就し得ない。ここでもこれ以上経典に立ち返ることは控えなければならないが、それは彼の俳諧の骨格ともなった、しばらくあとで見る「虚実」と関連することは言うまでもないであろう(10)。

そのような生き方を選んだ人、芭蕉をして幻住庵入庵に際し「やがて出じとさへおもひそみぬ」とさえ言わしめたものは何であるのか、逆にあらためてこれがここでの問題である。入庵動機は「いとかりそめに」と明記されていた。「風光の人を感動せしめる事、真なる哉（『去来抄』）」という言葉も遺されているが、さらに「あまり静に風景面白候故、是にだまされ、卯月初入庵、暫残生を養候。（如行宛書簡　元禄三年四月十日付）」、「餘り風景おかしき所故、わりなくとどまり候。（此筋・千川宛書簡　元禄三年四月十日付）」という文句を引いてその問いに直ちに答えることが出来よう。そのようであるとしてこれらと「旅を栖とす」との間には表向き大きな距りが、若しくは矛盾があると言わねばなるまい。そこには或いは逆説が潜んでいるとも考えねばならないであろう。

『酒落堂記』冒頭の「静動二の間にすまひを得る者有」という記述を思い出してみよう。ここで言われる静・動は『論語』のかの有名な文言を下敷きにした、山水のことであろう。山は静であって、とすれば人の心の本体である性を養い、水は動であって、とすれば人の心の作用である情を慰めるのであろうか。このようである山と水の間に「住まい」を持っている者があると言うのである。人は自然の中に自らの「住まう」場所を定めるものであり、この開かれてある山と水の「間」こそが本性的に人の「住まう」べき場所であると言うのであろう。「住まう」場所の端的な言い留めであり、彼の住居観の簡潔な表明でもある。

論者によれば真に「住む」ことは、空間の中の一定の位置に自分をしっかりと基礎づけ、安らかな自分自身の空間をつくり出すこと、そしてそうした内なる空間に閉じこもることなく、外との緊張関係を保持し、家屋に住みながら同時にその大いなる空間に自己を委ねることであると言われる。[11] この論考では、一定の位置云々のことは一応表向きは別にして本論の二三の〈冬ごもり〉の句にみた開閉のこと、〈ひやひや〉の句にみた自分の居心地のことに概ね重なることが言われていよう。この論者は人間の空間への根源的関わりを端的に「住む」ことに見、その「住む（住み得る）」空間を自己のものと同定できる「境界づけられた自分自身の空間（自己固有空間）」(der umgrenzte Eigenraum) と一般的に形式的に規定した上で、この自己固有空間に、身体空間、家空間、周空間 (der Umraum) の三重の入れ子構造を見る。（周空間は、いわゆる都市、祖国、あるいは宇宙にまで広がる空間を包括的に含むところと言われる）。[12] つづいて上記引用の同じ箇所で、人間は、いわゆるテリトリーに拘束されつづけて生きる動物と異なって、「その自己固有空間から自分を内的に引き離すことによって、自分を自分のうちに取り戻す可能性をもっている」といわれるところが本論のこの文脈にとって見逃され得ない。この意味で内的な自由を獲得し得る人間は自ら「遍歴」する者となるのである。ここで開かれる自由の空間（自由に開かれる空間）と上の自己固有空間の両方にわたって生き得るのが本来の人間であると見定められているのである。ところで論者のいう「自由空間」(der freie Raum、別の論者はこの語を「空なる空間」と訳出している）はこのような「遍歴」における空間にあり（文字通り「空なる空間」であり）、とともにそこに究極には信頼に安らいで「住む」ことの出来る空間でもあるように述べられていて、とすればそれは上の周空間と重なるような空間でもある筈であり、(したがって自己固有空間の一のようでもあり)、別の論者によれば、この論者の論旨はこの両義の間を通常の論理にのらないで揺れているとされる。本論のこの文脈は、この揺れについて縷説されるその論考に立ち入るところではない、ここでは一点そのような両者の揺れが只に平板な局面内でのそれであることをこの別の論者とともに見定めておけばよい。代わってこの別の論者は、主題を立体化して以下のように言う。(13)入り組んだ論旨をごく簡略にして言えば、元々「周空間」と「空なる空間」は端的に別次元のものであって、周空間は空なる空間に「於てある」という仕方で二重をなしているという見方を示しながら『住む』とは周空間に住むことであり、それはすなわち、空なる空間に於てある周空間に住むことであり、したがってその『住む』は本来『不住にして住む』ということであり」、「『不住の住』とでも言わなければならないあり方が『世界に住む』の根底をなすと見たい」と言う。

こうした論考を参照しながら早々に、本論の文脈に戻らなければならない。家に住むということは、定点としての家にいて、家の「内」「外」の関わりを、そしてその出入りを、或いはその「開」「閉」を生きるということに他ならない。ならば、上に言われた「不住」、先に触れられた「無住」とはいかなる事態なのであろう。それは真っ先に、定住する家を出ることと言われてよいが、家を出ることとは、先ず芭蕉が選んだ漂泊というあり方がそれに相当しよう。だが非定住というだけの漂泊は、いわゆる家空間の否定とはなり得ても、直ちにその儘「住む」ことを十全に否定するものとはなり得ないことを見逃さないでおこう。人は常に既に「住む」ことの内にある限りいわゆる「住む」ことを出ることは、むしろ「住む」ことの全体が問題化するという仕方で「住む」そのことに跳ね返ってこざるを得ないであろう。とすれば、漂泊を選んだ芭蕉こそが真に「住む」ということを問い・

尋ね、知るものであり、彼の「旅を栖」とするというういわゆる定住の否定の中にこそ逆に本来の「住まう」ことと「住まう」場所へ向けての強烈な意志が読み取れるという逆説が、先に予想されたとおり成立するのではなかろうか。

美景にだまされること、そしていわゆる定住を思うことは確かに妄執である。さらに言えば「風雅の道」そのものが宗教的な立場から言うと妄執以外のものではあり得ないであろう。だが、芭蕉は己が生涯を貫く俳諧の行道の儘に、「いずれか幻の栖ならずやと、おもひ捨て」、或いは「わりなく」と書かれた通り妄執を妄執と自覚しつつ、湖南の風景の中に自分の「住み」場所としてこの幻住庵を選んだのである。としてもこの事態にまで至ると最早単なる妄執の立場とは言えないのである。それは妄執の只中に入り込んで、それに徹して、そのかぎりでこれを忘れることであろうからである。それは自己を忘れることでもあろう。その限りでこの出来事は「片雲の風に誘われて」漂泊することと全く同様の事態であるとも言い得よう。ここでもそれは忘我の事態であろうからである。「幻に住む」というこの庵号その儘に、幻住とは無住へ安住することなのであり、安住に無住することなのである。

同じ「見る」であっても第二章でみてきた「祈り」「願い」の中での「見る」と、第四章での「たのみ」の中での「見る」では大きな違いがあるのである。「祈り」や「願い」は自己の未然の只中で、自己を超えたものからの恩寵を只管望むことであろう。それに対して、「たのむ」は信じ、頼ることとして自己を他に預けることとして「委ね」或いは「任せ」「従う」ことである。(14)「任す」とは論者によって、『捨てる』『捨てることをも捨てる』という過程では出てくることができないものが、『任す』において出てくる。風雲にまかせる、といふ場合の風雲、天運に任す、という場合の天運が出てくる[15]」と言われるところであり、「自力や自己の意志がなくなり、全き受動になったところが『任せる』である。任せるのではなくて、實は任せられてある、といふことである。任せのままにあることが、任せた状態といってよい[16]」ところなのである。いわばそうした境地に於いて幻住庵は無住そのものに安住する仕方として、その逆の仕方として、その居場所を支える風景の中に、今、こことして、椎の木を「たのみ」として見い出されたのである。そこでの自覚は自己を棄て去り、放下し尽くした後の、いわばそこからの蘇りを経た後のそれであると言われねばならない。芭蕉にとって現し世に宿ることの意味とは世俗に任せずして住し、住して住しないことであり、無住に安住すること、安住に無住することである。この意味でのまことの安住である限りは己が居場所は安らいだ「居心地」の良さを保証するものとして、己の精神と相即するものでなければならないからである[17]。人と自然が向かい合っている双方の間に、向かい合っている当の双方にとってのみ開かれているような、そういう相互主体的な場の「間」の無底の深みを通って絶対無の場所に開かれているとき、「実に居て虚に遊ぶ」ことが可能になり、それが真に遊ぶことである[18]。虚に、或いは無に晒されてそれゆえに自己同一的に閉じた自己ではない、自己はそこに開いた自己ならざる自己として、人間存在が世界に住む本来のあり方である「不住の住」が成就するのである。遊戯とは自覚の本来のあり方であり、そうした自覚も「不住の住」もこの「風景なるもの」に支えられてこそあり得るのである。

そのような場所に於いてこそまた「椎の木陰に嗒焉吹虚の気を養ひ、無何有の心の楽（曲水宛書簡　元禄三年六月三十日付）」という自由無礙なる「心地」が開くのであり、「澄み」或いは「済んだ」「境地」で十全に「住む」ということ、という先行節で触れた一句が自ずと発せられるのであろう。「死を能くし得るもの」として死と対峙することは「住む」ことの本質に属することであるが、「住む」ことを出ることは死によっても決着するものではない。すっかり「任せ」「たのみ」きったところで、死はこの「不住の住」の中に十全に生きられるのである。地上に在りつつ同時に、既に地上を突き抜けたところに在るのである。こうした場こそが本義の「居心地」のいい場所なのである。現代の平均的な日常性の中で言われる居心地などではない。みてきたような「住まう」には、この一句からのひびきが限なく谺しているであろう。「住む」は安住・無住の、虚・実の人生の事柄に他ならないからである。

風景への問いが、ここでは芭蕉その人に即して、人の心身なり精神なり、人生なりの問いへと移り行くのは偶然ではない。「風景なるもの」は人から独立して存在するものではないからであり、「風景なるもの」の中に自己と自然の本性を見据えなければならないからである。端的に「人生の出来事は場所に於いての出来事である。逆に、場所は人生を生きる人が居て初めて場所である」(19)のであり、自覚的経験は場所に於いての経験であり、逆にそれ自体場所を開く経験でもあるのである。芭蕉はそうした出来事の舞台として旅を選んだのであったが、その旅に生きることとは、先の論者の「自己固有空間」を次々に打ち破りその時とその場所を、常にその刹那を生きること、即ち別の論者の「空なる空間」に「於てある」天地の「間」の風景を栖とすることである。山水の「間」は天地の「間」の具体的なすがたの一であろう。旅とは一瞬一瞬場が開く可能性を孕んだ充実した、虚実の生のかたちなのである。単に平板に無為に位置を通過するのが旅ではないのである。

仮に芭蕉を通路として、「風景なるもの」が彼の生を支えその「境地」と生き方を実現する「場」として、「住む」ことの根拠となり「住む」ことを支えていることが粗描されたのである。即ち、「住む」ことは「風景なるもの」に支えられ、個々の風景に依って「風景なるもの」を「見る」ことは既にして常に「住まう」ことの中に包まれている。つまり根源的に「住まう」ことは、「風景なるもの」を「見る」ことに通底して、いずれかそれと一なることなのである。

註

1　中村俊定監修：芭蕉事典、九〇頁、昭和五十三年六月、春秋社。

2　玉腰芳夫：場所と形式――建築空間論の基礎的考察、理想　No.558、八七頁、昭和五十四年十一月。

3　第二章第Ⅲ節二を参照されたい。

4　この四畳半の意味については、大橋良介著『日本的なもの・ヨーロッパ的なもの（一四〜二〇頁、平成四年二月、新潮社）』に四人の身体と四畳半という部屋の広さに関する興味深い考察が展開されている。この部屋が実際に芭蕉の滞在に充てられた部屋ではなかったとしても、この論考と同じ身体的次元を直覚して、独りでの午睡の部屋はそれほど広い部屋であったとは思われない。すぐあとの本文で見る、身体の拡張を云々する見方と重ねられてよい。

5　南信一：三冊子總釈改訂版、二一三〜五頁、昭和五十五年二月、風間書房。

6　小川侃はH・シュミッツを引用しながら「――端的な知覚とは、『主観・客観の、従って見るものと見られるものとの隔たりが無くなることである』から。我々には、この端的な知覚の地盤は、触覚的身体性に他ならないと思われる。なんとなれば、触覚的知覚の機能遂行において、私は世界と触れ合い、根源的に出会っているのであり、その際、私と世界とは同一なのでもなく異他的なのでもない。『私が世界に触れること』は、『世界が私に触れること』であり、この『触れ合い』の生起は、私と世界とを同時に共－発生させている（〈見ること〉と〈触れること〉――心身二元論を超えて、理想 No.553、一二〇～一頁、昭和五十四年六月）」と論じている。本論のこの文脈に教示するところが多い。

7 碧巌録　巻第五　第四十則、西谷・柳田編禅家語録、世界古典文学全集第36巻B、二四一頁、昭和四十九年二月、筑摩書房。

8 秋月龍珉は、より宗教的な文脈に於いてではあるが、こうした「境地」に関して、体験的に絶対者に摑まれる、これが「逆限定」であり、かくして自ら覚者となる体験が成立するのである。そして、「自己が自己の底に自己を超えるということは、単に自己が無になるということではない。自己が世界の自己表現点になるということである」のであると西田を引用しながら論じている（西田哲学の基本思想――「場所的論理」に於ける「逆対応」の概念――、鈴木禅学と西田哲学、一二一～二頁、昭和四十六年三月、春秋社）。

9 前掲6。

10 西谷啓治：芭蕉における「狂」、西谷啓治著作集　第二十巻、一三五頁、平成二年八月、創文社。

11 O・F・ボルノウ：人間と空間、大塚系一他訳、二九一～二頁、昭和六十年五月、Otto Friedrich Bollnow : Mensch und Raum、W. Kohlhammer.Verlag、Stuttgart、1963、s.310。

12 O・F・ボルノウの論述をこの文脈では別の論者（上田閑照）の論考に依って見てみよう。上田閑照：場所　二重世界内存在、一一〇～一一九頁、平成四年九月、弘文堂。

13 同上、一二四、一二六、一二七、一三八頁。

14 第四章第Ⅵ節の二参照。

15　唐木順三：任すということ、その系譜、唐木順三全集　第九巻、二六五頁、昭和四十三年二月、筑摩書房。

16　同上、二五九頁。

17　竹市明弘は在処（ありか）という言い方で「住まう」場所を次のように説明する。「いつまでも落ち着いて住みつける場所とは、そこにおいてわれわれの本質的なあり方が成就するという仕方で、われわれが安心して住みうるところのことである。したがって時間的にたとえ短くとも、また空間的に一定の場所を指定しえずとも、そういう本質的な住居が現成しうるような空間が開かれる所が、在処なのである（つゆのふるさと、理想　No.538、一二三頁、昭和五十三年三月）」。この文脈でも、以下の文脈でも教示を受ける論考である。

18　上田閑照：対話——共にと独りと、生きるということ——経験と自覚、九八頁、平成二年五月、人文書院。

19　田中喬：人生と住居——五合庵の場合、建築家の世界　住居・自然・都市、一九一頁、平成四年四月、ナカニシヤ出版。

X　結

以上、第二章第Ⅱ節より第五章第Ⅸ節までの各章節に於いて「風景論」の構成へ向かう論述がなされた。論考は第Ⅰ節、総序に於いて摑まれた先行理解によって仮説的に定着された基本構図に基づいて示された見取り図に沿うてなされた。即ち、「風景なるもの」の根本の事象としての「経験」に着目し、個々の「風景」に即してその経験を「純粋」なる、即ち「最醇なる」層へと、只管その足下を目指す深化が試みられたのである。経験は主に「見る」こととしての経験に限定されて考察された。視覚以前の触覚を、身体性に関わるものとしてより根源的であるとする考え方についても部分的には若干触れられたが、全体を通しては「見る」ことが主軸として選択されたことを繰り返しておこう。

本論を結ぶにあたって、なされた論考からこの主題としての「見る」という軸そのものを引き抜くかたちで辿り直して、論旨を浮き彫りにしよう。そのために別の二つの事項にも注意して考察全体を立体的に総括しよう。その一は論考の材料として援用された詩歌群と史料群についてであり、その二はそれら詩歌を解釈するに際して参照された諸々の学問分野に関してである。これらに着目することによって本論がその構成を目指す「風景なるもの」の所在する領野の拡がりと深さを浮かび上がらせることが出来るであろう。

第二章、この章では二節に亘って『萬葉集』五二番歌、即ち「藤原宮御井歌」を解釈することが中心課題であった。「御井歌」に詠み込まれてある四つの山々のうち、大和三山の風景が第Ⅱ節で考察された。日本初の人工的計画都市、藤原京の風景が大和三山の風景と不即不離なる関係の中に考察されたのである。第Ⅲ節では、「御井歌」に詠み込まれている残りの山、吉野の風景が、水と山、即ち自然の風景として、藤原京という都市との対照の中で考察されたのである。この目的のために、詩歌としては五二番歌以外の萬葉歌、そして『記紀』歌謡の幾つかと、『懐風藻』が参照された。また史料としては、『記紀』本文はもとより、いわゆる『六国史』、『続日本紀』『日本後紀』『三代実録』そして『日本紀略』等が、また『風土記』からは、播磨、常陸、出雲、肥前、豊後の各地域から取材されている。当時の制度や儀礼を知るためには、幾つかの『祝詞』もみられたが、それらは「祈年祭」「広瀬大忌祭」「践祚大嘗祭」に際して奏上されたものであった。また『出雲国造賀詞』『天神之寿詞』『延喜式』『貞観儀式』が、それ等と表裏して『令集解』『令義解』も自在に参照された。そしてこうした文献の解釈に際して、先ずは国文学、とりわけ萬葉学が、人文・歴史地理学が、国史学、考古学、建築史学が、そして神話・神道学、宗教学、(歴史)民俗学、語源学等々が援用されたのである。第Ⅱ節では三山という自然の事物が単なる「見え」を超え、京を限る境界として、「見えない」界の現象のなかに「見られ」ていたであろうことが導き出された。続く第Ⅲ節では、国見という古代に特有な「見る」を導入とし、古代的知覚の変遷が「原始の自然物に神を見る」という「見ゆる」時代、「……見れば……見ゆ」の時代、「見え」ない時代、のなかに構造化されるなか、人間は「見える」限りの世界に住まいつつ「見えない」意味の多重を「見」、多重の地平を生きていることが例示されたのである。「風景なるもの」の一側面である。この点は本論の特に表立った成果の一である。こうした考察によって第二章では「風景なるもの」が「見られる」世界の相面から、そこでの「経験世界」の、その「世界の相」が明らかにされた。それは、元々に個人としての我のない事態として即ち「没我」の「見る」として、自己が自覚的に未だ顕在化しない過程として「風景なるもの」をみることでもあったのである。

続く第三章は、前後する章を連結するために用意された章であったが、その前半第Ⅳ節では世界の「見方」に必然に関わって、経験と言葉の問題として、或いは経験と詩歌、つまり「見る」ことと「詠う」ことの内密な間が概観されたのである。援用された分野は言語学と国語学であった。そして後半の第Ⅴ節に於いては、吉野という歌枕を如何に「見た」かという観点から『書紀歌謡』にはじまり、『古今和歌集』『新古今和歌集』及びそれに関連する若干の私家集の参照を経由して、西行の『山家集』からの引用がなされた。そして西行を直接受けるかたちで芭蕉の紀行文、『野ざらし紀行』『笈の小文』と二三の俳文が、加えて彼の弟子によって我々に残された彼の俳論が、国文学の中のいわば歌枕学や西行学と名付けられるべき領域の知見の中で考察された。「見る」という軸から纏めれば、古代の没我の「見る」から、「見るもの」としての個我の発生を経、「経験された経験」を、さらには「経験された経験」がより一段形骸化した歌枕という風景を「見られたもの」として「詠う」こと、同時にそうした事態以前に立ち戻り「経験しつつある経験」をその儘に「見留め」「言い留め」ようとする努力が兆していることが粗描された。

第三章第Ⅴ節を直接受けて、第四章の三節と第五章第Ⅸ節までの合わせて四節は、『幻住庵記』『洒落堂記』なる二つの俳文の解釈を中心に考察がすすめられた。同時に、芭蕉の発句の数々と、『おくの細道』『笈の小文』『野ざらし紀行』等の紀行文、門弟と交わした書簡、そしてそうした門弟によって記録された彼の俳論とも言うべき『三冊子』『去来抄』等が参照された。それ以外にも周辺状況の確認のために、荘子、老子、杜甫、李白、陶潜などの唐国の詩人や、『萬葉集』『源氏物語』、さらには『東海道名所図会』『瀟湘八景図』『近江八景図』と膳所周辺の古地図等が参照された。援用された学問分野は、俳諧学或いは芭蕉学と言われるべき近世文学が、その主なものである。第Ⅵ節では、椎の木という事物の「見え」に「たのむ」ところに「風景なるもの」の所在が洞察され、「見る」そのことが「たのみ」という側面から探求された。「物我二つ」たる通常の「見方」からは「たのみ」へは近づけないことが言われ、「たのみ」とは端的に「見えざる」ものへと向かうものであることが明らかにされた。「古人の求めたるところ」という芭蕉の言葉に導かれ、論は「見－立て」へと展開する。「見－立て」とは「見えざる」ものを在らしめることであり、それは「見る」ことに於いて同時にその物によって「見られている」ということ、さらに「見る」そのことを「見ている」という自覚に基づくこととして、「見る－見られる」という関係の中に構造化して定着された。これらが本論の特に表立った成果のその二である。続く第Ⅶ節では、没我の「見る」に於いて表立つことのなかった自己の問題、そしてその自己に関わっての身体性という問題が論じられる。改めてその身体性という観点から「見る－見られる」ことの意味の深化が試みられたのである。そこでは、固定した視点の開放、世界の多重という問題が第Ⅵ節の論点に加えて論じられた。これらの考察も上記の成果その二に含まれる。この両節を通して、「見るものなくして見る」「ものとなって見る」こと、即ち「我なくして我」たる忘我の「見る」が「まこと」に「見る」ことと見做されるそこでの「経験しつつある経験」を「詠う」こととして、「経験世界」がとりわけ「経験の相面」に於いて考察されたのである。こうした考察の中で上に述語化された幾つかの「見る」の他にも、仮に「見る－見える」「見る－見えない」「見る－見ない」「見ない－見える」とも述定される「見る」ことの諸相が、文脈に応じて述べられた。またこの第Ⅷ節は第Ⅴ節と呼応して、歌枕という歴史的風景の歴史的風景たる所以が「まこと」に「見」そして「詠う」ことのなかで論じられている。本論考にとって見逃せない論点の一である。

結章である第五章は、論を結ぶに先立つ第Ⅸ節で、同じく芭蕉の発句の若干と紀行文、補足的に『源氏物語』が引用されるなかで、ここまで縷々考察されてきた「見る」ことそのことが、「見る」ことの自己理解と表裏して「住まう」ことのなかに包まれるものであろうことが粗描された。「住まう」ことは場所に、家に「住まう」ことであり、本来の家のあり方も考察された。

なお全章節を通して、先行理解としての経験を導く純粋経験の哲学の視点として、ともに若干の現象学、解釈学の哲学が、表立ってはないが背景的に援用されている。序章でみられたように、本論にあって方法的に見定められた究極の指標としての前者は、本論の考察を通して、見え隠れしつつも本論の方位を的確に導くものであったことがいまここで見返される。

以上が本論考でなされた考察を「見る」という主軸の引き抜きによって粗描したものである。繰り返しではあるが再度、より一層簡潔に全体を振り返ってみれば、経験世界の「世界」の相が第二章で、経験世界の「経験」の相は第四章で論述された。そしてその経験の「自己理解」の問題が第五章第Ⅸ節で粗描されたのである。それらは経験、自覚、場所（世界）という鍵語によって捉え直されもしよう、それぞれに大きな問題である。第三章第Ⅴ節、第四章第Ⅷ節でみられたように、経験される場所は詠われた歴史的な場所としての歌枕として形式化へ向けて固定され易いところである。とともに、論考の題材として援用されるのが詠われた詩歌であることに関連して、経験と言葉の問題が第三章第Ⅸ節で粗述された。

こうした人間と世界の「間」を垂直方向に掘り下げることを試みた論述の全体を通して、本論は「風景なるもの」を「自然と人間」或いは「人生と世界」の問題として、その張り渡された網目の全体によって掬い得たものと考える。

この結節の冒頭に触れられたように、方法論的に先行理解として把えられた「経験」なる事象が、かような多岐にわたる「見る」ことに関する論考を通して、それ自体主・客未分のその「純粋」なる層位に沈潜する方位に向かい得たとすれば、上来の各章節での考察は、立ち入って「詳述」された章節も、「粗描」の儘であった章節も含めて、ともに「素描」であり得たであろうことがかえりみられてよいであろう。

本論全体の標題、「風景現象の建築論的研究」、のそこでの「建築」論自体について、諸学を援用してなされた諸々の視点からの主題の論考のうちに、かえってそれ自体、本論に於いて分節されることはないが自らの固有の領分が限定されて来たであろうことが自覚される。「建築」は、「風景」に於ける「風景なるもの」とともに、それ自体「建築なるもの」としては既知・未知なるものであったであろうからである。

後記

好く晴れた天氣で、雲一つない五月の空は青く澄み、海も明るい紺碧の色を湛えてゐた。そしてその海の向ふに、雪をかぶった立山山脈の尾根が、半天に蜿々と連らなつてゐるのが見えた。海と空と、それら全體の風光は、やはり地上のものとは思へない神秘な美しさであった。

（『奥能登の風光』）

間もなく古希を迎えんとする西谷啓治が故郷を訪れた折の文章である。奥能登から富山湾を越えて立山の風景がそこにはあった。そしてそれを西谷は「地上のものとは思えない神秘的な美しさ」として受け止めている。おそらく今でも誰もが、神秘的とは言わないまでも同じような感銘を受けるであろう。いわゆる典型的な名所の風景でそれはあろうからである。

それに比し唐木順三は、同じく故郷にほど近い八ヶ嶽の西麓を訪れ、とある泉の傍らで、「おそれという感情」を感じたのであった。彼の視線は泉そのものに集中しているかもしれないが、泉がそれのみで存在するはずもなく、泉のある風景――おそらくそこは名所扱いされることもなく、信州にあってはむしろ普通の風景と言われるものであったであろう——に「おそれ」を感じたと言ってもよいであろう。『おそれ』は、自己を越えた存在との関係から起こる感情」であり、「ある偉大なもの、人力や人知の及ばないものに對する畏敬の念」であると言い、寒山詩を引きながら「泉は水不窮として、どこか神秘的である。科学の至り得ない堺として、どこか形而上的である」と続けたのであった。

両者ともに風景のなかに我が身を置きながら、己が風景経験をそれぞれの言葉へと変換したのであった。両者が自身の経験のなかで感じ取り、それぞれの言葉に述定しようとしたもの、それは端的に「神秘的」ということである。それは風景にとって核心的な何ものか、言わば本質的な何ものかの一であると思われる。本書では風景にかかわるこの本質的な何ものかを「風景なるもの」と名づけ、これをどのように説明に齎すかが試みられたのである。

本質とは普遍的で生成消滅せず、永遠に単一で、非感覚的であるとの定義がなされるならば、本質とは誰がいつどこで思い浮かべ、語っても常に同じものでなければならない。ここではたった二人に過ぎないが、別の人間がそれぞれの風景に、その個別を超えて同じ神秘性を——しかも神秘性という見えるはずのないものを——古代人や芭蕉が見たように確かに見たと言うのである。二人の論者が敢えて選んだ「神秘的」、あるいは「地上のものとは思へない」という言い方も「形而上的」という言葉も、人間の直接経験できる世界の外を予想させるものであろう。

人間が直接見聞できることは限られている。認識し経験する「私」にとって、経験され知られることになるのは、「私」にとって現れる対象、つまり「現象」でしかなく、個々の現象の総括としての世界、世界全体は決して直観されることはない。カントならば、経験されるものの総体という概念は、経験それ自体を超えている。世界は与えられ（gegeben）ているのではなく、世界は経験に対して「課せられている（aufgegeben）」と言うであろう（『純粋理性批判』）。我々はある対象によって触発されることによって、その対象についての表象を得ている。この受動的能力が「感性」と言われる。我々の知識はすべて経験によって与えられる他ないが、本質は我々の経験に常に伴うものの、感覚的、感性的経験のうちに見い出すことはできないのであるから、有限なる人間にとって知りうる世界は、経験と思考によって限定され得る範囲がそのまま世界の限界である他はないと言われるのである。にもかかわらず我々は世界の内に居ながら、世界の外を確かに関知しているのである。ここには大きな矛盾がある。世界そのものの構造、こうした本質がどこに、あるいはどのように存在するかをめぐる議論が、古代ギリシアから現代に連続する哲学の中心課題であることは言うまでもなく、それが経験を越えた事柄を問題とする思考である限り、世界をめぐる諸問題は典型的に形而上学的な装いをとることとなろう。

この後記においては、些か唐突に思われるような仕方でカントが援用されている。プラトン以来の本質－個物図式とデカルト以来の主観－客観図式を結合したのがカントその人であり、「ヨーロッパ哲学の全てが、一度カントに流れ込み、またそこから流れ出す」と言われていることが思想の歴史のなかでもっとも重要な転回点であることを示しているであろう。本論中に引用した現象学、解釈学、西田哲学等々のすべての思想はなんらかの点においいて、このカントに繋がっているのである。

本書は勿論カントを知るものでも、その説明に満足するものでもないが、本書における表立った、また伏在する論点をカントのこの巨大な体系に重ねてみることは無意味ではなかろう。

カント哲学は三冊の『批判書』によってその体系の骨格が与えられている。第一書『純粋理性批判』では認識の「真」の問題が超越論という立場から、第二書『実践理性批判』では行為の規範、すなわち「善」の問題が自由意志——世界は必然か自由かという矛盾（ふつうは二律背反と訳される）いわゆる第三Antinomieの解決とし——の問題として、そして第三書『判断力批判』で「美」の問題が理性と感性の間のこととして論じられる。「真善美」という人間にとって重要な価値がそれぞれに配当されている。「真善美」は「知情意」と言い換えることが可能である。

第一批判は本書の課題である「風景なるもの」を、そしてその現れの構造を説明しようとする主題にそのまま重なっている。既に多言は要しないであろう。しかしながら見られるとおり本書の採った記述方法は、厳密な論理の言葉にのみよるものではなく、詩歌の言葉に基づくものであった。風景なるものは繰り返し言われてきたように知性をはみ出すものである。世界の限界面に穿たれ、その外を垣間見る可能性に開かれた窓と言うことも可能であろうか。言語の限界が同時に思考の限界であり世界の限界であるなら、限界それ自身を、また限界を超えた世界を再度同じ論理の言葉によって記述することはできないであろう。論理の言葉で記述されるその境界は、ただ言語と世界の内部からのみ語り出される以外になく、限定されていない概念以前のなにものかはそこからこぼれ落ちてしまうからである。それに対し、また言語芸術と言われる詩歌が詩歌である所以は、もちろん言語を用いるところにあるわけであるが、「与えられた概念の制限内」で、その「概念の呈示」をなしながら、しかしそれに、「いかなる言語表現も完全に十全にならないような思想の充実」が結びつくような形態を案出する（『判断力批判』）可能性を有しているからに他ならない。ややもすれば概念の論理操作に見えかねない哲学や観念の背後に、実感という裏付けを求めなければならない。

第二批判はその表題が示すとおり実践という人間の営み、行為が検討されている。ウィトルーウィウスを引くまでもなく建築学は、実践の学でもなければならない。建築論が他の諸学から区別されるのは理論と実践が表裏するまさにこの点においてである。我々人間の日々の営みは、自覚するか否かに拘わらず、風景のなかで風景を更新・改変する営みなのである。とりわけ土木や建築行為は、風景の変貌が目に見えるものであるから、この分野で景観問題が取りざたされるのは当然のことでもあろう。

本書では実践に関する表立った議論はない。が第Ⅱ節五で境界現象の確認のためにみた夜刀（谷）の神伝承を再度振り返りながら、ここではとりわけ制作（建築）行為という側面を見てみよう。

箭括の氏の麻多智、郡より西の谷の葦原を截ひ、墾闢きて新に田を治りき。此の時、夜刀の神、相群れて引率て、悉盡に到來たり、左右に妨障へて、耕佃らしむることなし。是に、麻多智、大きに怒の情を起こし、甲鎧を着被けて、自身仗を執り、打殺し駆逐らひき。乃ち、山口に至り、標の梲を堺の堀に置て、夜刀の神に告げていひしく、「此より上は神の地と為すことを聴さむ。此より下は人の田と作すべし。今より後、吾、神の祝と為りて、永代に敬ひ祭らむ。冀はくは、な祟りそ、」といひて、社を設けて、初めて祭りき。

（『風土記』常陸國）

郡役所より西の谷は未だ人の手が入らない未知、未開の場所であり、その風景に人々は神を見ていたのであった。すなわちそこは限定された世界の外側としてあったのである。しかしてそこに墾田というかたちで人工が入ることとなる。それは限定された世界の拡大を意味し、同時に神のいる風景は「山口」より奥へと遠退いたであろう。しかしそこには、新田の風景が拡がっていることを見逃してはならない。既にそこに以前の「神秘性」を感じることはもはやできないかもしれないが、それでも風景はそこにあるからである。これが先述した人間の営みは風景のなかで風景を更新・改変する営みであると述べた意味である。風景として認識されるその仕方は、風景を更新しようとするその仕方でもあると言えようか。人の営為はすべからく風景に結果するのである。「神秘的」というような特別なものを感じさせるものだけが風景ではない。我々が一瞬一瞬眼にしているものが既に風景なのであるが、我々は限定されたもの、ないしは限定済みと思っているものには無関心であり、通常人はそれを意識しないか、あるいはできないかのどちらかなのである。神話というかたちでの記述は、限界の外のことを語る方法として相応しくもあろうか。この神話はまさに建築学的記述である。自然科学の進展によって忘れられたもの、神秘性にとどまらず、そこからは改変以前の風景をどのように受け取っていたかすらも、そこに透けて見えてもくるのである。

田を開墾するという営為も既にして制作であると言えるのであるが、本書は「標の梲を堺の堀に置て」ることを、この国における建築行為の初めての記述であるとして注目するものであることを特に記しておきたい。それはさておき、田の開墾というかたちで世界を拡大し、それを標付け固定する、という実践には自由か必然かという矛盾が、カントの言う「自由意志」「自然の合目的性（『判断力批判』）」と無関係ではないことを見逃さないでおきたい。この地上には固有の地域に、その土地独自の集落や都市の風景が形成されている。顕著なそれは文化遺産とされてもいよう。こうした事態を素朴な環境決定論、自然決定論で済ますことはできない。そこには人間の世界への働きかけがあり、そして自由がなければならない。建築論の立場からは、風景なるものは、自然と芸術（人為）の間に所在すると主張しなければならない。第三批判との関連を先取りして、敢えてそれを美と呼ぶなら、風景美は自然美と芸術美の間に所在するのである。

　第三批判で問題とされる判断は、対象の概念に関わる論理的なそれとは区別される判断、主観の感覚や感情に関わる判断であり、「感性的なもの」と「超感性的なもの」の間を架橋することが課題とされている。本書と大きく重なる部分である。第一部は「情感的判断力（ästhetische Urteilskraft）の批判」と題されている。古くは「美的判断力」と訳されることが多かったが、原語であるästhetischeは単純に「美的」と訳すべきではない。美と言われると若干の違和感を感ぜざるを得ないが、もと由来するギリシア語αἴσθησις、つまり「感覚」を意味する語源に戻って情感的、情感を動かすものとするほうが本書の意に適う。カントは芸術（Kunst）を技術（Kunst）の一と考え、人間の制作したものとして自然と区別した上で、美の成立根拠を「構想力と悟性との自由な遊び」のうちに求める。そして自然美の代表として風景美を据え崇高（das Erhabene）なものは自然そのものではなく、自然のある光景によって喚起される、こころの内なる「理念」なのだ、とする崇高論を展開するわけであるが、西谷や唐木が感じた「神秘的」とはこの崇高と言い換えることが許されるものであり、一般に、特に風景といえばこうした特別なものを指すであろう。既にいく度か述べたとおり、本書は風景を特別なものとして捉えるという立場にはない。もちろん風景美を否定するものではないが、風景は必ずしも美しいものでも、崇高なものであるとも考えるものではない。風景に特別も普通もない。風景の現れの背後を注視できるか否か、場所の現象を風景をとおして摑めるか否か、そここそが問題なのである。つまり受け取る我々の側の、謂わば感受性の問題なのである。そうした感覚が失われていくことを唐木は「人智人力以上のもの、形而上的なもの、神聖なものを、人智の未發達時代の遺物とするか、無用の長物とするか、または無視するか、さういふ方向に進んできてゐる。つまりは、おそれといふ感情を不要のもの、無用のものとしてきたのである」と危惧し、「自然は人智によつて分析され、解明され尽くされるほど淺薄なものではない。大きな自然の命に触れることのなくなつてしまふとき、人間生活はその奥行きを失つてしまふだらう」という警告を発していることを我々は忘れてはならない。

＊＊＊＊＊＊＊＊＊

本書は、一九九七年京都大学に提出した博士論文『風景なるもの』について——建築論からの考察（主査田中喬）」を公刊するものである。学位請求から既に十数年が経過した。今読み返してみると、不十分であることはいうまでもないが、今更筆の入れようもなく、粗削りであろうと考察が形作られた生の記録としておくべきであると判断し、誤字などの最小限の修正にとどめた。それ以後の展開は別の機会を期すこととしたい。思想はその時々に生きたものであり、研究とは常に動いて止まらざる動的な過程であるべきであろう。体系化を目指すといえど、それは閉じたものであってはならず、今日得られた成果も明日には更新されなければならない。十数年の時を経、風景に関する論考も一時のはやりのような状況を過ぎ、沈静化してきた感がある。「風土の論理　地理哲学への道（木岡伸夫）」のような本格的な論考も現れ、ようやく風景論を学的に定着させる時節が到来しているように思われる。それはもちろん筆者自らの仕事であるが、このたびの本書の公刊が、さらなる展開のための媒介であり、道標とならんことを願うのみである。

初出

II　大和三山の風景

日本建築学会計画系論文報告集第四八〇号「大和三山の風景――『藤原宮御井歌』にみる風景の構造」、一九五〜二〇四、一九九六年二月、また「建築的場所論の研究（前川道郎編中央公論美術出版刊）」に『境界の風景――大和三山・境界・門――』として再録された。三〇九〜三二六頁、一九九八年三月。

III　吉野の風景

日本建築学会計画系論文報告集第五一一号「古代日本の風景――『国見儀礼』にみる視覚の構造」、二〇九〜二一五頁、一九九八年九月。

日本建築学会計画系論文報告集第五一一号「吉野の風景――『藤原宮御井歌』にみる風景の構造II」、二一七〜二二二頁、一九九八年九月。

日本建築学会計画系論文報告集第五一五号「御井の風景――『藤原宮御井歌』にみる風景の構造III」、二七五〜

二八二頁、一九九九年一月。

VI 『幻住庵記』にみる風景の構造

日本建築学会計画系論文報告集第四五五号「芭蕉の風景――『幻住庵記』にみる風景の構造――」、一六七〜一七六頁、一九九四年一月、また本論考に対し一九九六年日本建築学会奨励賞、ならびに梅村魁賞が与えられた。また「風景の文化誌I――都市・田舎・文学――（千田稔編古今書院刊）」に同題で再録された。一五七〜一九四頁、一九九八年九月。

VII 『洒落堂記』にみる風景の構造

日本建築学会計画系論文報告集第四六七号「芭蕉の風景――『洒落堂記』にみる風景の構造――」、一八九〜一九八頁、一九九五年一月。

謝辞

顧みれば故玉腰芳夫博士（京都大学旧教養部）によって建築論の入口に導かれたことに始まる本論文は、師田中喬名誉教授（京都大学）の学恩に負うている。ここに深謝するものである。伊従勉教授（京都大学）には、筆者のはじめての著作がそこから生まれることとなる、ある研究会への参加の機会を与えていただいた。故足利健亮教授（京都大学）には修士論文執筆中から折に触れご教示ご指導をいただいた。小川侃名誉教授（京都大学）には論文からのみならず、直接に本論文構成に関わる大きな示唆をいただく機会を得た。内田賢徳教授（京都大学）には、門外漢の筆者の非礼なる幾たびの質問にも快くご教示をいただいた。以上四名の先生方には学位論文の審査という労をも頂いた。

加藤邦男名誉教授（京都大学）をはじめとする建築系教室の諸先生、諸先輩に改めて謝意を表したい。また西垣安比古教授（京都大学）には、本書出版への道筋を開いて頂いた、記して感謝申し上げるものである。

また故前川道郎名誉教授（京都大学・九州大学）、西脇常記名誉教授（京都大学）、宮崎興二名誉教授（京都大学）、千田稔名誉教授（国際日本文化研究センター）、大橋良介名誉教授（京都工芸繊維大学）から貴重なご意見と激励を頂戴した。さらには、大津市歴史博物館学芸員樋爪修氏、膳所城下在、郷土史家故竹内将人翁、戒琳庵住職、義仲寺の方々には貴重な資料を目にする機会を与えられた。深甚なる謝意を表すものである。

最後に上田閑照名誉教授（京都大学）のお名前を挙げさせていただかなければならない。「夕焼け」と題された小学生の詩を材料に二重世界内存在を説かれた講義に接する機会を得たことが、まがりなりにも本書をまとめる契機となったからである。最早謝する言葉もない。諸先学、諸先輩の拓かれた深みへと足を踏み入れることの叶わない浅学非才をただ愧じ入るばかりである。

末筆ではあるが、本書出版に際し多大なお世話をおかけした、中央公論美術出版小菅勉氏、および編集をご担当頂いた佐藤遥氏に心より感謝申し上げるものである。

平成二十四年六月

香西　克彦

著者略歴

香西 克彦（こうざい　かつひこ）

京都大学大学院工学研究科 建築学専攻［1995年3月］、人間・環境研究科 人間・環境学専攻博士後期課程退学［1997年3月］、京都大学博士（人間・環境学）

著書（共著）：環境イメージ論（弘文堂、1992年）、建築的場所論の研究（中央公論美術出版、1998年）、風景の文化誌（古今書院、1998年）、東と西の文化交流（関西大学出版部、2004年）、Atlas Historique de Kyoto（UNESCO、2008年）、建築論事典（彰国社、2008年）

風景現象の建築論的研究 ©

平成二十四年十月十五日印刷
平成二十四年十月二十五日発行

著者 香西克彦
発行者 小菅勉
印刷 広研印刷株式会社
製本 松岳社
用紙 日本大昭和板紙株式会社

中央公論美術出版
東京都中央区京橋二丁目八－七
電話〇三－三五六一－五九九三

製函 株式会社加藤製函所

ISBN978-4-8055-0690-5